中公新書 1980

牧野雅彦著

ヴェルサイユ条約

マックス・ウェーバーとドイツの講和

中央公論新社刊

目次

凡例

＊ ドイツ帝国政府における外務担当大臣の正式名称は Staatssekretär であり、直訳すれば国務長官となる。厳密にいえば帝国の国務長官は皇帝の統治行為に責任をもつ帝国宰相の「代理人」であり、帝国政府においては議院内閣制はもとより宰相を中心とする「内閣制度」そのものが——敗戦直前に行なわれた一連の政変によって事実上形成されるまで——存在しなかったのであるから（帝国において事実上の支配的地位を占め、人的にも帝国政府としばしば兼任されるプロイセン内閣については事情は別である）、国務長官の訳語の方が事情を的確に伝えている。アメリカ合衆国の国務長官の独訳にも通常はこの語が当てられている（ただし近年では合衆国の国務長官は Außenminister［女性の場合には Außenministerin］と表記されることも多い）。本文で登場するワイマール共和国外相ブロックドルフ＝ランツァウが正式に Außenminister となるのは、臨時革命政府の外務担当国務大臣（Staatssekretär）就任後に招集された憲法制定国民議会で選出されるシャイデマン内閣の外務大臣に引き続いて就任したときからである（したがってこの内閣はまだワイマール憲法に則った内閣ではない）。呼称をいちいち変更するのも煩雑でかえって混乱を生じかねないので、便宜的に外務大臣あるいは外相という表記で統一することにした。

＊ ヴェルサイユ講和条約で英仏およびアメリカ合衆国などの（実質的な）戦勝国側を示して表記される Allied and associated Powers は直訳すれば「同盟国ならびに連合国」となる。ただしここで associated Power は他国と同盟関係にないアメリカ合衆国を区別した表記であり、これに従えばアメリカ以外の英仏などは「同盟国」とい

うことになるが、これはわが国で定着している表記――英仏などを「協商国」側、ドイツ・オーストリアなどの中欧諸国を「同盟」側とする――と食い違うことになる。なお協商国という表記もいわゆる「三国協商」の一環であったロシアが革命によって脱落して、しかも講和の際の重要かつ独自の外交的主体として存在している時点では必ずしも適切とはいえない。したがって本書では戦勝国側を「連合国」と総称することにした。

＊地名、人名などの表記については、わが国で慣用として定着しているものを優先して採用した。同一地域の呼称が国によって異なる場合も同様とする。たとえば講和の際にフランス側からの返還要求の対象となるアルザス＝ロレーヌはドイツ側から見ればエルザス＝ロートリンゲンとなるが、これも前者で統一した。

ヴェルサイユ条約

——マックス・ウェーバーとドイツの講和

序章——問題の所在

第一次大戦と「戦争責任」

最初の世界戦争である第一次世界大戦は人類社会にとって大きな転換点であった。ヨーロッパの諸列強だけでなくアメリカ合衆国、日本、オーストラリアやカナダ、南アフリカといった諸国が交戦国として参加し、戦闘の規模が世界大に拡大したというだけではない。戦争遂行のために国民生活全体を組織化する総力戦の体制は、社会のあり方をその深部から変化させることになった。

「全体戦争」ともいわれる戦争の性格の質的転換にともなって、戦争を終結させる講和のあり方もまた大きく変化する。敗戦国の側はその戦闘能力を喪失して事実上の降伏に追い込まれ、戦勝国の側から講和条件を一方的に提示される。他方では戦後秩序の再建の責任を担うことになった戦勝国の側でも、未曾有《みぞう》の破壊にともなう諸問題の処理については当然のことながらさまざまの意見や利害が対立して方向が定まらない。そうした問題処理のための講和の方式と世界戦争後の秩序について一つの明確な構想を提示したのがアメリカ合衆国大統領ウッドロー・ウィルソン（一八五六―一九二四）であった。ウィルソンは「公開外交」と「民族自決」による領土問題の処理、戦後の国際協調のための秩序としての「国際連盟」などを柱とする「十四箇条の講和綱領」を提示して講和会議をリードしたのである。

もとよりウィルソンの合衆国自体が「国際連盟」に加盟しなかったことにも示されるように、軍縮と国際協調を高らかに謳《うた》うウィルソンの理想主義外交の目標はそのものとして実現されるにはいたらない。英仏をはじめとするヨーロッパの連合国の要求の下で、ドイツには高額の賠償義務が課されることになった。しかしながらパリの講和会議とそこで締結されたヴェルサイユ講和条約は、ドイツとその同盟国の「戦争責任」を明示し、その責任者たるドイツ皇帝の訴追を求めることによって、それまでのヨーロッパにおいて支配的であったいわゆる「無差別戦争観」を大きく転換したのである。

第一次世界大戦の終結の際に調印されたヴェルサイユ講和条約を「戦争責任」という観念と戦争の「不法化」の起点とするこうした説明は、二度目の世界大戦と連合国の勝利の下で形成された「戦後」の世界に住んでいるわれわれにとって、なかば自明のこととして受けとめられている。だが、最初の世界戦争の当時の人々にとって、「戦争責任」という観念は決して自明のことではなかった。ドイツの「戦争責任」に反対したドイツ政府はもとより、講和会議に参加した連合国側の諸国も、はじめからそうした結果を明確に意図していたわけではない。

そもそも合衆国大統領ウィルソンの十四箇条の講和綱領も、ドイツの「戦争責任」を追及することをその主眼においたものではなかった。少なくともその文面には「戦争責任」や戦争指導者の訴追要求を示唆するものは見あたらない。そうであるからこそドイツの帝国政府はウィルソンの十四箇条の講和条件を積極的に受け容れて、休戦と講和の協議に応じたのであった。

敗戦の結果、ドイツ帝国が崩壊してワイマール共和国が成立してからも、その講和路線は共和国の新政権に継承される。共和国政府はウィルソンの講和構想を支持し、国際連盟にも積極的に協力することを表明する。いわく、われわれは軍縮と平和的手段による紛争解決を基礎とする国際連盟に躊躇なく参加する。すべての国が平等に参加するという条件の下でなら、われわれは軍備を放棄して主権の制限に服する用意がある。わが国のこれまでの軍事政策がもたらした諸国の疑念を払拭するためにも、また大幅な軍備縮小の下でわが国の安全保障のためにもそうしなければならない、と。

したがって、パリ講和会議の場でヴェルサイユ条約の実際の内容が明らかになったとき、ドイツ政府がこれを厳しく拒絶し、あらためてウィルソンの十四箇条に基づく「公正な講和」を要求したのは当然のことであった。もとより拒絶の理由の一つがドイツに課された賠償義務にあったことは間違いがない。講和の後に具体化される賠償額はほとんど支払不能の数字で、ドイツの経済力を根こそぎ奪い、ドイツを恒久的な債務奴隷の状態に陥れるものと受けとめられた。ただし、一九二九年の世界恐慌の際に導入された「モラトリアム」によって事実上停止されるまでの賠償支払がドイツの経済に実際にどの程度の影響を与えたかについて、後世の評価は当時の予想とは異なってきている。

その意味においては実際の賠償支払よりも、その心理的影響、賠償の根拠とされたドイツの「戦争責任」追及に対する反撥の方が影響力は大きかったといえるだろう。戦争責任を一方的にドイツに帰するヴェルサイユ条約に対する国民的な反感は、そうした「不当な講和」を甘受して成立したワイマール共和国とその政府にとって大きな負荷であった。それはやがてヒトラーとナチスに対する支持というかたちで共和国の存在そのものを脅かすことになる。

だからこそドイツ政府は講和会議の場で、いわゆる「戦争責任条項」の削除ないし修正を何よりもまず第一に求めたし、ドイツの国内世論や知識人の多くも一致してこれを支持したのである。共和国政府に協力して、連合国の「戦争責任」追及に鋭い反論を行なった知識人の一人に社会科学者として有名なマックス・ウェーバー（一八六四―一九二〇）がいる。

戦争責任と「責任倫理」

こういうと、いささか不審の念を抱く人もいるかもしれない。というのもウェーバーはいわゆる「責任倫理」の主張でよく知られているからである。有名な講演『職業としての政治』でウェーバーはこう述べていた。人間の行動を律すべき倫理には二つの異なる基準がある。ひとつは動機の純粋性、信念の正しさをまず第一に重視する「心情倫理」であり、いまひとつは行為がもたらした結果を重視する「責任倫理」である。もちろん何らの信念をもたない行為はおよそ人間にとって無意味であるけれども、政治に携わるものが何より重視せねばならないのは、その行為や決断がいかなる結果をもたらすかであり、政治家が従うべきは、結果に対する責任という意味における「責任倫理」である、と。「政治家の責任は徹頭徹尾、結果責任である」などというかたちで今日の政治評論などでもしばしば引き合いに出される「責任倫理」の立場からすれば、意図はどうあれ敗戦という結果、いやそもそも未曾有の世界戦争をもたらした政治指導者の責任こそ追及されるべきではないか、という疑問が当然のことながら出されるであろう。

ここでまず説明しておかねばならないのは、ウェーバーのいう「責任倫理」(Verantwortungsethik)といわゆる「戦争責任」(Kriegsschuld)とでは「責任」に当たる原語が違っているということである。

ドイツ語のSchuld(シュルト)には「負債」という意味もあり、Kriegsschuldは「戦時債務」(war debt)の意味で用いられることもある。イギリス、フランスが戦時中にアメリカ合衆国の援助を受けるかたちで発生した債務をどうするかは講和の際の大きな争点となるのであるが、それは当面の問題ではない。

法律学の文脈では、ドイツ語のSchuldは、故意ないし過失の存在しない場合にも生ずる有責性を意味するHaftung（ハフトゥング）とは区別されて用いられる。Verantowortungはシュルトとハフトゥングの双方の意味合いを含むといわれるが、ウェーバーの「責任倫理」は行為の意図の善悪に関わらない結果責任が求められているのであるから、その点では明らかにシュルトとは意味が異なる。つまり一定の行為に対する責任という意味でシュルトが用いられる場合には、法的には故意ないし過失による非難可能性、あるいは道義的・倫理的な罪責という意味が込められているのである。[*1] 第一次大戦の原因を「ドイツとその同盟国」の攻撃に求めて賠償責任を定めたヴェルサイユ条約の第二三一条は「戦争責任条項」(Kriegsschuldartikel) と呼ばれ、ドイツに大戦の法的責任ならびに道義的・倫理的罪責を求めるものとして受けとられた。ウェーバーもまた当時のドイツ国民の多くと共に、そうした意味での「戦争責任」を求める連合国側の主張に反対したのである。

したがって語義的にいえば、ウェーバーは政治的な意味における「責任倫理」、つまり結果に対する責任を政治指導者に要求したが、法的ないし道義的な非難を含めた「戦争責任」を求めることには反対したのだ、とひとまずは整理することができるだろう。

だが問題はここからである。そもそもなぜウェーバーは法的責任ないし道義的な罪責の意味における「戦争責任」の主張に反対したのだろうか。第一次大戦とその結果に対して、法的責任あるいは道義的な罪責とは区別された政治的な責任が当時のドイツ（ならびに連合国の）政治指導者にあるとするならば、それはどのようなものであり、どのようなかたちで果たされるべきだとウェーバーは考えていたのだろうか、それは講和の際に連合国側が要求していた「戦争責任」とどのような意味で異なっていたのか、それは彼のいう「責任倫理」とどのように関わるのだろうか。

講和問題とウェーバー

「戦争責任」をめぐるこうした問題はウェーバーにとって決して付随的な問題だったわけではない。「責任倫理」の概念が提示された講演『職業としての政治』は敗戦直後の一九一九年一月二八日に学生団体の前で行なわれたが、その一〇日前の一月一八日にはパリで講和会議が開始されている。ウェーバーは講演の筆記録に大幅な加筆を加えて小冊子として発表するが、原稿が印刷所に送付されたのは同年三月一九日、ウェーバーがドイツ共和国政府に協力して講和問題のための審議に専門家として加わり、さらにパリに赴いて講和代表団のために「戦争責任」についての意見書を作成するのはその後のことである。

小冊子としての『職業としての政治』は六月末から七月初めには出来上がっていたといわ

＊1　第二次大戦後ドイツの「戦争責任」論争の文脈で、シュルトとハフトゥングの相違について整理したものとして村上淳一『システムと自己観察』第六章「罪咎・謝罪・責任」がある。

れているが、これは講和会議で連合国側から提示された条約案をドイツ政府がさまざまの抵抗を試みた末に最終的に受諾して調印する時期と重なっている（国民議会が受諾を「容認」する決議を採択するのが六月二三日、調印は六月二八日）。その意味では『職業としての政治』の背景にある最大の政治的主題とは、敗戦とドイツの講和であった。敗戦による帝制の崩壊によって成立したワイマール共和制という新国家が安定的に存続発展することができるかどうかは、ひとえに講和問題の処理如何《いかん》にかかっていた。まさに講和問題への対処こそ、ウェーバーのいう政治家とその責任の試金石であったはずである。そうした立場からウェーバー自身もまたドイツ政府の講和政策に積極的に協力したのである。

それではウェーバーは講和問題に対してどのような態度をとっていたのだろうか。本書では、第一次大戦の戦争責任をドイツに求める連合国側の主張に反対するドイツ政府の講和政策にウェーバーが協力する経緯、ウェーバーがなぜ「戦争責任」に反対したのか、ウェーバーやドイツ政府はドイツに「戦争責任」と賠償を求める講和条約に対してどのように対処しようとしたのかを明らかにすることを通して、ドイツという「敗戦国」の立場から第一次大戦とヴェルサイユの講和の意味を考えてみることにしたい。それは最初の世界戦争によって本格的に幕が開くことになる現代世界の意味を「敗戦後」の世界として考えるということでもある。

ドイツと日本、二つの「戦後」

敗戦国の立場からヴェルサイユの講和の問題を考えるということは、わが国にとっても決して縁遠い事柄ではない。明治維新以降の日本がドイツを手本に近代化を推進してきたことはよく知られている。プロイセン・ドイツの憲法に範を求めた明治憲法体制成立以降のわが国の歩んだ軌跡は、初代皇帝の没後、短期に終わったリベラルな二代目の時代（イギリス王女を后《きさき》とする親英リベラルのフリードリヒ三世が即位するが三ヵ月で崩御する）を経て、主観的には初代祖父の時代の統治に立ち戻ろうとする三代目皇帝ヴィルヘルム二世の下で、軍部の統制に失敗して大戦に突入し、敗戦を迎えることになるという帝制ドイツの歩みと類似している。しかも戦後の再建をアメリカ合衆国に依存しながら、他方では「国際連盟」あるいは「国際連合」と平和主義を表看板として掲げていく（いかざるをえない）、そのアメリカ依存と国際主義との間の食い違いに悩まされるという点でも考えさせられるところが多い。いわばわが国は二度目の世界大戦の後に「周回遅れ」で第一次大戦後のドイツと同じ「敗戦」という問題に直面することになったということができるだろう。

もちろん「周回遅れ」の分だけ、わが国のおかれた状況はおのずから第一次大戦時のドイツとは異なってくる。だが、「周回遅れ」の日本が直面した新たな状況の出発点を形成したのも第一次大戦とヴェルサイユの講和であった。帝制の崩壊によって成立したワイマールの共和制は、アメリカとの経済関係の下で経済の再建と短い繁栄を享受したものの、一九二九年の大恐慌の到来と共に、敗戦によってドイツに押しつけられた「ヴェルサイユ体制」の打破を掲げるヒトラーのナチスが政権を掌握する。第一次大戦後のパリ講和会議に五大国の一国として参加し、列強の末席に着くことになったわが国は、アジア・太平洋地域におけるヴェルサイユ体制の対応物たる「ワシントン体制」の打破を求めて国際連盟から脱退し、ナチス・ドイツと同盟して二度目の世界大戦に突き進むことになった。その意味においては第一次大戦のドイツの敗戦は、比較と同時代的連関という二重の意味で、わが国の戦後を考える上で重要な意味をもっているのである。

まずはドイツの敗戦から講和会議にいたる経緯について、その時々のウェーバーの態度や関わりに目を配りながら順次見ていくことにしよう。

1章　アメリカの参戦とウィルソンの講和構想

世界大戦の原因

一歩間違えば戦争にいたりかねない一触即発の危機は一九〇八年、一九一一年、そして一九一三年にも存在した。幸いなことにそれらは回避することができたが、一九一四年七月には戦争はもはや避けがたいものになっていた、とイギリスの歴史家ジェームズ・ジョルはその著書『第一次世界大戦の起源』の中で述べている。それまでに形成された各国内外のさまざまな諸要因と、それによってもたらされた国際的な緊張関係の連続が、一九一四年の開戦にいたる諸決定に関与した者たちの行動を規定し、選択の範囲を狭めて、もはや不可避という雰囲気を各国指導者の間につくりだしていたのである。なかでもとりわけドイツの政府指導者は、戦争は必至とする予測に早期に対応し、戦争をなかば既定の前提としてその戦略構想を立てていた。これが結局、サラエボでのオーストリア皇太子暗殺に端を発するオースト

戦時中のドイツ帝国指導部。左より参謀総長ヒンデンブルク、皇帝ウィルヘルム２世、帝国宰相ベートマン・ホルヴェーク、バイエルン国王ルートヴィヒ３世、ルーデンドルフ第１参謀長、ホルツェンドルフ海軍元帥。

リアのセルビアに対する宣戦布告とこれに対するロシアの動員、ドイツの対抗動員という一連の軍事的な推移を招くことになったというのである。[*1]

　しかしながら、だからといって大戦の原因がもっぱらドイツの側にのみあったわけではない。少なくとも第一次大戦勃発の際にドイツが果たした役割は、第二次世界大戦の際のヒトラーとナチス・ドイツの果たした役割とは相当に異なっている――もとより第二次大戦の原因についてもA・J・P・テイラーの主張をめぐる論争に見られるように議論の余地はあるのだが[*2]――。ヴェルサイユ条約第二三一条は、戦争勃発の責任をドイツに求めたが、そこから一般的に広まっていった通念、ドイツの専制支配と軍国主義が意図的に世界大戦を引き起こしたというのは歴史的な事実からはほど遠い。

　そもそもドイツ皇帝ヴィルヘルム二世は専制支配者ではなかった。彼が即位してからの政治的パフォーマンスは「親政」といわれ、内政・外交上大いに物議を醸すことになるが、基本的には当時のドイツは立憲制であっていわゆる専制とか独裁の範疇に入るものではない[*3]（ついでながら厳密にいえば専制と独裁も別の範疇である）。ナチス・ドイツの支配と第二次世界大戦に対する反省から、第一次大戦とドイツの戦争責任があらためて議論されるようになるが、その発端となったフリッツ・フィッシャーの著書『世界強国への道』は、帝国宰相ベートマン・ホルヴェーク（一八五六―一九二一）の政府が戦争開始に向けて相当に意図的な関与を行ない、いわば戦争を不可避にするかたちでオーストリア政府の宣戦を教唆したことを明らかにしている。だが、文民宰相ベートマンの帝国政府が戦争の開始に際して相当の責任を負っているということは、裏返していえば戦時においても軍部ではなく文民政府の政治指導の余地が存在していたということを示している。[*4]

＊1　ジェームズ・ジョル『第一次世界大戦の起源』。
＊2　テイラー『第二次世界大戦の起源』。
＊3　ただし立憲君主制の典型をどこに求めるかについては議論がある。たとえばわが国などでは、イギリス型の統治を本来の立憲制としてドイツは「似而非立憲制」とする議論が見られるのに対して、ドイツの国家学においては君主の権限の強いドイツ型の君主制統治こそが本来の立憲君主制であって、議会が実権を握るイギリスは「偽装された共和制」に他ならないという見解が一般的であった。英独君主制の相違を踏まえた上で、イギリス型の議会制的君主制を立憲君主制の政治的変種として位置づけたのがゲオルク・イェリネクの『一般国家学』である。牧野『国家学の再建』第二章を参照。
＊4　フリッツ・フィッシャー『世界強国への道』。

もとより帝国政府や軍指導部が当初から一貫した戦略目標をもって戦争を準備したというわけではない。この戦争はあくまでも「防衛戦争」であるという名目もあって、戦勝の後に獲得すべき領土や賠償などをめぐる「戦争目的」の検討が本格的に行なわれるようになるのは開戦の後であった。フィッシャーの著書は、帝国政府や軍指導部の内部で、さらには議会諸政党や経済諸団体、世論を巻き込んで展開される「戦争目的」論の詳細な検討に多くの頁を割いている。「戦争目的」論への議会や世論の関与という事実が、すでに帝国ドイツがまったくの専制支配体制ではなかったということを示しているのだが、そのことはともあれ、戦争目的についての国民的議論は開戦後の交戦諸国内で国民の支持と動員を確保するために行なわれることになる。つまり「国民的」ないし「帝国主義的」な観点からする戦争目的についての議論は同様に連合国の内部でも行なわれていたのであって、ドイツだけが一方的に、しかもとりわけて邪悪な意図をもっていたわけではない。

たしかにドイツにおける戦争目的をめぐる議論の最盛期には、ベルギーから北フランスにいたる広範な領土の獲得を要求する声（いわゆる「併合主義」的要求）があがってくるが、同様の要求はフランス国内にも存在していたし、戦後フランスが要求したアルザス＝ロレーヌの「返還」、ザール地方の併合、さらにはラインラントの中立化ないし「緩衝国家」の形成もドイツ側の戦争目的と比べてより正当であったというわけではないし、要求の程度がより控えめで穏当であったというわけでもない。いずれにせよこの戦争は早晩決着がつけられて、勝利した側が一定の賠償（償金）となにがしかの領土を獲得することになるだろう、というのが大方の予想であった。

だが意図したとおりに行かないのは世の常であって、いずれの側も決定的な勝利を収めることができないままに戦闘は膠着状態に陥り、長期化していく。純粋に軍事技術や戦術・戦略だけによって勝敗が決まるのではなく、戦争はそれを支える国内の生産力や国民的な支持を動員する総力戦の様相を呈することになる。かくして戦争の長期化と共に、ヨーロッパ列強の間の戦いとして始められた戦争は、もはや彼らの間だけでは収拾ができないものとなっていった。それまでの戦争と外交の方式の転換ないし変容を決定的なものにしたのがアメリカ合衆国の参戦と、その指導者であった大統領ウッドロー・ウィルソンのいわゆる「新外交」である。

ウィルソンの「新外交」――中立から参戦へ

開戦当初、アメリカ合衆国は新旧両大陸の相互不干渉を唱えたモンロー宣言以来の伝統的な不介入政策もあって中立の立場をとり、一九一五年五月七日イギリス客船ルシタニア号がドイツ潜水艦により無警告で撃沈されて多数のアメリカ人が犠牲となったときも、それを理由としてただちに参戦することはなかった。

むしろ一九一六年末になってドイツ側が講和への探りを入れるかたちで覚書を出したのを

受けて（一二月一二日）、大統領ウィルソンは平和覚書を発表し、中立的な立場から講和の仲介役を買って出ている（一二月一八日）。これは連合国側の拒否にあって実現することはなかったが、年が明けた一九一七年一月二二日の上院演説でウィルソン大統領は、平和のための国際連盟の設立、公海の自由、世界大の民主化、さらにポーランドの独立をはじめとする具体的な領土問題の調整を軸とする「勝利なき講和」の構想を提示している。国際連盟の設立に基づく「公正な講和」は、以後のウィルソンの講和構想の基本線となる。

そのアメリカが参戦に踏み切ったのは、講和構想発表後ほどなくしてドイツがそれまで一時停止してきた潜水艦作戦を、あらためて「無制限潜水艦作戦」としてアメリカ側に通告（一月三一日、二月一日公示）した後であった。合衆国はただちにドイツとの国交を断絶（二月三日）、四月二日にウィルソン大統領は宣戦布告案を議会に提示し、六日参戦が決定することになる。ただし一月末から四月初頭まで相当の時間があったことは、参戦への決断にはお躊躇があったことをうかがわせる。

ウィルソンに決断を促したのは、ひとつにはドイツの潜水艦作戦によるアメリカ船舶の撃沈だが、決定的だったのはいわゆる「ツィンメルマン電報事件」であった。「ツィンメルマン電報」とは時のドイツ外相ツィンメルマン（一八六四—一九四〇）がメキシコ政府に送ったとされる電報で、その内容はアメリカ合衆国の参戦時にはドイツと同盟すること、さらに日本との同盟への仲介工作を要請するものであった。これが公表されるや合衆国の国内世論はドイツに対する反撥を強めることになる（三月一日）。その意味においては、モンロー宣言以来、自らのお膝元としてきたアメリカ大陸への介入に対する反撥が合衆国の参戦を最終的に後押ししたといえるだろう。

さらにいまひとつの事情として、ロシア革命の開始がある。三月一五日にニコライ二世が退位し、連合国の一員であった帝政ロシアが崩壊したことで、いまや戦争は「利己的な専制権力」に対して「平和と正義の原則を擁護する」戦いとしての大義を獲得することになった。ドイツに対する戦争は抑圧された諸民族の解放のみならず、ドイツの専制支配からドイツの人民を解放するための戦いであるという「専制対自由」という構図がここに成立する。もとよりそうしたレトリックが民族自決の原則と矛盾しないのか、民主主義国家アメリカはどこまで他国の政治体制のあり方に介入できるのかという点についてはなお微妙な問題が残されていたし、ウィルソン自身もドイツとの交渉の過程では露骨な内政干渉と受け取られるような表現を慎重に避けているのであるが、ともあれ参戦に当たっては、そうした人道的動機づけが必要であった。

だが民族自決と民主主義との関係をめぐる問題はさておいても、参戦となればただちに次の問いが出されることになるだろう。中立の立場から一歩踏み出すことによって合衆国は「勝利なき講和」の原則を放棄したのか？　参戦は「公正な講和」と国際連盟というウィルソンの講和構想と矛盾するのではないか、と。そうしたかたちで講和構想の明確化を迫ることになったのが、ロシアにおける革命の進展、ボリシェヴィキの政権掌握であった。

ロシア革命とブレスト＝リトフスクの講和

一九一七年一一月七日（ロシア暦では一〇月二五日）に権力を奪取したボリシェヴィキ・ソヴェト政権は翌日ただちに各国の人民に対して講和のための呼びかけを発表する（平和のための布告）。これはすでに二月革命以後ソヴェト権力の側が提示してきた講和原則、秘密外交の廃止による公開的な交渉による全面講和、無併合・無賠償の講和をあらためて提示するもので、いわばウィルソンのお株を奪うものであった。

初代外務人民委員となったトロツキー（一八七九―一九四〇）は帝政期の秘密外交文書を公開して、連合国側を大いに当惑させる。自国旧体制の外交文書を公開するという路線はドイツ革命後の急進左翼の踏襲するところとなるが、ともあれこうしたロシア・ボリシェヴィキ政権の側の申し出にドイツ帝国政府の側が呼応する。これがブレスト＝リトフスクの講和である。

一二月二日に休戦交渉が行なわれ、一五日ドイツ・ロシア間で暫定休戦条約が成立し、二二日からブレスト＝リトフスクにて講和交渉が開始される。交渉はロシア側の要請で公開され、いわば世界が注視する中で行なわれることになった。

ドイツにとってロシアとの講和は西部で攻勢に打って出る絶好の機会を意味していた。一九一六年八月に参謀本部総長となったヒンデンブルク（一八四七―一九三四）の下で軍指導部の事実上の実権を握ったルーデンドルフ（一八六五―一九三七）は、すでに一一月一一日に大本営で来春の攻勢を決定している。[*5] ドイツ側の意図は民族自決を表看板にしながら、内実はウクライナ、ポーランド、フィンランド、バルト諸国をはじめとするロシア帝国の諸地域をロシアから切り離し、ドイツ・中欧側の支配下におこうとするものであった。

ちなみにマックス・ウェーバーもこれらの地域については、基本的にはドイツの影響圏下におかれたかたちでの自治的国民国家の設立を求めていたが、他方では、性急にこれらの地

＊5　君主制国家の通例のように、ドイツ帝国（厳密には帝国を構成する諸邦の中で実質的支配権を握るプロイセン）において本来の軍の統帥権は大元帥たる君主（皇帝＝プロイセン国王）に属し、参謀本部は形式上はあくまでも軍事上の計画立案を担う存在にすぎないのであるが、開戦と共に皇帝の下に「大本営」が設置され、「最高統帥部」の長に参謀総長が就任するようになると、参謀本部は実質的な軍事指導権を掌握するようになる。ヒンデンブルクが総長に就任する第三次「最高統帥部」は、軍需物資の調達、人的資源の動員にはじまり国民生活を統制すると共に――本文で述べるように――内政・外交の政治指導の空白を埋めるべく介入する権力を握ることになる。ただし最高統帥部ないし参謀本部の中では形式上最高指揮官として大号令を発するヒンデンブルクの下で助言者たる「第一参謀長（Erster General-qualitiermeister）」ルーデンドルフが実質的な軍事（にとどまらない）計画の立案ならびに指導の実権を掌握するという、君主と軍事参謀との間の関係が再現される。実際にヒンデンブルクの地位は（必ずしも彼自身の軍事的才能によるわけではない）タンネンベルクでの戦勝という権威に基づいていたのであるから、第三次最高統帥部のこの時期には、軍事的功績を正統性の源泉とする君主の役割をヒンデンブルクがなかば代替していたということもできるだろう。ワイマール共和制の下での大統領選挙で彼が当選し、結果として果たすことになった役割もいわば代替君主としてのそれであった。軍指導部としての参謀本部における総長と第一参謀長の間の役割分担は、ルーデンドルフの後任グレーナーの下でも継続する。

第１参謀長ルーデンドルフ。ヒンデンブルクの第３次最高統帥部で実権を握る。敗戦後もヒトラーのミュンヘン一揆に関与するなど、その行動は問題が多い。

域をドイツの支配下におこうとする軍部やそれに圧された外相キュールマン（一八七三―一九四八）の高圧的な態度には懸念を示していた。まずは対ロシア安全保障の観点から、無併合の講和を求めるソヴェト・ロシア側の要請に誠実に応答するようにウェーバーは求めていたという[*6]。

年末からの一〇日間の中断の後に一九一八年一月九日から再開された交渉をヨッフェから引き継いだトロツキーは、実質的な協議よりもむしろ交渉を通じてボリシェヴィキの主張を世界にアピールすることを重視して、交渉の引き延ばし戦術に出る。公開外交は同時にプロパガンダの手段でもあった。二月一〇日にトロツキーは「戦争も、講和もしない」という宣言を残してブレストを後にする。

休戦の期限切れと共にドイツ側は戦闘行為を再開し、ほとんど抵抗を受けることなくペトログラードにまで迫る勢いで進軍を続けた。これに対してソヴェト政府側は二月二三―二四日に開催された共産党中央委員会とソヴェト大会中央執行委員会での協議の末に、最終的に講和受諾を決定する。僅差の決定であった（賛成一一六、反対八五、保留二六）。三月三日に調印された条約は、これまた深刻な論争の末に一八日にソヴェト全国大会で批准される。

ほとんど無条件降伏に近い講和条件を社会主義政権維持のための「息継ぎ」として位置づけて受諾を決定し、講和にあくまでも反対するブハーリン（一八八八―一九三八）などの多数派に対して倦むことなく説得を続けたのはレーニン（一八七〇―一九二四）であった。もしレーニンとその活動がなければソヴェト・ロシア政権の命脈は尽きていたかもしれない。

ウェーバーは一九一八年六月一三日にオーストリアのウィーンで将校団を前に行なった講演『社会主義』で、ブレスト講和の失敗の原因をトロツキーの態度に求めている。いわく、われわれは現実的な講和を求めて誠実に対処したが、トロツキーらボリシェヴィキは社会主義の実験を国内にとどめることに満足できず、「平和」や「自決」という言葉を濫用してドイツに内乱をもたらそうとした。「信仰の闘士と講和を結ぶことはできず、彼らを無害なものとすることができるだけだ、これがブレスト講和の最後通牒《つうちょう》と押しつけられた講和の意味するところである」と。[*7]

＊6　Mommsen, Max Weber und die deutsche Politik, S.293.『マックス・ヴェーバーとドイツ政治』四六六―四六七頁。ただしウェーバーの構想においてもバルト海沿岸諸民族とポーランドとではおのずと位置づけが異なっているし（雀部幸隆『ウェーバーと政治の世界』一五四頁以下）、そうしたウェーバーの立場と、軍指導部や外相キュールマンら政府指導部の間の講和路線ないし戦術上の相違との関係については――ウェーバーがどこまでそれを認識していたのかを含めて――なお不明な点が残されている。

＊7　Der Sozialismus, MWGI/15, S.630.『社会主義』一九八〇年、八一―八二頁。

もとよりウェーバー自身の見方からしても、ドイツ政府の側が講和交渉において誠実であったというのは——おそらく同盟国オーストリアとの関係などの戦術的配慮に基づく——誇張が含まれているし、[*8]かりにもしウェーバーのいうとおりにドイツとソヴェト・ロシア双方の誠実かつ現実的な対応があったとしても、それで講和条件が変わったかどうかは疑問の残るところである。

だが軍事的な優位に基づいて一方的な講和をソヴェト・ロシアに強制したドイツは後に逆の立場に立たされることになる。アメリカ合衆国と世界に対して「公正な講和」を訴え、屈辱的な講和条件を呑むかどうかで苦悩するドイツ政府の態度は、ドイツ・ヨーロッパにおける革命の勃発に期待をかけて無併合・無賠償の諸国人民の平和を世界に呼びかけるトロツキーや、屈辱的な講和にあくまでも反対するブハーリンの態度と重なってくるのだが、それはもう少し後の話である。

十四箇条の講和綱領

こうしたボリシェヴィキ政権による「平和攻勢」に対して、ウィルソンはあらためて自らの講和綱領を明確化する必要に迫られる。[*9]かくして出されたのが一九一八年一月八日下院での演説で提示されたいわゆる「十四箇条の講和綱領」である。[*10]いささか詳細にわたるが、後の講和交渉の前提となるので煩を厭わず各条項の内容を紹介しておこう。

まず第一条から第五条までは基本原則が提示される。

第一条、「いかなるかたちでも秘密の国際協定は行なわれてはならない。外交は常に全世界に対して公開されたものでなければならない」という公開外交の原則。

第二条、平時・戦時を問わず公海における航行の自由は認められねばならないという「公海の自由」の原則。ただし国際的な協定を強制するための手段としての封鎖は例外とされる。

第三条、あらゆる経済的障壁を撤廃して、すべての国民の平等な交易関係を確立するという経済原則。

第四条、軍備を国内治安に必要な最小限に縮減するための相互の安全保障の原則。

第五条、すべての植民地要求の自由、寛大かつ公平な調整。その際には「当該住民の利益

＊8　Mommsen, S.301-302.『マックス・ヴェーバーとドイツ政治』四七六頁。

＊9　ボリシェヴィキの平和攻勢が自国の労働運動へ影響を与えるという状況の下で、イギリス政府も態度表明を迫られていた。ウィルソンの十四箇条演説に先立つ一月五日に英首相ロイド・ジョージはロンドンのクラクストン・ホールで開かれた労働組合会議（TUC）で「戦争目的」演説を行なっている。そこではベルギーの政治的・経済的・領土的再建、セルビア、モンテネグロ、フランス、イタリア、ルーマニアなど占領地の回復、一八七一年の普仏戦争の際の不正の是正、ポーランドの独立、トルコ帝国内のアラビア、アルメニア、メソポタミア、シリア、パレスティナのそれぞれの「独自の民族的条件の承認」、さらには軍縮と戦争に代わる国際紛争解決のための国際組織の必要までもが提唱されていた（British War Aims : January 5, 1918, pp.7-14）。英首相のクラクストン演説の内容を知らされたウィルソンは当惑していったんは自らの議会演説を断念しかけたが、ハウス「大佐」の助言で思い直したという。John Grigg, Lloyd George ; War Leader 1916-1918, pp.381-384.

＊10　Klaus Schwabe (Hrg.), Quellen zum Friedenschluß von Versailles, S.47f..

が権利ある政府の要求と同等の重みをもって顧慮されねばならない」といういわゆる「民族自決」原則。

これら基本原則を受けて第六条から第十三条までは、民族自決原則に基づく領土と主権問題についての個別論点が列挙されている。

第六条、ロシアからの外国軍隊の撤収。ロシアに関わる問題については、「自己の政治的発展について独立に決定する」という民族自決の原則に基づく調整が行なわれる。今後数ヵ月の間に姉妹国がロシアをどう扱うかは彼らの善意と無私の共感の試金石となるだろう。

第七条、ベルギーの再建と主権の無条件の回復。それ以外のいかなる方策も国際法に対する信頼を回復することはできない。

第八条、すべてのフランス領土の解放、一八七一年の普仏戦争の際にアルザス＝ロレーヌに関して行なわれた「不正」は講和の際にあらためて解決されねばならない。

第九条、イタリアの国境は明確に識別できる民族境界線に従って訂正されねばならない。

第十条、オーストリア＝ハンガリーの諸民族については、彼らの自律的発展への自由な機会が保障される。

第十一条、ルーマニア、セルビアとモンテネグロからの軍の撤収。占領された地域は再建されねばならない。セルビアには海への出口が保障される。バルカン諸国の関係は歴史的に確定された帰属ならびに民族性の原則に従って友好的に調整されねばならない。バルカン諸国には政治的・経済的独立と領土不可侵の国際的な保障が与えられる。

第十二条、旧オスマン帝国のトルコの部分には主権が保障され、トルコに支配されていた他の民族には自律的な発展の保障が与えられねばならない。ダーダネルス海峡にはすべての国民の航行と交易の自由が保障される。

第十三条、ポーランドの独立国家の確立、ポーランドには海への出口が保障され、政治的・経済的独立と領土不可侵の国際的保障が与えられる。

最後に第十四条として、「大小諸国家の政治的独立と領土の相互保障のために特別の協定が締結されて、すべての諸国民からなる連合組織（a general association of nations）が形成されねばならない」と国際連盟の提唱が行なわれる。

ウィルソンのこの十四箇条の講和綱領は、ボリシェヴィキの講和原則に対抗するリベラルな講和原則の定式化であった。すなわち、ボリシェヴィキの無併合・無賠償の講和原則に対して、領土と主権問題については、一方では「自己の政治的発展の自立的な決定と国民的政治」を謳いながらも（たとえば第六条）、植民地の調整や、あるいはバルカン諸国の領土問題について「歴史的に確定された帰属と民族所属の基本線に従って」調整される（第十一条）というように、その具体的な解決については相当の解釈の余地を残すものであったし、賠償についても、ボリシェヴィキの示すような賠償・償金の完全な否定ではなく、ベルギーやフランスなどの「再建」のための一定の賠償支払を許容する内容となっていた。

十四箇条の定式化に際しては、国務省のドイツ専門家であったウィリアム・ブリット[*11]（一八九一―一九六七）のように、ボリシェヴィキと同様に賠償を否定し、住民投票による民族自決権を承認すべきだという意見もあった。民族自決権の主張をより明確に打ち出すことによって、国際連盟を中心としたウィルソン講和の対案としての性格を鮮明にしようというのである。

ボリシェヴィキの宣伝に対抗するそうした講和路線に対して、国務長官ロバート・ランシング（一八六四―一九二八）などは懐疑的であった。ウィルソンはいわば両者の間にあって一定の含みをもたせた立場をとっていたのである。民族自決をはじめとする十四箇条の諸原則が具体的にどのように適用されるのか、その実態が明らかになるのは講和条約をめぐる連合国との交渉の過程においてであった。それをウィルソン本来の構想の実現と見るか、それとも変質あるいはウィルソンの変節と見るかで解釈は分かれることになる。

ともあれこのようなかたちでウィルソンは、参戦と勝利の後に――「勝利なき講和」ではなくドイツとその同盟国に対する決定的勝利の後に――なお実現されるべき「公正な講和」の構想を提示したのであった。もとよりそれは「非党派的」な「正義の講和」でなければならない、と九月二七日のニューヨークでの演説でウィルソンは強調している。ただしその場合に交渉の相手とされるのが現在の帝国政府であるのか、それともドイツの民主化やあるいは体制変革が意図されているのか、この点は明らかにされていなかった。

ウィルソンが提示した十四箇条の講和条件に対して最初に積極的な反応を示したのは、アメリカの同盟国であった連合国ではなく交戦国ドイツであった。十四箇条を講和の基礎として受け容れることによってドイツにとって「公正な講和」を実現する、というのがドイツ帝国政府のとった基本戦略である。他方で合衆国から見れば、ドイツ側が十四箇条を条件として休戦および講和に応じるということは、ヨーロッパの連合国に対してウィルソンが講和の指導権を握って自らの戦後構想たる「国際連盟」を実現するための条件が広がることを意味していた。かくして休戦に向けた交渉の中で、ドイツ側は一定の内政改革の遂行とそれに対するアメリカの反応をうかがい、アメリカはドイツ政府が誠実な交渉相手たりうるか探りを入れるという相互の模索の中から、十四箇条に基づく「ウィルソン講和」をめぐって両国の間に一種の「共犯関係」が形成されていくことになる。

＊11　なおブリットは一九一九年三月にモスクワに渡りレーニンらソヴェト指導者と会見し、パリに帰還後ソヴェト・ロシアとの早期講和を進言している。モスクワ行きに際してはハウスおよびイギリス首相ロイド・ジョージの意向があったといわれる。Arthur Walworth, Wilson and his Peacemakers, p.139, pp.235-237. 彼は後に最初の駐ソヴェト大使となっている。

2章　ドイツ帝国政府の講和戦略

帝国議会多数派の講和決議

もとよりウィルソンの講和構想が十四箇条の綱領というかたちで最終的に提示されるまでに、ドイツ側に講和への動きがまったくなかったわけではない。すでに一九一七年夏の時点でウィルソンと同様の「公正な講和」あるいは「相互了解の講和」を求める動きがドイツ国内でも明確なかたちをとることになる。時間を少しさかのぼることになるが、その経過について簡単に振り返っておこう。

一九一六年末に――ドイツ政府の講和仲介要請に応ずるかたちで――出されたウィルソンの「平和覚書」が連合国側の拒否にあって挫折したことはすでに述べたとおりだが、この段階ではドイツ側もウィルソンの条件設定を嫌ったという側面がある。帝国政府ならびに軍指導部はアメリカ合衆国の参戦を避けながら対英戦を有利に進めようという目算の下に無制限潜水艦作戦へ突入する。相手船舶の種別、武装・非武装、交戦国か中立国かを問わず無警告で撃沈するという無制限潜水艦作戦には宰相ベートマン・ホルヴェークも懸念を示し、一時は海軍大臣ティルピッツ（一八四九―一九三〇）を解任して（一六年三月一五日）――皇帝もそれを裁可している――抵抗するが、最終的に強硬派に押しきられるかたちとなる（一七年一月三一日）。これが結局、合衆国の参戦を招き寄せることになったのであった。

ただし強硬だったのは軍部や一部の保守派の官僚・政治家だけではない。戦前から存在した「全ドイツ連盟」や、解任された海相ティルピッツを党首に担いで一七年九月に結成された「祖国党」の併合主義的な煽動は世論に大きな影響を与えている。一八年夏の最盛期には「祖国党」は一二五万人を擁しているが、これは当時最大の組織政党であった社会民主党の党員数一〇〇万人を凌駕する数字である。こうした併合主義派の宣伝に対抗して協調的な講和を求める動きが表面化するのは帝国議会においてであった。

開戦当初、社会民主党の大多数の議員をも含めて戦争を支持していた帝国議会は一九一七年三月三〇日に憲法委員会を設立し――戦争を効果的に遂行するための――内政改革の議論を開始していたが、七月一九日には領土の強制的獲得や政治・経済・金融的抑圧をともなわない「相互了解による講和」、経済的障壁の撤廃と公海の自由、国際司法組織の創設などを求めた「講和決議」を採択する（二一二対一二六、棄権一七）。かくして軍指導部・保守派の推進する併合主義的な「勝利の講和」に対して、帝国議会の権限強化（いわゆる議会主義化）

ならびに民主化（プロイセンの三級選挙法改革）を要求する帝国議会多数派諸政党の「相互了解の講和」が対抗するという内政上・講和路線上の対抗軸が明確化していく。帝国議会による「講和決議」を主導したのが中央党のマティアス・エルツベルガー（一八七五—一九二一）であった。

エルツベルガーは帝国議会議員のなかでは例外的に宰相ベートマン・ホルヴェークと密接な関係にあり、開戦後は宰相に協力して政府の対外宣伝を組織し、そのカトリックの立場を生かして中立国のカトリック教徒への宣伝に当たるとともに、イタリアの参戦を阻止するためにローマ教皇庁（教皇ベネディクト一五世）と協力してイタリア政府とオーストリア政府との調停などの対外工作に尽力している。[*1]

ローマ教皇はイタリア統一運動からは距離をおき、統一王国成立後も潜在的には敵対関係にあった関係上、イタリアの参戦はぜひとも阻止したいという意向があった——イタリア王国内での主権的尊厳を保障する「保障法」が一八七一年に発布されるが教皇はこれを拒否している。両者の和解が成立するのはムッソリーニ治下のラテラノ条約（一九二九年）である——。ともあれ教皇と教皇庁はその事実上の主権的地位と、他方では全カトリック教徒の代表という宗教的・精神的影響力とを兼ね備える独特の位置から国際協調と平和への働きかけを行なっており、カトリック以外の平和主義者たちからもそうした役割を期待される存在で

＊1　Klaus Epstein, Matthias Erzberger und das Dilemma der deutschen Demokratie, Kap. 5, 6.

エルツベルガー。帝国議会の「講和決議」を主導。後に文民政治家として連合国との休戦交渉に当たる。

あった。その教皇庁は帝国議会「講和決議」のひと月後の八月一五日（文書の日付は一日付）に平和への呼びかけを公表して協調的講和への仲介を試みており、エルツベルガーもこれを支持している。

もとより開戦当初はエルツベルガーも領土併合を含む攻撃的な戦争目的を唱道していたが、次第に方針を転換し、無制限潜水艦作戦に対しては断固とした反対者として登場する。海上封鎖によってイギリスを屈服させるという海軍当局の目標は技術的に達成不可能なばかりか、アメリカ合衆国の参戦を招きかねないとエルツベルガーは主張し、ベートマンのティルピッツ解任を支持したのである。[*2] エルツベルガーが講和決議に向けて積極的に動いた背景には、先に述べた外交活動などを通じて得たルートから同盟国オーストリアにおける軍事的・国内政治的事情が決定的に悪化しているという情報をいち早く得ていたからだといわれている。

しかしながら「講和決議」はただちに内政改革や政府への議会諸政党の影響力の強化をもたらさなかったばかりか、かえって宰相ベートマン・ホルヴェークの退陣という結果を招くことになった。エルツベルガーがそれまで協力してきた宰相ベートマンの退陣をいつの時点で明確に意図するようになり、その理由は何であったか——そしてその意図は結果として成功したのか——については議論のあるところだが、ともあれ「講和決議」の時点でエルツベルガーがベートマンの政治指導力に見切りをつけ、国民自由党のシュトレーゼマン（一八七八—一九二九）——さらにルーデンドルフとも連絡を取っていたという——と連繫して宰相の解任へ向けて水面下で動いたことは事実である。

ただしエルツベルガーやシュトレーゼマンがベートマンの後任として推していた前宰相のビューロー（一八四九—一九二九）は——イタリア参戦阻止工作でビューローはエルツベルガーと協力している——、大戦前のいわゆる「デイリー・テレグラフ事件」で辞職して以来、皇帝から不信をかっており、強力な政治指導をもって講和を進めようというエルツベルガーならびにシュトレーゼマンの目論みは実現しない。[*3]

政治指導の真空状態を埋めるべくルーデンドルフの軍指導部はミハエーリス（一八五七—一九三六）という政治的にはほとんど無名の人物をいわば「操り人形」として後任に据えたものの（七月一四日）、混乱はそれで収まらず、さらにバイエルン首相であったヘルトリンク

＊2　Epstein, S.174-178. エプシュタインによれば、一九一六年二月にティルピッツの部下との話し合いでエルツベルガーはこう主張したという。六ヵ月で五〇〇万トンの連合国側船舶を沈めるという海軍当局の主張がかりに妥当だとしても、連合国は同じ期間に一〇〇万トンの新たな船舶を補充し、また中立国（大部分は合衆国）の港湾にあるドイツ船舶一七〇万トンを利用することができるから、実質的損失は二三〇万トンにしかならない。これは一八〇〇万といわれるイギリス船舶総トン数の八分の一にすぎない。そうした事情から見る限り現有の潜水艦をもってイギリスを海上封鎖するのは不可能である、と。

伯（一八四三―一九一九）がなかば議会多数政党の支持を受けるかたちで就任するが（一一月一日）、エルッベルガーら議会多数派の要求した講和と内政改革を推進するだけの指導力は彼にはなかった。ブレスト＝リトフスクの講和がルーデンドルフら軍部の強硬路線に引きずられるかたちで進められた背景には、宰相ベートマン退陣以降のこうした政治指導の「不在」がある。

「講和決議」それ自体の意義は別としても、ベートマン・ホルヴェークの後任の宰相ミハエーリス、ヘルトリンク、そして合衆国との講和に当たるバーデン大公子マックス（マックス・フォン・バーデン。一八六七―一九二九）がその政治的能力において必ずしも前任者を凌ぐものでなかったことは、少なくともベートマン解任に動いたエルッベルガーをはじめとする議会指導者の判断が結果として妥当であったかどうかについて疑問を投げかけるものである。もとより開戦時の宰相ベートマンの退陣が講和の際には象徴的な意義をもつという点は考慮に入れる必要があるが。

講和決議とウェーバー

マックス・ウェーバーは「講和決議」をめぐる政治過程においてリベラル系の『フランクフルト新聞』で一連の政治評論を発表し、帝国の議会主義化と民主化のそれぞれの論点で論陣を張っている。大戦中の内政改革論の集大成といえる『新秩序ドイツの議会と政府』の原型となった評論はすでに「七月危機」に先立つ一九一七年四月二六日、五月二七日、六月九日、一〇日、二四日に『フランクフルト新聞』に掲載されているし（加筆して一九一八年五月に小冊子として公刊）、ヘルトリンク宰相の下で進展するかに見えたプロイセン選挙法改革問題については『ドイツにおける選挙法と民主主義』が一二月六日には出されている。それぞれの争点においてウェーバーの主張は議会多数派のそれと基本的に一致するばかりか、内容の上でも発表のタイミングの点でも内政改革をリードするものであったということができるだろう。[*4]

＊3　対英関係がぎくしゃくしはじめていた一九〇七年夏に皇帝ヴィルヘルム二世は渡英、その際のインタビューに基づく記事が翌一九〇八年の一〇月二八日に英『デイリー・テレグラフ』紙に掲載され、とりわけドイツ国内では皇帝とその発言に対する批判が巻き起こった。当時の宰相ビューローは記事を事前に知らされていたにもかかわらず、内容を事前に点検して修正することもなく公表させた。しかも議会で事が問題になった際にビューローはこの点についての責任を明確に認めなかったばかりか、皇帝への非難に同調するかのような態度をとる。財政改革問題をめぐって議会多数の支持を失ったことと相まって、彼は辞任を余儀なくされることになる。そうした経緯から考えれば、ベートマンの後任としてビューローが再任される――皇帝がそれを裁可する――可能性は少なかっただろう。牧野『国家学の再建』序章。ウェーバーもまたビューローに対しては批判的であった。戦時中の政治論「新秩序ドイツの議会と政府」においてウェーバーは統治の具体的な論点にいちいち容喙するウィルヘルム二世の「親政」を帝制ドイツの政治体制の構造的欠陥であるとする（それを解消するための処方箋こそ「議会主義」である）と共に、皇帝の不用意な発言を統制することもなく、またその責任をとろうともしないビューローを厳しく批判している。おそらくビューローの再任問題についての応答と思われる一九一六年一〇月二一日付シュルツェ＝ゲーヴェルニッツ宛書簡では「彼は外国の信頼を得られないし、年をとりすぎている」とある（MWGII/9, S.552）。

＊4　大戦中から戦後のウェーバーの内政改革論の展開については牧野『ウェーバーの政治理論』第2章を参照。

しかしながらウェーバーはこれらの内政改革の論点において議会多数派の主張と一致していたにもかかわらず——また無制限潜水艦作戦に反対して早期の協調的講和を要求するという外交的立場においても基本的に一致していたにもかかわらず——、「講和決議」には当初反対の態度をとっていた。連合国側は「講和決議」をドイツの弱さの表われとみて、さらに体制変革を促そうとするかもしれないし、それはかえって講和の実現を遠のかせる。国内の民主化それ自体にとっても講和問題との結合は必ずしも望ましいものではない。「憲法は外国から押しつけられたのだ」と後々まで反動勢力から批判されるような事態は何としても避けなければならないし、他方で民主化すれば講和が可能になるという幻想を広めるという意味でも危険である、というのがその理由であった——そうした幻想が講和の現実によって崩された後に深刻な反動がきたという点ではウェーバーの予想は当たっていた——。もとよりウェーバーにとっても議会主義化と民主化は国内の体制を固めて有効な外交上の政治指導を可能にするためのものであったが、そうした内政改革の課題は時々の外交とは切り離すべきだというのがウェーバーの基本的な立場であった。[*5]

大戦中の政治論文の中でウェーバーはくり返しこう述べている。政治的決定はつねに少数の者の冷静な頭脳によって行なわれる。街頭での煽動や情動に左右されてはならない、と。これは政治指導者の責任を明確にするという「責任倫理」の要請でもあるのだが、ともあれ重要な政治的決定とりわけ外交は責任ある少数の者の決定に基づかねばならないという立場からすれば、ウィルソンやレーニンの提唱する公開外交にはウェーバーは原則的には批判的であったということができるだろう。後に述べるように戦後、独立社会民主党やバイエルンのアイスナー政権が推進しようとした一方的な外交文書公開を彼は厳しく批判している。

講和決議に当初批判的であったというウェーバーの態度の背景には、内政と外交との区別という一般的観点に加えて戦時という非常事態についての配慮があったように思われる。ルーデンドルフら軍指導部によって「春期攻勢」が計画されていた一九一八年一月の私信の中でウェーバーはこう述べている。この地上の世界におけるすべての「文化問題」、世界におけるわれわれドイツ人の課題はいま戦われている戦争がどのような結末を迎えるかによって決定的に左右される。だからこそわたしはドイツの攻勢が進められようとしている今は公の

＊5　講和のための活動そのものにウェーバーは反対しているわけではない。講和のための宣伝に力を込めることは望ましいが、内政の民主化と講和とを結びつけるのは賢明とはいえない、というのが彼の主張である（vgl. MWGII/9, S. 695）。民主化が達成されれば講和が実現するとか、あるいは民主化が達成されなければ講和は実現できないというように、議会主義化や民主化と講和問題とを結びつけることにウェーバーはくり返し懸念を示している。「エルツベルガー議員がこの件を扱ったやり方は犯罪的だ。まず帝国議会でセンセーションを巻き起こして、次に議会主義こそが平和をもたらす、というスローガンをもってくる——まったく途方もないことだ。そんなこと誰がわかるというのか？　外国はわれわれが力尽きたという印象をもつだろうし、国内ではいずれ『外国がわれわれに民主主義を押しつけたのだ』といわれるようになるだろう」（七月一二日付、MWGII/9, S.698）。「民主化を平和への期待と結びつけるのは重大な誤りだ。外国は民主化へ向けて譲歩したことを弱体化の根拠と見なしてさらにそれ以上のこと、つまり革命を期待するだろう。——それで戦争は長引くことになる」（七月一九日付、S.715）。Mommsen, Max Weber und die deutsche Politik, S.278-280.『マックス・ヴェーバーとドイツ政治』四四九—四五一頁。

場での発言を「礼儀」の観点からも控えているのだ。兵士が戦場で戦っているときに銃後の者があれこれと差し出口を挟むことは控えるべきだ、と。[*6] もちろん戦時中は一切の内政について の発言をすべきでない、などと彼は主張しているわけではない。職業や身分の区別なく平等に銃火にさらされている兵士たちに対してわれわれ銃後の者がなすべきことは、兵士たちが帰還した後に行なわれる選挙において平等な投票権を与えることである。彼らが生命を賭して守った国土や資産によって利益を得ている者、まして戦時中の特需によって泡銭《あぶくぜに》を稼いだ成金が特権を与えられるようなことはあってはならない、というのが戦時中の政治論文『ドイツにおける選挙法と民主主義』においてプロイセンの三級選挙法（有権者を納税額によって三階級に分ける事実上の制限選挙）の改正を主張した最大の理由であった。そうした国民的な観点が、彼の政治的思考の中心に貫かれていることは注意すべきである。

ただし講和決議に反対するウェーバーの態度には、決議を主導した中央党のエルツベルガーに対する彼の個人的な感情が反映しているという印象は否めない。カトリック政党の指導者エルツベルガーに対してはウェーバーは終始批判的であった。[*7] その理由が何に基づいているのかは必ずしも定かではない。ヨーロッパ近代文化の形成要因としてプロテスタンティズムを位置づける『プロテスタンティズムの倫理と資本主義の精神』における宗教社会学的な議論を、カトリックよりはプロテスタントを高く評価するという価値評価を示すものと解釈する粗雑な議論は論外であるとしても、当時のドイツにおいてカトリックが文化的な少数者あるいはアウトサイダーであって、プロテスタントの側からカトリック教徒を見る際の一種の色眼鏡からウェーバーもまったく自由ではなかったということはあるかもしれない。

無制限潜水艦作戦に反対して協調的な講和を志向するという講和・外交路線においても、議会制的な統治を基本とする内政改革路線においても、大筋において両者の政治路線、政治的立場にそれほどの懸隔はなかった。潜水艦攻撃によってイギリスを完全に（逆）封鎖することは不可能であるばかりかアメリカの参戦の引き金になるというエルツベルガーと同趣旨の意見書をウェーバーは一六年三月に帝国政府・諸政党に提出しているが、これが二月に出されていたといわれるエルツベルガーの意見書とどのような関係にあるのかについては必ずしも明らかではない。[*8]

＊6　一九一八年一月一七日付エーリヒ・トゥルムラー宛書簡『政治論集』六四八頁。

＊7　先に註記した民主化と講和問題とを結びつけたエルツベルガーに対する批判をウェーバーはリベラル左派に属する友人たちに宛てた書簡でくり返し書き送っており、そのいくつかでは「エルツベルガーは馬鹿者だ（原語はEsel：ロバ）」と罵倒している（MWGII/9, S.763, 770）。

＊8　MWGI/15, Der verschärfte U-Boot-Krieg, Editorischer Bericht, S.107-111, vgl. Epstein, S.175. ウェーバーは三月一〇日に「潜水艦作戦の強化」をめぐる意見書をエルツベルガーをはじめとする政府関係者に送っているが、エルツベルガーがウェーバーの意見書を利用したかどうかは定かではない。エプシュタインによれば、すでに二月の段階でエルツベルガーは無制限潜水艦作戦に反対する意見書を提出しており、ウェーバーの方が先行してエルツベルガーに影響を与えたという可能性はなさそうである（ただし残されたエルツベルガーの意見書として参照されているのは三月二〇日付のものである）。ウェーバーとエルツベルガーの活動との関係の詳細についてはまだ不明な点が多い。

先に述べたようにウェーバーの平等選挙論の背後には兵士たちの犠牲の上に戦時利得をむさぼる特権階層に対する批判があったが、戦後ドイツの財政再建のためにそうした戦時利得や戦時中に増大した資産を捕捉する税制改革を遂行したのはエルツベルガーであった。両者の間の対立点は、政治的な立場なり志向の上での対立というよりは、むしろ両者の間にあった政治的状況認識の仕方、特定の政治状況に対する態度決定や思考様式の顕著な相違に由来するように思われる。

もとより政府の対外工作に密接に関与していたエルツベルガーと、そうした情報を十分に得るだけの立場になかったであろうウェーバーとの事実認識の上での落差を考慮に入れねばならないが、これ以後も講和問題をめぐる一連の決定的な場面においてエルツベルガーは登場し、しかもその判断のことごとくがウェーバーのそれとは対立しているのである。その意味においてエルツベルガーという人物は、ウェーバーの政治的思考の特質を裏側から映し出す鏡のような存在であったということができるだろう。

ともあれ「協調的講和」への路線転換の主導権は帝国議会とその諸政党にはなかった。講和路線の決定的な転換は政府・軍指導部の中で行なわれる。

マックス・フォン・バーデン内閣の形成

すでに述べたようにルーデンドルフら軍指導部は東部での「勝利」を踏まえて一九一八年

初頭から西部戦線における大規模な「春期攻勢」を計画しており、連合国の側に打撃を与えた上で「勝利の講和」ないしドイツに有利な条件の下での講和を、というのがドイツ政府の目算であった。だが三月から七月までの五次にわたる春期攻勢は当初は一定の戦果をもたらしたものの、七月の後半にはその失敗は明白になり、連合軍は次第に攻勢に転ずることになる。軍最高統帥部が攻勢の失敗、軍事的敗北を事実上認めるようになったのは、九月二九日にブルガリアが降伏した段階であったという。もとより軍の指導部にさしあたり軍事的崩壊を防ぐという以上の明確な展望があったわけでない。ウィルソン講和を受け容れるという講和路線の選択は、軍とは相対的に独自に戦争終結の方途の模索をしてきた外務省によって行なわれた。

もはや軍事的な手段のみでは戦争を終結することはできないという帝国議会での発言（一八年六月二四日）が軍部や併合主義派の批判を招く結果となり、キュールマンが一年足らずで辞任した後に、ヒンツェ（一八六四―一九四一）が外相となる。彼は海軍少将という前歴から併合主義派と目されていた人物であったが、結果的には悪化する戦況を踏まえて、講和に向けて舵を切ることになったのである。九月二九日ベルギーの保養地スパにおかれていた大本営で皇帝臨席の下で政府・軍指導部はウィルソンに休戦と講和交渉を要請することを決定する。前任者ミハエーリスが軍部によっていわばベートマン更迭の間に合わせに担ぎ出された人物であったのに対して、後任の宰相であったヘルトリンクは議会多数派の要求に応えて副首相に進歩人民党のパイヤー（一八四七―一九三二）を据えるなど、一応は議会の支持を基盤とする内閣を形成していたが、そのヘルトリンクがスパでの決定的な協議の場に呼ばれていなかったことが、講和決定の時点における軍・政府と議会との力関係を如実に物語っている。

スパでの決定を受けてヘルトリンクはただちに辞任し、一〇月三日にはバーデン大公子マックスの下で、それまでは明確なかたちで認められていなかった帝国議会の多数派政党の信任を受けた議会制の政府がここに実現する。同日バーデン宰相は合衆国大統領ウィルソンに講和のための覚書を送付し、両国の間で講和をめぐる覚書交換が開始された。

講和戦略の問題――アメリカかヨーロッパか

ただしこの時点でドイツが「勝利の講和」を断念して「協調的講和」の方向を選択するとしても、それはただちにウィルソンの講和路線の採用を意味するとは限らない。そこには別の選択肢も存在した。

そのひとつは「ヨーロッパ代替案」といわれるもので、穏健な講和を求めるヨーロッパの自由主義者や左翼勢力の支持を獲得しようとする方向である。協調的講和という基本原則それ自体はウィルソンの十四箇条とそれほど異なるものではないが、その背後には、戦後に予想されるアメリカの政治的・経済的影響力の拡大を意識して――またその点をとりわけ強調することによって——、ヨーロッパの連合国との関係の再構築を重視しようという反アメリカ的な意図が存在していた。バーデン大公子自身も当初はこうした方向にかなり傾いていたといわれる。

　これに対して議会の内部では独立社会民主党——戦争支持を批判して社会民主党から分裂したその経緯からわかるように反戦ないし平和主義的傾向が強い——のカール・カウツキー（一八五四—一九三八）などは明確に「ウィルソン講和」を支持していたし、中央党のエルツベルガーもまた彼独特の観点から国際連盟をドイツの利害に役立てることを構想していた。

　講和をめぐるそうしたいくつかの志向や選択肢の中で、十四箇条を基礎とするウィルソン講和構想の受け容れに積極的に動いたのが外相ヒンツェを中心とする外務省であった。その結果、バーデン宰相の休戦ならびに講和の申し入れは、ヨーロッパの連合国を含めた全交戦国に対してではなく、まず単独にアメリカ合衆国に向けて発せられる。戦争終結に向けたいくつかの路線のうちから帝国政府はウィルソンの講和構想を選択し、その可能性に賭けたのである。

最後の帝国宰相、マックス・フォン・バーデン

ドイツとアメリカの覚書交換

　こうしてドイツ帝国政府と合衆国政府との間で

講和をめぐる交渉が開始されることになった。革命の勃発による帝制の崩壊にいたるまでの両政府の覚書交換の経過について簡単に整理しておこう。

［アメリカ側第一覚書　一〇月八日］　一〇月三日のドイツ側第一覚書に対する八日付の返信で、アメリカ側は、ドイツ政府の要請に応答するに先立ってまず次の三点の確認を求めた。第一に、交渉に当たってドイツ帝国政府が十四箇条を基礎とするウィルソンの講和綱領を受け容れること、第二に、すべての占領地帯から撤兵して「誠実性」を示すこと、さらに第三に、「新宰相は、これまでの戦争を指導してきた帝国当局の声を代弁するにすぎないものであるのか」と。

アメリカ側の第一覚書は、交渉の入り口の段階でドイツ側の新政権が交渉相手として適当かどうかの探りを入れるものであった。バーデン大公子の政権の性格を見定めぬうちに交渉要請に応ずることは帝国政府の国内基盤を強化することになるし、帝国政府を交渉相手として承認したことに対する国内からの批判はできるだけ回避したいという配慮がそこには働いていた。かりに交渉が不調に終わった場合にその責任はドイツ政府の側に帰することができるし、他方ではこちらの講和路線にドイツ政府を抜き差しならぬところまで引き込もうという深慮があったといってもよい。ただし敵国ドイツの内政に干渉するという印象を避けるために慎重な表現がとられていたことにも留意すべきであろう。

だが結果的には、ドイツの交渉要請はウィルソンに（休戦・講和交渉に応ずる見返りとして）ドイツの内政に影響を与える手段を与えることになると共に、他方では連合国に対するウィルソンの立場を強化することになった。ドイツが合衆国に休戦・講和に向けた覚書を送付したとの情報を受けて、すでにヨーロッパでは連合国軍総司令官であった仏将軍フェルディナン・フォッシュ（一八五一―一九二九）を中心に休戦のガイドラインの審議が進められつつあった。ドイツがウィルソンの講和構想を受け容れたことは、休戦・講和条件の形成に際してヨーロッパの連合国の独走を抑えて、自らの構想の下で講和条件を形成する主導権をウィルソンに与えることになった。ドイツとアメリカ合衆国はウィルソンの講和構想の実現という点で一致して連合国に対することになる、というのがドイツ政府の目算でもあったし、ウィルソンが連合国に相談することなくまずドイツ側に応答した背後には同様の計算が間違いなく働いていた。

［ドイツ側第二覚書　一〇月一二日］　ドイツ側の応答は基本的にアメリカ側覚書の三点にわたる確認を受け容れるものであった。十四箇条を基礎にするという第一点には、アルザスもダンツィヒも講和会議つまりは敵国の議論に委ねることに反対する意見も新外相ゾルフ（一八六二―一九三六）などから出されたが、十四箇条の内容、解釈についてはなお交渉の余地があるとするエルツベルガーの反論もあって、基本的に受け容れることになる。

占領地域からの撤兵という第二点も基本的に受け容れたが、ただし東部国境についてはポーランドとの紛争を考慮して、戦闘停止後ただちに撤収するという点は留保するという考えが政府と最高統帥部の間で共有されていた。

第三点については、従来の帝国指導当局と新政府（議会多数派を基盤とする）との連続性を確認した上で、改革後の政府の開放性をアピールするために、国制改革、議会主義化についての補足のメモを外交チャンネルを通じて送付することになった。

［アメリカ側第二覚書　一〇月一四日］　アメリカ側の二度目の覚書はまず、合衆国が受け容れられる休戦条件はフォッシュの下で連合国軍事指導者たちの同意したもの、つまり連合国の完全な軍事的優位が保障されたものでなければならないことを確認し、交渉の前提としてドイツが陸上ならびに海上での非人道的行為を停止することが必要であること、さらにドイツ国民は現在の政府が一九一八年七月四日にウィルソンが非難したのと同じ専断的権力であることを自覚せねばならない、と記されていた。ただし表現上の厳しさにもかかわらず、そこには一定の条件（国内政治の民主化の継続）の下でなら十四箇条に基づく講和は可能であるというメッセージが示されていたことは確かである。

［ドイツ側第三覚書　一〇月二〇日］　しかしながらこのアメリカ側第二覚書は、ドイツ政府関係者には明確な内政干渉と受けとめられた。帝制ドイツが今のままの体制でいる限り講和交渉には応じられない、根本的な体制改革をアメリカは要求しているというのである。回答までに要した時間がドイツ政府の受けた衝撃の大きさを物語っている。まず問題となるのは、講和交渉の前提とアメリカが考えている体制改革がどの程度のものかであった。皇帝の

退位が条件という情報も一部では伝えられていたこともあり、バーデン宰相と外相ゾルフは、政府顧問であったクルト・ハーン（一八八六―一九七四）をハーグのアメリカ公使館員アレクサンダー・カークの下に送ってアメリカの意図を探らせている。ハーンは戦時中は中央外国情報局（Zentralstelle für Auslanddienst）に勤務し、アメリカが中立の時期に在ベルリンのアメリカの若いジャーナリストや外交官と交流があった。ハーンを介したカークの情報に基づいて、ウィルソンが想定しているのは憲法上の議会制的制約であって、皇帝の退位までは考えていないとの感触をバーデンは得ていた。皇帝退位問題はアメリカ側第三覚書の段階であらためて問題になる。

ともあれ帝国政府の側は、休戦条件ならびに体制改革という点で――予想をこえた――厳しい条件を突きつけてきた合衆国に対して、引き続きウィルソンの講和路線に希望をつないで交渉を継続するのか、それとも名誉を重んじて決裂するかの選択の前に立たされることになった。西部戦線が何とかもちこたえることができそうだという見通しに自信を得てか、ルーデンドルフの軍指導部はウィルソンとの決裂も辞さずとの態度であったが、政府の選択した方向は、ウィルソン講和になお賭けるという外相ゾルフの基本線に従うものであった。まずはドイツが「前倒しで」軍事的・内政的な譲歩をすることによってウィルソン的な講和を実現しようというのである。海軍指導部ならびに陸軍最高統帥部の反対を押し切ってドイツ政府が交渉継続を決断したことは、バーデン大公子の内閣とその「一〇月改革」の基本的性格を示しているということができる。

かくしてドイツ側第三覚書では、帝国政府は無制限潜水艦作戦の停止を宣言するとともに、国制上の改革の根本的性格が強調されることになった。戦争と講和の決定権は帝国議会に委譲され、帝国宰相の帝国議会に対する政治的責任の法的な規定が定められる。ドイツ人民の意志はこれら改革の存続の最上の保障である、と。その上で覚書冒頭には、現在の力関係を基礎とすることを前提に、撤収手続きと休戦条件の設定を（連合国の）軍事的顧問に委ねる用意があることが明記されていた。詳細の調整については、「ドイツ国民の名誉ならびに正義の講和と一致しないいかなる要求をも是認しない」ことを合衆国大統領に希望する旨の条件が付けられているものの、これはほとんど事実上の降伏であった。

ただし、宰相は休戦条件についてはなお留保を加えていたという。ドイツは「武装の名誉」を要求し、不当な休戦条件に反対して防衛する権利がある。これは敗戦と革命の後にもバーデン大公子の一貫した主張であった。

覚書は一〇月二〇日深夜から二一日未明に送付され、翌日の一〇月二二日、バーデン宰相は帝国議会でウィルソン講和と国際連盟を基本的に受け容れることを表明した。

［アメリカ側第三覚書　一〇月二三日］　ウィルソンはこれに即座に回答した。いわく、ドイツの「外相が一〇月二〇日の覚書で言及した憲法の改正は明らかに意義深く重要である。だがそれにもかかわらず、ドイツ人民に対して責任を負う政府の原理はなお明確には実現さ

れていない」。体制変更を今後も継続するための保障はまだ与えられていない。ドイツ国民は軍当局を自らの意思の下に統制するいかなる手段をも有しておらず、帝国を支配していたプロイセン国王の権力は手つかずのまま残されている。つまりドイツの支配層はなお決定的な指導権を維持していることは明白である。率直かつ誠実に協議することが世界平和の条件であることに鑑みて、厳しい言い方になるかもしれないが、こう申し上げるのがアメリカ大統領の義務であると考える。合衆国政府は憲法上正当なドイツ人民の代表者としか協議することはできない。「もし合衆国政府が現在そして今後もドイツの軍事的指導者や王家の専制支配者と交渉せねばならなくなるとすれば、そうなればドイツ帝国の国際的義務に関する限り、彼らに要求するのは講和交渉ではなく、降伏である」と。

すでにドイツ政府から厳しい内政改革の要求と受けとめられた第二覚書と、それに対するドイツ政府の改革意思の表明を受けて、あたかも追い打ちをかけるようにドイツの軍国主義的・専制的体制批判を提示するウィルソンの真の意図はどこにあったのだろうか。もちろんウィルソン自身に、帝制ドイツの支配者に対する不信があったことは事実である。だが相手の政治体制の如何を講和のための条件とすることについては、彼自身の「公正な講和」構想や民族自決の原則と抵触しないのか、なお微妙な問題が残されていた。そうしたこともあってウィルソンも明確に他国の国内政治体制についての指示ととられるような表現については慎重にこれを避けていたのであった。それにもかかわらず、ドイツ政府がアメリカ側第二覚書の条件をほとんど無条件に呑んだ時点でなお、内政干渉ぎりぎりの要求を突きつけることにどのような意味があったのか。そこにはおそらくいくつかの配慮が働いていた。

　ひとつは、合衆国の国内政治的事情への配慮である。国内では一一月五日に中間選挙が予定されており、国内世論の支持を確保することはウィルソンと民主党にとって――ドイツならびに連合国に対して有利に講和を進めるための前提条件として――決定的に重要であった。すでに国内的にもウィルソンの覚書はドイツに対して降伏と皇帝の退位を要求したものと受け取られていたこともあって、国民の前で「弱腰」を見せることはできない。これがとりわけ第三覚書がドイツの軍事指導者や専制支配者に対する「降伏」というようなレトリックを用いた理由である。

　いまひとつはヨーロッパの連合国に対する配慮である。ウィルソンの求める講和が合衆国とドイツの間の単独講和ではなく全面講和である以上、ヨーロッパの連合国の支持を得られなければ彼の講和構想、国際連盟の構想は破綻することになる。すでに述べたようにドイツとの交渉と並行して、休戦条件をめぐる予備協議が連合国軍総司令官フォッシュの草案に基づいてパリで進められていた。ヨーロッパの連合国を牽制して十四箇条に基づく講和計画に同意させるためにも、ドイツに対する強硬なレトリックは必要であった。

　さらにウィルソン自身がドイツを皇帝と軍部の支配する軍国主義的体制であると認識している以上、休戦そして講和の前提として、まずはドイツの軍事力とその危険性を削《そ》ぐための保障が必要だと考えていた。もとより他方では、左翼とくにボリシェヴィキの影響力が拡大することの危険性もすでに考慮されていたし――帝制崩壊後はこちらの配慮の方が優位を占めることになるのだが――、少なくとも現時点においては、帝国政府を相手に講和交渉を進めるのが妥当であるとの判断をウィルソンは下していた。だが強硬なレトリックの背後にあるそうした現実的な判断を表面に出すことはできなかったし、当然のことながらそうした政治的配慮が連合国ならびにアメリカ国民に対しても隠されている以上、ドイツ政府に対して直接に伝えられることはなかった。

［ドイツ側第四覚書　一〇月二七日］　アメリカ側第三覚書に反撥してルーデンドルフはただちに覚書交換の中止を要求する。ルーデンドルフはヒンデンブルクとともにベルリンへ向かったが、バーデン宰相は皇帝がルーデンドルフを解任しないなら内閣は辞職するという強い姿勢で臨み、これに応じてウィルヘルム二世はルーデンドルフを解任する（一〇月二六日、後任にはグレーナー〔一八六七―一九三九〕が就任した）。内閣はウィルソンの要求に応ずるかたちで改革のさらなる徹底をはかる。一〇月二八日には憲法が改正され、宣戦ならびに講和に関して帝国議会の同意を必要とすること、宰相に対する帝国議会の不信任規定、皇帝のすべての政治的行為について宰相の責任規定が設けられ、帝国議会の信任を基礎とする議会制政府の原則がここに確立される。同時期にプロイセンの三級選挙法を廃止して平等選挙を導入することも最終的な決定をみている（一〇月二四日プロイセン上院第一読会で改正法案通過）。

もとより軍部や保守派の反対を排除してアメリカとの覚書交換の継続を決定したとしても、合衆国政府に対して具体的にどう応答すべきかについては政府内でなお議論が戦わされていた。一〇月二四日から二七日にかけての閣内での協議では、軍の影響を排除するというかたちでアメリカ側の要求に応じた政府の体制ができた以上、あらためてドイツは降伏(に近い休戦条件)ではなく「正義の講和」を要求すべきだというバーデン宰相、外相ゾルフ、副首相パイヤーなどの意見と、そのような態度は交渉上もはや現実的ではないとするエルツベルガーや社会民主党のシャイデマン(一八六五―一九三九)などの意見が対立した。

「正義の講和」に対するドイツの要求をあらためて強調することは、連合国に対するウィルソンの立場を強化することにもなる、不利な休戦は不利な講和へとつながるというのが宰相らの意見であったが、すでにパリにおいて進行中の連合国の休戦協議にドイツ政府の対応が影響を与えることはないという悲観的な判断をエルツベルガーらは下していた。休戦条件が大幅に現実の講和を先取りすることになるだろうという宰相らの懸念はたしかに当たっていたが、ドイツ政府が交渉によってよりよい休戦条件を獲得する見込みはないという判断においては、エルツベルガーの方が現実的であった。もちろんウィルソンの講和構想とその実現に賭けるという基本線において双方の立場は一致しており、そのためにも何よりもまずウィルソンとの信頼関係の構築が必要だというのがエルツベルガーの立場であった。ただし結果的に見れば、ドイツの態度如何ではウィルソンはドイツとの交渉から手を引くかもしれないというエルツベルガーの懸念は、それ自体としては外れていたことになる。[*9]

オーストリア政府が連合国に対して個別講和を求めることになったという情報（一〇月二六日）が後押しして、最終的に政府内では柔軟な対応を支持する意見が大勢を占めることになった。かくしてドイツ側第四覚書の最終文書では、講和協議は事実上ならびに憲法上の決定的な権力を掌握した政府によって進められること、軍指導部はその下に服すること、ドイツ政府は合衆国大統領が声明で示した「正義の講和」へと道を開くような休戦条件の提案を待ち望んでいるという——できるだけ高圧的な印象を与えないように配慮した——抑えた文面となった。

また改革の詳細についての提示を含むべきではないというエルツベルガーの示唆を受けて、国制改革についての補完的覚書が作成されて別途送付されることになった。これは先に述べた一連の議会制的改革ならびに進行中のプロイセン選挙法改正などの詳細にわたるもので、合衆国政府内では一定の反響を呼ぶことになったが、合衆国の世論に直接影響を及ぼすことはなかった。改革についての補完的文書を公表しなかったことについては、とくにドイツ国民に対して外から押しつけられた改革との印象を避けるという配慮があったといわれるが、他方ではこれによって合衆国の世論に訴える可能性も失われたわけで、戦術的に賢明であったかどうかについては意見の分かれるところだろう。

＊9　Klaus Schwabe, Woodrow Wilson, Revolutionary Germany, and Peacemaking, pp.97–98.

皇帝退位問題

だがアメリカはなお皇帝の退位を要求しているという情報が周辺からもたらされて、ドイツ政府はさらなる対応を迫られることになる。

第一の情報はチューリヒのアメリカ副領事マクナリィからのものであった。マクナリィと彼の女婿メンシング大尉はドイツ・アメリカ間の連絡網の一つであった（アメリカ側はメンシングをドイツの軍事情報源の一つとして利用していた）が、そのマクナリィはすでに一〇月二五日の段階で、皇帝退位と休戦条件とは不可分であるとの第三覚書の解釈をメンシングを介してバーデン宰相に伝えている。

マクナリィがどこからそうした情報を得ていたか定かではないが、いずれにせよこの情報は不正確であった。皇帝の退位やあるいは摂政などの問題がウィルソンや合衆国政府関係者の間で具体的な計画として議題に上ったことはないし、ウィルソン自身は皇帝の退位をドイツとの休戦・講和のための前提条件として想定していなかった。少なくともそうした意図を示すような指示は残されていない——ちなみにマクナリィは合衆国政府に対しても、ドイツ側が皇帝退位を検討中との情報を送信しているが、これに対するウィルソンからの応答はなかったという[*10]——。すでに述べたように第二覚書の段階でバーデン宰相は、ドイツの内政改革に関するアメリカ側の要求は議会制的な責任政府の形成でほぼ満たされる、つまり皇帝の退位まで求めるものではないという判断を下していたのであるが、マクナリィの情報を受けて、政府はあらためて皇帝退位問題についての検討を迫られることになったのである。

バーデンはここで再びクルト・ハーンに確認を求める。ハーンは友人でコペンハーゲンのアメリカ公使館員であったリスゴウ・オズボーン（一八九二―一九八〇）と連絡をとり意見交換した結果、ドイツの民主化の証拠として皇帝の退位と皇太子の王位継承権放棄が必要であるという点で二人の意見は一致した。もとよりオズボーンの見解も合衆国政府側の確実な情報に基づいていたわけではなく、あくまでも個人的な意見にすぎないものであったが、これを受けて政府内でも皇帝の退位を現実的な選択として受けとめる動きが強まることになる。バーデン宰相自身も、王室を維持するためには皇帝の退位が賢明な選択ではないかという考えに傾きはじめていた。帝制崩壊の後に共和国政府の外相となるデンマーク大使ブロックドルフ＝ランツァウ伯（一八六九―一九二八）も退位を示唆したといわれる。

皇帝退位問題についての政府内の動揺はただちに社会民主党をはじめとする諸政党に伝わり、問題は次第に政府の手から離れはじめていた。すでに一〇月二五日にリベラル系の『フランクフルト新聞』がウィルソンの第三覚書の意図するところは皇帝の退位であると報道していたし、独立社会民主党および社会民主党左派をはじめとする左派勢力は共和制への突破口として皇帝退位を要求していた。そうした左からの圧力に社会民主党指導部も次第に抗し

＊10　Schwabe, op. cit., pp.100-101.

きれなくなる。社会民主党の帝国議会会派内でも皇帝退位を支持する声が多数を占め、明確に反対を唱えたのは後に共和国大統領となるフリードリヒ・エーベルト（一八七一―一九二五）だけであったという。

一〇月三〇日の段階ではベルリンの政府高官の間でも皇帝の退位はほぼ大勢の意見となっていた。バーデン宰相とその周辺は王室維持の観点から退位は不可避と考え、皇帝退位ならびに皇太子の帝国ならびにプロイセンの王位継承権放棄と（継承権者であった皇太子の息子ヴィルヘルムが年少のため）摂政制の採用を検討しはじめていた。一〇月三一日に内閣で宰相が皇帝の退位を提案したときも、閣内での反対は少数であったという。

閣内で強硬に反対したのはひとりエルツベルガーであった。彼はこう述べたという。「あなた方は退位によってよりよい休戦条件が得られるとお思いか？　すでに休戦条件は確定されたと私は思う。そうであればこれ以上の犠牲は無駄ということになる。休戦条件を受け取る直前に皇帝が退位すれば、政治的に不利益となるだろう。休戦を前にして皇帝が逃げ出したことになるからだ。それは破滅的な結果をもたらすことだろう」と。[*11]

後に共和国政府の外交指導の際にたびたび表面化するブロックドルフ゠ランツァウとの対立が明らかになった最初の事例であるが――事実ブロックドルフが退位問題というドイツ国民の死活問題についてデンマークの大臣に相談したことを非難する発言がこのあとに続いている――、両者の競合関係、個人的な確執だけをエルツベルガーの強硬な反対の理由とするのには無理がある。後述するようにマックス・ウェーバーもブロックドルフと同様に早期に退位を求めている。この時点でウェーバーとデンマーク大使との間に直接の接触や個人的関係があったかどうか確認はできないが、講和問題などでもいくつかの点で両者の立場が一致すること、またそうした論点のことごとくでエルツベルガーは対照的な判断を下していることは興味深い。

ただしエルツベルガーは退位そのものに全面的に反対していたわけでは必ずしもない。いずれにせよ君主の交代は必要となると彼も考えていた。ただし講和交渉に臨もうとする今はその時期ではない。皇帝退位の際の後継とされる皇太孫ヴィルヘルム（一九〇六―四〇）はまだ一二歳であり（皇太子ヴィルヘルム（一八八二―一九五一）は継承を拒否していた）、摂政となる皇太子の弟アイテル・フリードリヒ（一八八三―一九四二）の政治的能力にもエルツベルガーは疑問を抱いていた。

そうした事情もあって、現段階での皇帝退位は国内的にも争いの種をもたらしかねない。いずれにせよ皇帝の退位は、外国の圧力であれ、国内世論であれ、外から強制されるのではなく、あくまでも皇帝自身の自発的な決断に基づいてなされるべきだというのがエルツベルガーの立場であった。そうした観点から彼は中央党やキリスト教労働組合の機関誌などを利用して退位反対のキャンペーンを張る。それがどの程度世論に影響を与えたのか、退位を引

＊11　Epstein, S.304.

き延ばすことにどの程度寄与したのかは定かではないが、退位問題をあくまでも名誉の観点から考えるという点では後で述べるウェーバーの考えと意外に近いところにあったということができるかもしれない。

しかしながら、ウィルヘルム二世とその周辺は当初から退位には否定的な態度を隠さなかった。退位は王室と帝国にとって致命的な結果をもたらすだろう、というのがその立場だった。安全上の配慮もあり、周囲の進言を受けて皇帝は一〇月二九日に大本営のおかれていたベルギーのスパへと移動する。形式的にはヒンデンブルクの招待を受けて、一〇月二六日に解任された第一参謀長ルーデンドルフの後任グレーナー中将を引見するというのが名目上の理由であったが、宰相に一言も諮《はか》ることなく首都を後にすることは明らかに退位の進言を避けるための「逃亡」であった。

宰相は閣内の少数反対意見を押して皇帝に自発的退位の説得を試みるが失敗する。だが事態はすでに政府周辺の思惑をこえて動き出していた。退位問題が内閣で議論された翌日の一一月一日に、キール軍港の水兵に不穏な動きがあることがベルリンに報じられたのである。

帝制の崩壊とアメリカ側第四覚書（ランシング・ノート）

水兵叛乱のきっかけとなった出撃計画が海軍の無謀な「特攻」であったかどうかは議論の余地が残されている。潜水艦作戦が前面に出るなかで、いわば従属的な地位におかれていた水上艦隊の「名誉」を守るための「提督の叛乱」であったといわれるが、少なくとも形式的にはまだ休戦は成立しておらず、出撃計画は事前に政府に伝えられていたという――もちろん休戦交渉直前の出撃に問題があることは間違いない――。ともあれ「特攻」の風評もあってこれに反撥した水兵の叛乱が引き金となり、兵士の叛乱・サボタージュは燎原の火のように全国に広がっていく。各地に兵士ならびに労働者の評議会（レーテ）が形成された。ドイツ革命と体制の転換は必ずしもウィルソンが意図したことではなかったが、第三覚書は結果的には「軍国主義」的指導者と皇帝の自滅というかたちで帝制の崩壊をもたらすことになったのである。

ドイツにおける水兵叛乱のニュースと入れ違いにウィルソンの第四覚書、いわゆる「ランシング・ノート」が出される（一一月五日。キールでの叛乱のニュースが合衆国政府に届いたのは七日になってからだという）。ドイツ政府がこれを受け取ったのは一一月六日であった。ランシング・ノートが合衆国の中間選挙投票日当日に出された事情については、先に述べたような内政上の配慮があったのか、あるいはドイツの国制改革の帰趨《きすう》を見定めるという意図があったのか定かなところはわからない。

ともあれそのランシング・ノートは、休戦条件の詳細については連合国側がそれを保障かつ強制する無制限の権力を有するという、事実上の「降伏」の確認に近いものであったが、他方では、ヨーロッパの連合国が一九一八年一月八日のウィルソンの議会演説（十四箇条）

を講和の基礎として受け容れたことを付記していた。ウィルソン講和に賭けたドイツ政府の講和路線はここにきてようやく実を結ぶことになったのである。あくまでも仮定の話だが、ランシング・ノートの到着がもう少し早ければ、水兵叛乱以後の一連の経過もまた違ったものになっただろうし、あるいは帝制の崩壊も回避できたかもしれない。

ウェーバーの皇帝退位論

もとよりかりにそうした仮定が成立するとしても、それが皇帝の退位なしに可能であったかどうかという問題はなお残されている。すでに述べたように、ウィルソンは必ずしも皇帝の退位を講和交渉の前提とは考えていなかった——後に述べるように講和の際に問題となる皇帝の法的訴追についても彼は消極的な態度をとる——。しかしながらそのウィルソンの一連の覚書が皇帝の退位を意図するものとして受けとめられて一人歩きをはじめた以上、皇帝の退位はもはや避けることのできないものとなりつつあった。バーデン宰相をはじめとする帝国政府指導部の最終的な判断もまたそうしたものであった。帝制と君主制を維持するためにもむしろ皇帝は退位を決断すべきだ、と早期の段階から主張していたのがマックス・ウェーバーである。

ウェーバーがバーデン大公子の帝国政府と合衆国との覚書交換についてどの程度関与していたのか、少なくともどの程度の情報を得ることのできる位置にいたのかについては不明な点が残されているが、『フランクフルト新聞』に公表された一連の政治評論を通じて七月危機から一〇月改革にかけての政治的経過に一定の影響を及ぼしていたし、また個人的にもフリードリヒ・ナウマンらの自由主義左派の議員などを通じてある程度の情報を得ていたことは確かである。

そのウェーバーはナウマンをはじめとする政治家や友人に宛てた書簡の中で、一〇月初旬の段階から皇帝の退位に言及している。現在公表されている書簡とその日付から確認できる限りでは、一〇月一一日のシュルツェ＝ゲーヴェルニッツ宛書簡で皇帝は敗戦の責任をとって退位すべきだと述べているのが最初である。[*12] これは敗戦を契機として出てくるドイツ国内の皇帝退位論としてはかなり早期のもので、国民自由党のシュトレーゼマンがほぼ同時期にすでに皇帝退位を考慮していたのを別とすれば例外に属する（シュトレーゼマンは対外政策面においては併合主義的な戦争目的の唱道などの点で自由主義左派などとは路線を異にしており、そのためもあってかバーデン内閣には入らなかった。バーデン宰相は彼の入閣を忌避したといわれる）。ウィルソンの第三覚書の意図を皇帝退位要求だとする一〇月二五日付の『フランクフルト新聞』の報道とウェーバーとの関係は確認できないが、皇帝退位に向けた世論に一歩先んじていたということになる。

ただし皇帝退位に関するウェーバー自身の意図、少なくともその強調点は世論や政府周辺

＊12　「政治書簡」『政治論集』六五一―六五二頁。

の皇帝退位論とは微妙な相違があったことに留意しておかなければならない。ウェーバーが政府周辺に皇帝の退位を進言しているのは、一〇月一四日のウィルソンの第二覚書が出される以前、つまり合衆国大統領がドイツの体制問題について言及する以前の段階であり、そこにこそウェーバーの強調点はあったと思われるからである——ちなみに第二覚書あるいは第三覚書を受けて皇帝退位論が世論でも話題になりはじめた段階でウェーバーが退位について言及した書簡は今のところ公表されていない——。

ウィルソンが君主の退位を要求することはいずれにせよ間違いがないとウェーバーは予想していた。だからこそ、アメリカ側から具体的な退位要求が出される以前に皇帝は自発的に退位して、国民に対する敗戦の責任を明らかにすべきである。国内世論に押されて不承不承退くというのではその効果は半減する。いやそれどころか外国の要求に応じて退位させられるというのでは逆効果となりかねない。誰に強制されたのでもない自発的な退位によってこそ皇帝と帝制の「名誉」は守られるし、それによって国民が帝制に寄せる信頼と威信はかえって揺るぎないものとなるだろう。そのようにしてはじめて帝制とドイツの君主制は維持することができる。このようにウェーバーは考えたのである。

もとよりこれはあくまでも体制維持の観点からする帝制擁護論であって、皇帝ウィルヘルム自身の「親政」に対してウェーバーは批判的であったし、皇帝の政治的資質や個人的な人柄については相当に辛辣な言葉も残している。個人的な好悪感情をいささか過剰に投影しているようにも見えるウェーバーのヴィルヘルム二世に対する評価が、皇帝個人に即してはたして妥当であったか、あるいはウェーバー自身の体制擁護論の観点からしても適正であったかという問題は残されていよう。ウェーバーの君主制維持の理由についてここで本格的に論ずる余裕はないが、いずれにせよ「名誉」と「威信」を重要な要素とする彼の立場——支配が存続するためには「正統性」の確保が必要となるというのが彼の「支配の社会学」の要点であった。君主制は「世襲カリスマ」というかたちでこれを保障するというのである——をよく示している。[*13]

もちろんウェーバーのそうした判断が政治的に妥当だったかという問題もまた議論の余地があるだろう。すでに連合国によって決定されつつある休戦条件に皇帝の退位が直接的な影響を及ぼすことはなかっただろうし、したがってその休戦条件によってなかば方向が定まる講和にとっても意味のあることとは思われない。むしろ休戦・講和のための交渉中——いいかえればまだ形式上は戦争中である——の退位は内政上の混乱をもたらすばかりか、講和交渉を阻害することになりかねない。エルツベルガーが退位に反対したのはそうした理由からであった。ただし、かりに比較的早い時点で皇帝が自発的に退位して国民に対する明確な態度表明をしていたなら、少なくとも国内的には軍の一部の叛乱から秩序の一時的崩壊という事態は回避できたかもしれないし、そのことは結果としてドイツ政府がウィルソンの講和構

＊13　ウェーバーの世襲君主制論と皇帝退位問題の関連については牧野『ウェーバーの政治理論』第5章を参照。

想に見合う資格を備えていることを内外に示すことにもなっただろう。その限りでは第三覚書の後の時点での政府の退位論にも——ウェーバー自身の観点からいえばすでに遅きに失したということになるだろうが——まだ可能性は残されていたということはいえる。

だが皇帝ヴィルヘルム二世に退位の意志はなかった。ヴィルヘルム二世の「親政」が本来の立憲君主制からの逸脱であるのか、あるいはドイツの君主制統治それ自体に内在する構造的問題に起因するのかという問題はなお議論の余地のあるところだが、いずれにせよ国家の大事に当たっての決断が——かりに形式的裁可というかたちではあれ——最後のところでは君主の意志に委ねられているとすれば、ヴィルヘルム二世という存在自体が改革と講和の最大かつ最後の障害であったことは間違いがない。

共和制の選択

キールの水兵叛乱を契機に各地で形成された労働者・兵士評議会は、独立社会民主党の急進派などはこれをソヴェト（これはドイツ語のレーテと同様「会議」を意味する）をモデルに社会主義共和国の基礎組織として位置づけようとするが、その実質は形成当初の本家のソヴェトと同様に労働者や兵士大衆のところで広まっていた厭戦《えんせん》感情に基づく自然発生的なものであった。「革命的オプロイテ」などの急進派は、首都ベルリンの労働者・兵士評議会においても指導権を確保できずに独立社会民主党と社会民主党の同数の代表で構成された執行委員会を形成するにとどまり、旧政府の宰相バーデンから政権継承の委託を受けた社会民主党のフリードリヒ・エーベルトが独立社会民主党と連立して形成した「人民代表委員会」を臨時政府として承認することになる（一一月一〇日）。

翌月一二月一六日からベルリンで開催された全国労働者・兵士評議会大会では、急進派の「すべての権力をレーテへ」というかけ声にもかかわらず――いうまでもなくこれは「すべての権力をソヴェトへ」のドイツ版である――、社会主義共和国の基礎として評議会を位置づける指導部の提案は否決され、国民議会のための選挙の日程が翌一九一九年一月一九日と決定される。こうして急進派の社会主義共和国ではなく、社会民主党を中心とした穏健派のブルジョア民主主義体制への移行が新体制の基本線として定まる。国民議会の選挙結果はそうした選択を国民の大多数が支持したことを示していた。

エーベルト。仕立職人の息子から国家元首に。バーデン宰相から政権を譲り受けた後、初代大統領として共和国体制の確立に尽力した。

もとより大多数の国民の意向とは相対的に独立して、首都を占拠した急進派の声が一時的に政治的優位を獲得するというのはおよそ革命や内乱の際にしばしば見られることだが、そうした状況を受けて、シャイデマンの共和国宣言が一一月九日に――急進派の社会主義共和国宣言の機先を制するかたちで――行なわれる。ワイマール共和制の中心的な担い手となっていく社会民主党や民主党、中央党などの政治的志向性からいって、それが本当に必要な措置であったかどうかは疑問である。同じ社会民主党のエーベルトはシャイデマンの独断専行を聞いて激怒したという。

少なくとも講和をめぐる対外的な関連において合衆国やウィルソンは明確な君主制の打倒と共和制への転換をその政治目標としたわけでもなく、講和のための絶対的条件として明示したわけでもない。また共和制の宣言がただちに講和条件の大幅な改善や新展開をもたらしたわけではなかった。その意味においては共和制への移行はまだこの時点では確定的であったわけではない。共和国宣言の翌日に成立する臨時政府はベルリンの労働者・兵士評議会の支持を得るにとどまり、エーベルトの政権は形式上は帝国宰相バーデンの委託に基づいていた。もとより厳密な憲法論からいえばこの政権委譲は帝国憲法の解釈上無理があるし、この決定的な時点で政権を投げ出したバーデンの責任を問う議論もありうるのだが、ともあれ一〇月改革を徹底するかたちで議会制的な立憲君主制へと帝国を再編するという選択肢もまったくなかったわけではない。

事実バーデン宰相は共和国宣言が行なわれる一一月九日の同日午前に——皇帝の説得が不調のままいわば見切り発車のかたちで——、皇帝退位の告知を予告している。宰相の腹づもりでは、皇帝退位宣言と同時に社会民主党のエーベルトへの政権委譲を公表することで事態を収拾し、帝制そのものも維持しうるはずであった。しかしながらウィルヘルム二世は、ドイツ帝国皇帝から退くことまでは同意したもののプロイセン国王位の退位にはあくまでも抵抗したという。[*14] ベルリン政府の独断による退位告知に対して皇帝は統帥権を最高統帥部にあずけて革命政権と対抗しようとしたが、もはや事態を収拾する力は軍には残されていなかった。

最高統帥部の説得に押されるかたちで皇帝は翌日オランダに最終的に「逃亡」する。皇帝を前線に出して「名誉の死」を与えるべきだとの意見も最高統帥部の一部にはあった――グレーナーはこの考えに傾いていたといわれる――が、その場合にせよ、あるいは敵側に投降した場合にせよ――やや状況は異なるが講和交渉の際に連合国側が皇帝訴追を要求したときにウェーバーは皇帝に出頭することを求めている――、それで皇帝と帝制の名誉や威信が護られたかどうか、国民的な支持あるいは共感が得られたかどうかは定かではない。ともあれ

＊14　ドイツ帝国はプロイセン、バイエルンなどの複数の君主国（ならびに自由都市）の連邦制をとり、彼ら君主の「同輩中の第一人者」としてプロイセン国王が皇帝になるという複雑な構造をとっていた。したがって皇帝位を退いても王位にとどまるという選択は少なくとも形式論としてはありえた。君主制擁護の立場からしても、帝国の一機関にすぎない皇帝よりも「神の恩寵」に基づくプロイセンの王位をまず擁護するというのはそれなりに筋が通ってはいる。ただし、帝国とプロイセン国家とが不可分に結合しているという帝国の権力構造からして、そのようなことが許されるかどうかという問題はあるだろう。

なお帝国宰相の「退位告知」の報せを受けて皇帝がこれに対して明確には異を唱えなかった時点で、皇帝はそれを暗黙のうちに「裁可」し退位は成立したという憲法上の解釈もある（E. R. Huber, Deutsche Verfassungsgeschichte seit 1789, Bd.5, S.699)。

最高統帥部は最終的に皇帝の「脱出」を扶助することを決断する。ことここにいたってはそれ以外の選択肢はない、というのが統帥部と皇帝の判断であった。

オランダに到着した皇帝は一一月二八日にドイツ皇帝位ならびにプロイセン王位からの退位を声明した文書に署名する。おくれて一二月一日にオランダに逃れた皇太子も自らの王位継承権を放棄し、これによって帝制の存続の可能性はほぼ完全に絶たれることになった。

ウェーバーは革命の勃発の後の比較的早い時点で出された政治論文「ドイツ将来の国家形態」(一九一八年一一月二二日から一二月五日にかけて『フランクフルト新聞』に掲載)で、共和制への支持を公的に表明している。先に言及したような彼の社会学的な観点から見れば、君主制のもつ秩序安定化機能は共和制の元首には欠けていたし、戦時中の政治論で求めていた改革が基本的にはイギリス型の議会制的統治をモデルとしているという点からいえば、イギリスの「名誉革命」がそうであったように議会や国民の側の同意によって君主を戴くという選択も論理的にはありえただろう。ウェーバー自身もこの論文の中で、イギリスの君主は「神の恩寵」ではなく「国民の恩寵」に基づいていると述べている。

ただしドイツの現状に即して見た場合に、君主制を復活させるという議論はさしあたりは右翼・保守派の支持しか得られず、ワイマール共和国を支持する社会民主党、中央党、自由主義諸政党は反対しないまでも消極的であっただろうから、いったん崩壊した君主制、しかもウェーバーの観点から見て責任を全うせずに「逃亡」した——この点ではエルツベルガーの見方と一致する――君主制の再興は少なくとも現段階では問題とはなりえなかった[*15]。おそらくはそうした事情をも踏まえて、ウェーバーは共和制を支持したのである。もとより共和制の未来は決してバラ色ではない。共和制は市民が政治的・社会的に自立した存在であることを前提としている。これまで官憲の庇護の下でさまざまの利益を享受してきた市民層は自分の足で立たなければならなくなるだろう。だからこそ、われわれは市民がそうした自己克服をなしとげるという希望を込めて新生ドイツの共和制を支持するのである、と[*16]。

＊15　ただし、心情の上では君主制に対する郷愁をもちながらも共和制を支持する「理性の共和派」が多かったといわれることを勘案するならば、君主制の復活の可能性がまったくなかったとはいえない。ルイ・ボナパルトの第二帝政崩壊とパリ・コミューンの鎮圧を経て成立したフランスの第三共和制においても、王党派が多数を占める議会は君主制の復活を意図していたという。その挫折の結果、当初は君主の暫定的な代替物と想定されていた大統領制が定着していく（M・デュヴェルジェ『フランス憲法史』一一一―一一四頁）。ワイマール共和制における大統領も皇帝の代替物としての側面を確かにもっていた。後に大統領に選出されるヒンデンブルクが大戦末期の戦時体制においてなかば君主としての役割を果たしていたことはすでに註記した。

＊16　「ドイツ将来の国家形態」『政治論集』四九五―四九七、五〇〇―五〇一頁。この論説が『フランクフルト新聞』に掲載されたのは一九一八年一一月二二日で、シャイデマンの共和国宣言（九日）から一〇日余りの時点でのウェーバーの「共和制」支持は当時としても相当に（社会主義者などを除けばおそらくは異例に）早いものであることは注意する必要がある。この時点ではエーベルトの臨時政府はまだベルリンの労働者・兵士評議会によって承認されたにすぎず、労働者・兵士評議会の全国大会（一二月一六日から開催）も、したがって国民議会選挙の実施も決定されておらず、他方ではオランダに逃亡した皇帝もまだ退位と王位放棄を表明していない。これをウェーバーの慧眼ととるか、あるいは大戦末期の退位問題に対する対応と同様に、名誉の観点にいささか過剰かつ過敏に対応したための先走りととるか（あるいは他の政治的観点からの発言か）は評価の分かれるところだろう。

だがそうした希望が実現されるにはドイツ国民に課された重荷はあまりに大きかったし、心情においては「君主制支持者」でありながらあえて「理性の共和派」として共和制を支持していこうとする自由主義者は、締結される講和条約の過酷な条件に対する反感とも相まって増大する保守派・右翼諸勢力の共和国への攻撃に対して守勢に立たされることになる。

3章　革命から講和会議へ

バイエルン革命とアイスナー政権

革命――というよりは君主と軍指導部の自滅――によって、ウィルソンは図らずもドイツの体制転換を実現することになった。これによって軍国主義的支配者とは交渉できない、すべきでないという講和交渉上の一つの難関は乗り越えることができた。だが他方では、少なくとも形式上体制とその担い手が転換した以上、これまで継続してきた帝国政府との覚書交換の路線を維持するのか、維持するとしてもドイツ側の正式の交渉相手は誰になるのか、ドイツ国内のどの政治勢力と交渉すべきなのかという問題がさしあたり生ずることになる。合衆国側はドイツ・ベルリン政府との一元的交渉という印象を与えることを嫌って、公式の接触をいったん切断する。革命的状況ないし政治的混乱状態にあったドイツにおいて、ウィルソンの合衆国政府にとって、ベルリンの臨時革命政府以外にもバイエルンのクルト・アイスナー（一八六七―一九一九）の政権が――少なくとも並行して――交渉する相手として存在していた。

南ドイツのバイエルンは反プロイセン意識、中央政府への対抗意識が根強く、しかももともとは保守的な政治風土の邦国であったが、王制が最初に崩壊したのはそのバイエルンにおいてであった。キールでの叛乱の報を受けてはじまった大衆的示威運動の圧力を背景に政権を掌握したアイスナーは一一月八日に「共和制」を宣言し、独立社会民主党と社会民主党を中心に構成された臨時政府はただちに「アメリカ、フランス、イギリスおよびイタリアの政府ならびに人民、そしてすべての諸国のプロレタリアート」に宛てて講和の呼びかけを発する。これは明らかにアメリカに傾斜したベルリン中央政府のそれまでの講和路線に対する対抗路線を意味していた。

エーベルトの臨時政権が成立した後にバイエルンは秘密外交文書の公開をベルリン政府に要求し、開戦当時にベルリン駐在バイエルン公使がミュンヘンに送った文書を公表している（一二月二三日）。合衆国とドイツとを仲介する情報源となった人物には、平和主義的志向が強く党派的には独立社会民主党寄りの人物が比較的多かったという事情もあって、旧体制の「戦争責任」を告発するというバイエルンの講和路線に合衆国が接近する可能性は確かにあった。

そうしたバイエルンの講和路線に関係の深い人物の一人としてアメリカの神学者ヘロン

（一八六二—一九二五）がいる。彼はもともとキリスト教社会主義を唱道し、合衆国でのアカデミックな職を捨てて戦争前にジュネーヴで平和運動に従事した人物であるが、アメリカ参戦後の彼の自宅はドイツを含めたさまざまの国からの左翼の交流の場になっていたという。彼はまた戦時中からフリードリヒ・ヴィルヘルム・フェルスター（一八六九—一九六六）、エドガー・ヤッフェ（一八六六—一九二一）などといった平和主義的志向の強い人々と接触していた。フェルスターはミュンヘン大学教授で、アイスナー政権の下ではバイエルンの公使としてスイスで活動することになる。アイスナーの講和路線もフェルスターおよびヘロンの影響するところ大だといわれている。

ウェーバーは『職業としての政治』の中で、フェルスターを政治的な現実を直視しない「心情倫理家」の典型として痛烈に批判している。またエドガー・ヤッフェはウェーバーとともに『社会科学・社会政策雑誌』の編集に携わっており——ヤッフェの妻であったエルゼはウェーバーの愛弟子にして愛人であったということはさておいても——個人的に近しい関係にあった。ウェーバーはパリの講和会議から戻った後に、アイスナーのお膝元であったバイエルンのミュンヘン大学に——一九一九年二月二一日のアイスナー暗殺後の急進的なレーテ共和国設立の試みとその崩壊で混乱の続くさなかに——赴任することになるが、ウェーバーの周囲に独立社会民主党系ないしはリベラル左派系の「平和主義者」あるいは「ウィルソン主義者」が比較的多く存在して、また個人的にも関係があったという事情は『職業としての政治』での発言を理解するときに考慮する必要があるだろう。

そうした平和主義者たちの影響を受けてアイスナー政権はドイツの「戦争責任」を明らかにするという路線を推進しようとする。バイエルン政府はベルギーとフランスでのドイツ軍の略奪行為の調査のための委員会を設置し、連合国のオブザーバーを招こうとしたが、この試みは結局成功しなかった。連合国はバイエルンの委員のベルギー入国を拒否している。アイスナーは「偽装したボリシェヴィキ」であるという見方が広まっていったこともあり、アイスナー政権の国外での評価は急速に低下することになる。総じてドイツ国内の急進的な左翼は——スパルタクス団（一九一八年一二月三〇日から翌年一月一日の党大会で共産党となる）がレーニンの支持を受けたのを例外とすれば——国外からの支持や支援を獲得することはできなかった。ドイツ国内でもバイエルンの講和路線は他の諸邦の支持を得られずに孤立する。一二月二五日にベルリンで行なわれたドイツの諸邦政府代表者会議で講和路線をめぐり決裂した後に、アイスナーはベルリン政府との断絶を宣言している。

ベルリンのエーベルト政権と合衆国

そうした状況の中でウィルソンと合衆国政府は、革命勃発直後の早い時期から社会民主党のエーベルトを中心とするベルリンの臨時革命政権との（非公式の）関係を確立する方向で動いている。もとより当初は革命の急進化、ボリシェヴィキ化への懸念から、ドイツ政府がボリシェヴィキと連繋しているのではないか、あるいは意図的に革命を煽っているのではないかという疑念も合衆国政府高官の間には根強く存在したが、他方ではウィルソン政権にドイツ専門家として協力していたブリット――もともと左翼リベラルのジャーナリストであった彼はバーデンの「一〇月改革」についても肯定的な評価を与えていた――などが、穏健な社会民主主義政党と連繋して急進的なボリシェヴィキと対決することの必要性を強調していた。

そうした情勢判断を受けるかたちでウィルソンは、比較的早期に穏健な左翼を含めた反ボリシェヴィキ勢力を支持するという方向を明確に打ち出して、食糧長官ハーバート・フーヴァー（一八七四―一九六四、後のアメリカ大統領）の下でドイツならびにその同盟国への食糧供給を検討しはじめていた。

戦時中にドイツ占領下ベルギーへの食糧支援組織の手腕を買われて食糧長官になったフーヴァーは、ウィルソンの協力者として合衆国軍の食糧供給を組織、さらに戦後の合衆国の食糧戦略の担い手となる。アメリカにとってヨーロッパへの食糧の供給は、大陸における飢餓状態の進行による革命の潜在的な危険を抑止するにとどまらず、ドイツをはじめとする中欧諸国の政治的再編、戦後の世界秩序の再編のための戦略的手段として意味をもっていたのであった。[*1] 合衆国政府はすでに一九一八年一一月八日の段階でドイツを含めた同盟国に対する包括的な援助計画を決定し、フーヴァーをヨーロッパに派遣している。一一月一一日の議会

ルーデンドルフの後任グレーナー将軍。革命後は早期にエーベルトの臨時革命政府と協定。軍を退いた後も国防軍と共和国を結ぶ重要な役割を果たした。

演説ならびに翌一二日のドイツ政府宛覚書で、この計画は公的に確認されることになる。

他方、エーベルトの臨時革命政権の側も、外交的には帝国政府の基本路線を引き継いでいた。いまやドイツは革命によってアメリカに次ぐ共和国となったのであるから、国際連盟の構成員としての十分な資格を備えることになった、という見方からウィルソンと「公正な講和」に期待する声が政府周辺にも存在していた。革命後早期にエーベルト政権と軍との協調関係を形成したグレーナーでさえ合衆国にヨーロッパ連合国の対独復讐に対する保護を期待していたという。[*2]

合衆国とウィルソンに対するそうした期待と思惑からドイツ政府は、ブレスト＝リトフスクの講和以来関係が続いてきたソヴェト・ロシアと距離を取りはじめる。外相ゾルフは一一月五日に国交断絶を宣言し、ソヴェト大使ヨッフェに国外退去命令を出した。すでに一〇月はじめの時点でレーニンはドイツ政府へ食糧援助を申し入れていたが、革命後にあらためて人民委員政府に食糧援助を打診する。エーベルトはこれに応ずる代わりに直接にウィルソンに電信を打ち、先に述べたように食糧援助についてのアメリカ側からの保障をとりつけることになる。一一月一一日の休戦合意にもこの点が付加された。休戦交渉の際にドイツ側が重視したのは食糧援助が保障されるかどうかであったという。

しかしながら食糧援助をめぐるドイツと合衆国政府との交渉は非公開で行なわれた――当然のことながらウィルソンの「公開外交」もすべてを公開で行なえるわけではない――。敗戦国ドイツに対して即時かつ直接に食糧援助を行なうことに合衆国の国内世論は批判的であったし――したがって公式にはヨーロッパに対する食糧援助に「ドイツが含まれることを否

＊1　ボリシェヴィキのイデオロギー的攻勢に対抗して合衆国が軍事介入することの危険性について、フーヴァーはウィルソンにこう述べたという。「われわれはおそらく長期の治安維持活動に巻き込まれることになるだろうし、その際にわれわれのとる行動は必然的に反動勢力の下層階級に対する経済的支配を確立することに加担することになるだろう。これはわれわれの基本的な国民精神に反することになる。そのような状況の下でわが兵士たちがボリシェヴィキ思想に感染しないでいることができるか私には疑問である」。Joan Hoff Wilson, Herbert Hoover, Forgotten Progressive, pp.54-55.

＊2　グレーナーはさらに英米と協力して行なわれる大規模な対ソ「十字軍」をドイツ外交の目玉にしようと目論んでいた。そうしたいささか空想的な計画は共和国政府内でも必ずしも否定されなかった。エルツベルガーも計画を一時支持していたし、外相も慎重にではあれ原則として同意していたという（Schwabe, S.222）。グレーナーのそうした計画は連合国側も十分承知していた。本文でも述べるようにヨーロッパからの早期撤収を求める上院や国内世論への配慮もあって合衆国は軍隊の派遣を含めた関与には消極的であったから、かりにドイツ側からそうした申し入れがあったとしても合衆国が受け容れる可能性はほとんどなかっただろう。東部ヨーロッパへの反ボリシェヴィキ軍事介入に比較的積極的であったのはむしろドイツと利益が全面的に一致するとはいえないフランスであった。フォッシュからのロシア西部国境での対ボリシェヴィキ軍事行動への協力要請を合衆国駐留軍のブリス将軍（アメリカ講和代表）は断っている（Walworth, p.208）。

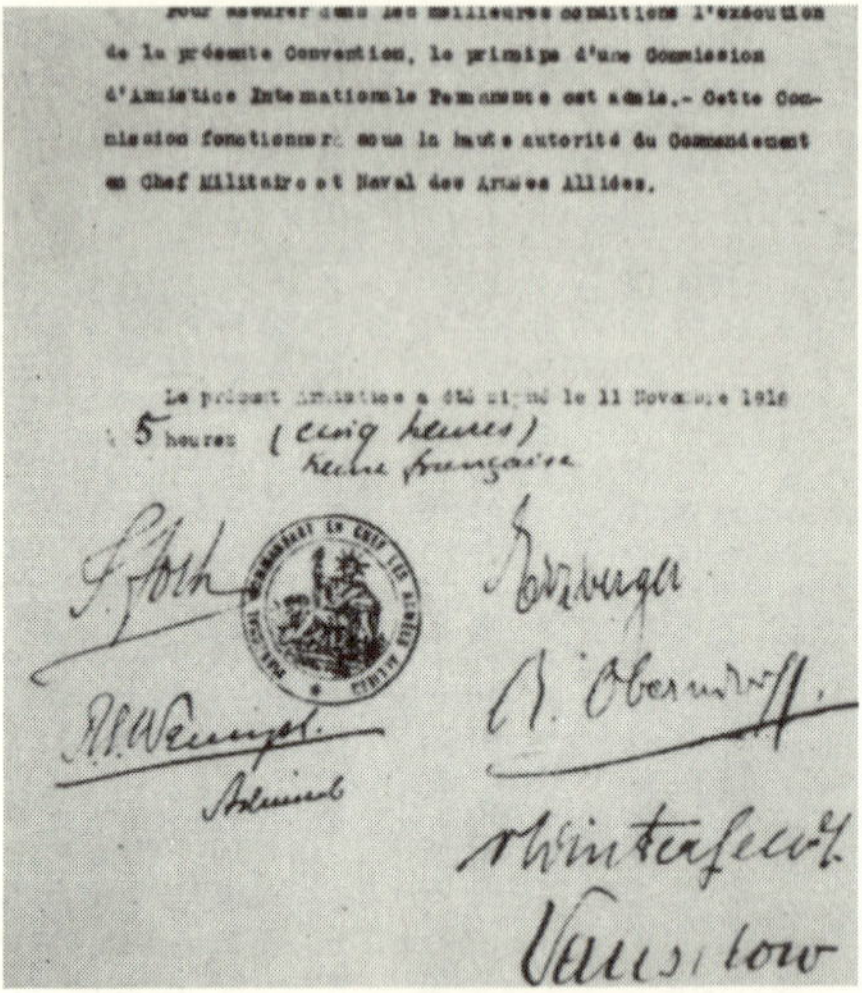
Pour assurer dans les meilleures conditions l'exécution de la présente Convention, le principe d'une Commission d'Armistice Internationale Permanente est admis.- Cette Commission fonctionnera sous la haute autorité du Commandement en Chef Militaire et Naval des Armées Alliées.

Le présent Armistice a été signé le 11 Novembre 1918 à 5 heures (cinq heures) heure française

1918年11月11日の休戦協定。左上にフォッシュ、右上にエルツベルガーの署名がある。

定しない」というかたちでの表明となった――、この時点では合衆国政府は講和交渉に先立って新ドイツ政府との直接の交渉は拒否していた。したがってベルリンの臨時革命政府に対するアメリカの公式の支持を獲得しようとする試みはさしあたりは失敗することになる。反ボリシェヴィキ的性格を強調することによって合衆国との緊密な連繫をはかろうとすることに警戒感を示す独立社会民主党系の閣僚との決裂もあってゾルフは辞任し、後任にブロックドルフ=ランツァウが座ることになった。

ただし合衆国政府は公式に新政権と新ドイツ共和国を支持することは回避したが、非公式には先に述べたクルト・ハーンをはじめとするいくつかの経路を通じて連絡を継続していた。そのひとつは合衆国ヨーロッパ派遣軍総司令官パーシング（一八六〇―一九四八）の下で情報部門の長を務めていたコンガー大佐（一八七二―一九五一）のルートであった。将校時代にベルリンの歴史学者ハンス・デルブリュック（一八四八―一九二九）の下で学びドイツ語に堪能であったコンガーは、パーシングの命を受けて一二月一日に非武装地帯を越えてドイツ軍と接触、フランクフルトの兵士評議会に属していたヴァルター・ローブとノーバート・アインシュタインと会い、彼らをトリーアにあったアメリカ第三軍司令部に招待している。彼ら二人を通じて人民委員政府、とりわけ休戦委員会議長であったエルツベルガーならびにグレーナーとのコンタクトが確立するが、これは講和条約調印まで継続され後に重要な意味をもつことになる。

休戦協定の成立

一一月一一日、パリ郊外のコンピエーニュの森で臨時革命政府と連合国との間で休戦協定が結ばれた（正確にはバーデンの帝国政府の代表としてエルツベルガーが交渉中に共和制へと体制が転換する。先に述べたように共和制への移行の問題も含めて、休戦交渉中に政権を投げ出したバーデンの態度については議論のありうるところであるが、ともあれ新政府よりあらためて電報で指示を受けて休戦協定は調印されることになった）。ランシング・ノートにあったようにこれで連合国側も十四箇条を受諾したかたちとなる。ただし、ウィルソンの第二覚書に示唆されていたように、連合国軍総司令官フォッシュの下で作成された休戦案は、軍事的には事実上の降伏という事態を受けて、フランスを中心とする連合国側の意向を強く反映するものとなった。

講和の仕掛人ハウス「大佐」。「ウィルソン大統領の友人」という資格ひとつで各国首脳との調整に当たり、講和条約をまとめあげた。

合衆国はパリにウィルソン大統領の代理人ハウス「大佐」（一八五八―一九三八。大佐というのは通称であって軍人ではない）を派遣して休戦条件の調整に当たっていたが、[*3] 連合国側は十四箇条の受諾に抵抗、十四箇条受け容れと引き換えにハウスは相当の妥協をすることになったのである。

休戦条件は、ベルギー、フランス、アルザス＝ロレーヌからの短期の撤退や武器の引き渡しなど、事実上ドイツ側からの戦闘再開を不可能にするという意味で降伏に等しいものであったし、可能な限りドイツの軍事的潜在力を抑えるというフランスの強硬姿勢を受けて、ライン東岸の橋頭堡《きょうとうほ》の確保などを認めるという点で、ドイツ側には極めて厳しいものとなった。

他方イギリスは十四箇条の受け容れに際して二つの点を留保した。第一は「公海の自由」の解釈についての留保で、これは戦時海上封鎖の権利を主張するイギリスに大幅に譲歩するものであったと共に、ウィルソンの戦後構想の柱の一つであった「公海の自由」はその後の講和協議の議題から事実上外されることになった。

第二点は賠償問題をめぐる留保である。もともとウィルソンの十四箇条には「賠償」(compensation) についての直接的な言及はなく、ドイツ側がベルギーならびに北フランスに与えた損害の補償という意味での「再建」(restoration) の語が用いられているにとどまっていた。ドイツ潜水艦による船舶被害その他の損害についての補償を確実なものにするというイギリス側の要求に基づいて、この「再建」という言葉は「同盟国の民間人とその財産に対してドイツの侵略によってなされた陸上、海上そして空域におけるすべての損害に対してドイツによる補償 (compensation)」という意味に理解するという留保が認められる。これによって限定的な地域の再建による補償から船舶の撃沈を含めた損害、ひいてはあらゆる非軍事的な損害への補償にまで拡大される道が開かれると共に、ドイツの賠償義務についての文面に「侵略」(aggression) という言葉が挿入されることになった。こうした譲歩は講和会議における賠償問題の処理に大きな影を落とすことになる。

賠償問題と領土問題におけるウィルソンの基本的立場については後に検討することになるが、これらの譲歩がウィルソンの当初の基準から大きく外れるものであったことは間違いな

＊3　一九一一年一一月四日にウィルソンと出会って以後、ハウスは大統領ウィルソンの協力者として内政・外交で重要な役割を果たすことになる。パリの講和と国際連盟はウィルソンとハウスとの合作でもあった。ハウスは戦前から数度にわたり渡欧して「大統領の親密な友人」という資格で列強政府の代表と会い、大戦勃発後は和平工作に努めている。ハウスがあらためて休戦・講和をめぐる連合国との調整のため渡欧するのが一〇月一八日（ウィルソンと最後に会うのは一〇月一六日）といわれているから、おそらく合衆国側第二覚書の内容は伝えられていたと想定される。

い。そうした譲歩をもたらした事情については、休戦条件についてドイツに対して強硬な路線よりは比較的穏健な路線を指示した電信の解読の手違いなどが介在していたといわれるが、[*4]真相はともあれウィルソンの片腕といわれたハウスとの間に次第に疎隔が生じはじめる。[*5]いずれにせよ休戦協定はたんに戦闘の中断という純軍事的な条件だけでなく、来たるべき講和条件を大幅に規定することになったのである。

休戦延長と食糧援助

すでに述べたように合衆国は食糧援助をめぐってドイツと実質的な協調関係を積極的に推進していた。合衆国がドイツを含めた大陸ヨーロッパに対して早期に食糧援助を推進しようとした理由には、一九年二月終わりには食糧事情が窮迫するという人道的事情、ならびにそれにともなって予想されるボリシェヴィキ化への懸念という政治的・イデオロギー的配慮に加えて、余剰農産物の輸出促進というアメリカの農業経営者の経済事情もあったといわれる――さらに農産物輸送の船舶の帰路をアメリカ兵の復員に利用するという動機もそこには存在した。できるだけ早期に多くの兵士を撤収させたいというのが世論の圧力を受けた合衆国政府ならびに軍の意向でもあった――。ドイツ側も食糧供給を重視して、ドイツの商船を供出することを休戦合意の際に申し出ている。

ただしその実現に際しては、ドイツに対する食糧援助の必要性と形態について、輸送の際のドイツ商船の利用、その場合の管轄権の所在、輸入経路など具体的な論点をめぐって連合国間の意見の相違があった。支払問題についてはフランスが講和後の賠償支払を睨んでドイツ保有の金や外国通貨での支払を不可としていたし、イギリスはドイツ商船の管理ならびに食糧の輸出はロンドンの連合国機関の管理下におかれねばならないとして譲らなかった。連合国とくにイギリスはドイツに対する経済封鎖の継続を戦争目的達成のための、つまり講和締結までドイツを抑えるための手段と見なしていた。アメリカ側から見れば、ヨーロッパに

＊4　Schwabe, pp.88-89.

＊5　もちろんこれはウィルソンの側からの見方であって、ハウスの側からは事態はいささか違って見えるだろう。事実ハウスはパリでの調整に当たって「調査」機関の主要メンバーであったフランク・コブとウォルター・リップマン（一八八九―一九七四）に「十四箇条」の評釈の作成を依頼し――少なくとも主観的には――この「コブ＝リップマン評釈」を基準に交渉を進めている。ハウスはヨーロッパの連合国首脳とくにクレマンソーとは親密な関係を築いていた。他方四年間の在米生活の経験があり英語の堪能なクレマンソーの方も合衆国とその市民に対して決して疎遠ではなかった（Stephen A. Schuker, The Rhineland Quetion, in: The Treaty of Versailles, pp.277-283）。ハウスにいわせれば自分は英米首脳と、いささか取っつきの悪い大統領との間の仲介者としての役割を果たしたということになる。事実彼は講和会議開始後も各国代表との間の調整役を果たし、ウィルソンの一時帰国（一九年二月一四日から三月一四日までパリに不在）や病気（三月末から四月初め）の際にはその代理をも務めている。ハウスとウィルソンとの密接な連繋が最終的に終わりを告げるのは四月になってからだといわれる（Walworth, p.302）。五月初旬にはドイツ側の講和条約案が手交され、結果的には本質的な変更なく受諾されることになる。そうした点を勘案すれば、「タフな交渉人」としてのハウスがいなければ講和会議の成功はなかったし、国際連盟の成立もおぼつかなかったということができるだろう。ウィルソンの理想主義外交に焦点を定めたドイツ側の講和戦術の誤算の一つは、その背後のハウスの存在にあったといえるかもしれない。

対する食糧輸出は、戦時封鎖の継続を利用して輸出市場を支配するイギリスに対する「門戸開放」要求をも意味していた。連合国間の意見調整に手間取った結果、実際にアメリカからの食糧輸出が開始されるのは、ドイツにおける共産主義者の蜂起によってボリシェヴィキ化の脅威が現実的となる三月以降にまで持ち越される。[*6]

食糧問題をめぐる一連の交渉は三次にわたる休戦延長をめぐる交渉と並行して行なわれた。ドイツ政府の側は食糧供給の早期実施と共に休戦条件の改定を要求したが、休戦条件それ自体が変更されることはなかった。アメリカの側から見れば、フランスをなんとか抑えてこれまで形成してきた一連の休戦条件をドイツが拒絶した場合に、それに応じて譲歩する余地はほとんどなかったといってよい。食糧供給をめぐる実質的な協議では、フランスがラインラントをめぐる思惑から南ドイツのバイエルンへ食糧を供給しようと目論んでいたのに対して、合衆国はすでに述べたようにベルリン政府を実質的に支持していたし、フランスが対独復讐あるいは対独安全保障の観点からドイツの軍事力・経済力と領土の削減を要求し、東部国境地帯では独立ポーランドの支援とポーランド側の東部地域領域拡張をさまざまのかたちで支援しようとしていたのに対して、合衆国側は総じてドイツの側に好意的であった。

たとえばフランスはポーランドを軍事的に支援するために（初代国家元首となるユゼフ・ピウスツキ〔一八六七―一九三五〕のライバルであった右派のロマン・ドモフスキ〔一八六四―一九三九〕を支持するという政治的思惑もあって）フランス国内で訓練されたハラー将軍（一八七三

―一九六〇）麾下の軍を海路からダンツィヒ経由で輸送することを提案するが、ダンツィヒの事実上の占領につながることを恐れたドイツ側は（もちろんポーランド側はこれを狙っていた）これに強く抵抗した結果、紛糾の末にエルツベルガーが提案したドイツ国内を陸路で輸送するという妥協案をアメリカが支持するかたちで決着している。

ドイツの敗戦と武装解除によって大陸の軍事的なバランスがフランスの側に過度に傾斜することを警戒するというのが合衆国のヨーロッパ駐留軍関係者の立場であった。戦後ヨーロッパの力関係に対する配慮ならびに先のイギリスの海上支配・市場独占に対する「門戸開放」という合衆国の基本的路線から見るならば、休戦と講和をめぐる旧帝国政府と合衆国の一種の「共犯関係」ないしは潜在的な「協調関係」は共和国新政権との間でも継続していたということができるだろう。

そうした状況の下で、革命後のドイツ政府はどのような構想をもって講和問題に対したのだろうか。

＊6　合衆国から最初の食糧供給船がハンブルクに到着したのは三月二五日だという（Schwabe, p.207）。ただし、強制手段としての経済封鎖の選択肢を残すというロイド・ジョージやクレマンソーの意向でドイツが条約を批准した七月一二日まで封鎖は公式に解除されなかった。

ワイマール共和国外相ブロックドルフ＝ランツァウ伯（ジョージ・グロス画）。ウィルソンの14ヵ条に基づいて「公正な講和」を連合国に要求したが、講和の際の強硬な姿勢は評価のわかれるところである。（Leo Haupts “Urlich Graf von Brockdorff-Rantzau”より）

革命政権の講和戦略

ゾルフの後任として講和交渉の中心となったのがブロックドルフ＝ランツァウであった。彼は貴族出身の職業外交官としてキャリアを積み、一九一二年にはコペンハーゲン公使に就任している。開戦時にはデンマークが中立の立場を堅持するに当たって重要な外交的貢献をしたといわれている。またブロックドルフはロシア人の社会主義者パルヴス＝ヘルファント（一八六七―一九二四）への資金援助を通じて対ロシア工作を推進しており、スイスにいたレーニンなどの革命家をドイツ政府がフィンランド経由でロシアに送り出すことに関与していたといわれる。[*7] 彼はまた社会民主党のシャイデマンやエーベルトとは戦時中から交流があった。ブロックドルフ自身は社会主義者ではなかったが、工業化による社会変化と労働者の政治参加の意義をそれなりに洞察し、また経済的な変動が国家間関係にもたらす変容を踏まえて、敗戦でドイツが軍事力を喪失した後には経済力を基盤とする外交と国民的威信の再建を展望するようになっていった。当時の旧政府外交官筋の中では際立っていたブロックドルフのこうした経歴と志向が、彼を新政権の外交担当者として浮かび上がらせることになったのである。

外相を引き受けるに当たってブロックドルフは、講和交渉を十分に進めるだけの政府の支持とそのための内政的基盤の強化が必要だとして、政府の権威の強化、国民議会の早期の招集、さらに経済的再建のためには信用の清算と整理、企業家の技術的貢献が必要であることから、政治的ならびに経済・財政技術上の問題に対して労働者・兵士評議会の権限は制限すべきであること——要するに急進派の要求するような社会主義化ではなくブルジョア的な秩序を再建することが外国の信用を獲得するためにも必要であること——、共和国軍の確立などを要求した念書をシャイデマンとの間で交わしている。

なお国内体制の強化という観点からブロックドルフは大統領の権限強化を主張し、とりわけ外交権限を議会の同意事項から外すように要求している。共和国の国家構造について彼は

＊7　Leo Haupts, Urlich Graf von Brockdorff-Rantzau, S.45. たとえばイスラム世界での汎イスラム運動を支援するというように、敵対国支配地域の革命運動を支援し、その破壊的効果を狙うというのがドイツ側の一つの戦略であった。ロシア革命はその成功例——成功しすぎた事例——ということになる。フィッシャー『世界強国への道』第四章を参照。ただしブロックドルフは講和の後には、いわば「ヴェルサイユ体制」打破のためにソヴェト・ロシアと連繫することを構想しており、その点では一貫した外交方針があったといえるかもしれない。

他方、そうした外交的戦略・謀略はドイツ側に限られないのであって、ロシア革命勃発後には連合国の側も自国の社会主義者を動員してロシアに送り、ケレンスキー政権の支援と、同時に戦争の継続（こちらの方が連合国側にとって重要であった）を説得している。基盤の脆弱なケレンスキー政権にとって戦争継続がアキレス腱となったことを考えれば、こちらも間接的にはボリシェヴィキの政権掌握に手を貸したことになる。

総じてアメリカ型の大統領制を志向し、またウィルソンとの外交交渉上の観点からも憲法審議においてアメリカ型憲法への正面からの批判は避けるようにと憲法草案作成の中心人物であったフーゴ・プロイス（一八六〇―一九二五）に書き送っているという。周知のようにマックス・ウェーバーも完全なアメリカ型ではないが直接選挙の大統領制を提案している。[*8] 皇帝退位の進言に続いて、大統領制への志向という点でもブロックドルフの観点がウェーバーの国家構想と重なるということは興味深いが、この論点において両者の間に何らかの連繫や連絡があったかどうかは確認できていない。

そうした内政基盤の強化を踏まえたブロックドルフの講和路線は、基本的にはこれまでと同様に十四箇条を基礎にするウィルソン的な講和であった。ただしそこには敗戦にともなう状況の変化が存在している。

これまでにもくり返し述べてきたように、ドイツ側がまず第一にアメリカ合衆国との講和交渉を追求した背景には、ウィルソンならばヨーロッパの連合国に対しても「公正な講和」の原則を受け容れさせることができるだろうという期待があった。しかしながらそうしたウィルソンの立場は何よりもまず合衆国の参戦によって連合国は勝利を収めることができたという軍事的な背景に基づいていた。「世界の仲裁裁判官」たるウィルソンの地位は「ドイツの軍事力が少なくともアメリカ軍の助力なしに屈服させることができないほど強力である」という事情に依拠している。ドイツの軍事的抵抗を不可能ならしめるような休戦が結ばれるなら、それはドイツばかりかウィルソン自身を講和条件の決定的要因から排除することになるだろう。だからもっぱらウィルソンの誠意に依拠し、それを疑わないドイツ政府の講和政策は危険である、とウェーバーは一〇月二七日の新聞論説「休戦と講和」で警告している。[*9]

もとよりウィルソンの講和をあまり信用するなというウェーバーの主張には、皇帝退位を要求した（と受け取られた）一〇月二三日の第三覚書に対する反撥が多分に含まれているが、ともあれヨーロッパの連合国はアメリカの軍事力ゆえにウィルソンの十四箇条を受け容れたというウェーバーの指摘は事態の一面を正確に捉えていた。したがってドイツが軍事的にすでに崩壊状態にあり、ほとんど降伏に等しいかたちで休戦が成立したことは、ウェーバーのいうとおり仲裁者としてのウィルソンの役割をまったく無用にはしないにしても、その発言力を相対的に低下させることになるであろう。

さらに加えて合衆国の国内事情がある。ドイツ革命とほぼ同時に行なわれた中間選挙でウィルソンの民主党が敗北したことは、国内「世論」というウィルソンのいまひとつの権力基盤に打撃を与えることになった。ドイツがウィルソンの「公正な講和」を支持するということは、連合国に対してウィルソンの権力を側面から援護することになる、という議論はすでに覚書交換の時点から旧帝国政府内部にも存在していたが、その必要性はさらに大きくなっ

＊8　牧野『ウェーバーの政治理論』第2章。
＊9　Waffenstillstand und Frieden, MWGI/15, S.642.「休戦と講和」『政治論集』四九二頁。

たということになるだろう。

ただし、アメリカとの一元的な交渉の試みがアメリカの表向きの「拒否」にあって失敗したという前任者ゾルフの経験を踏まえれば、アメリカ合衆国だけに依拠して望ましい「公正な講和」を達成できるとは考えられない。さりとて戦術的な手段による連合国間の離反も難しい。したがってドイツ政府は、一方では国際世論、各国のリベラル・左翼勢力の戦術的支持を期待しながら、基本的にはウィルソンを支持してその講和プログラムの実現を追求する以外に方法はない、というのがブロックドルフの判断であった。

講和条件の想定

そうした観点からドイツは来たるべき講和の条件をどのように想定していたのか。ウィルソンの十四箇条については合衆国政府内でもその解釈がすでに分かれていたのであるが、ブロックドルフとドイツ政府が想定した講和条件はいわば合衆国内のリベラルな解釈の線に近いものであった。簡単に項目ごとに整理しておくと次のようになる。

[領土問題] 領土変更については民族自決の原則を要求する。アルザスについては人民投票を、その他ザール盆地などのフランスの領土要求は認められない。東部国境に関しても、住民投票で明確にポーランドへの帰属の意思が示された地域の割譲は認めるが、投票は講和条約が締結された後に行なわれるべきである。ポーランドの海への通路は保障する。ただし

民族自決という同じ原則に基づいてドイツ系オーストリアのドイツへの合併は認められねばならない。ドイツの植民地についても国際連盟の監督を受けるというかたちで放棄を回避しようとブロックドルフは考えていた。

[賠償について]「ランシング・ノート」の字義通りの解釈によれば、基本的にはベルギーと北フランスの占領で与えた損害に対する再建費用をドイツは賠償しなければならない。[*10]その費用をブロックドルフはおよそ一〇億金マルクと見積もっていた。

もとより連合国側がこれを超える要求をしてくることは十分に予想できた。少し後の数字になるが一九一九年三月一〇―一二日の政府の議論ではドイツに求められる「損害」額は総額三八〇億マルク（うち二六〇億は潜水艦による被害）に上ると推計されている。いずれにせよ二〇〇億マルクを超える額の賠償要求に対して現在のドイツにはそれだけの支払能力がないというのが政府の判断であった。したがってドイツ政府は当初からいわゆる「戦争責任」の問題が提起されて、ドイツに対する高額の賠償要求の根拠とされることに大きな懸念を抱いていた。

[戦争責任問題]　その「戦争責任」問題に対するドイツ政府の対応には二つの可能性が存

＊10　厳密にいえば、ドイツが賠償責任を負うのはベルギーの中立侵犯によって生じた損害に対して（のみ）であって、北フランスの損害もベルギーの中立を侵犯した際に生じたものだというのがドイツ側の理解である。Bemerkungen der Deutschen Friedensdelegation zu den Friedensbedingungen, in : Der Kampf um den Rechtsfrieden, Die Urkunden der Friedensverhandlungen, 1919, S.203.

在した。ひとつは独立社会民主党やその周辺の急進左翼のように、帝国との体制的断絶を強調して、旧体制の「戦争責任」はこれを積極的に認めるという方向である。ベルリンの政権内部でも社会民主党のダーフィト（一八六三―一九三〇）や独立社会民主党のベルンシュタイン（一八五〇―一九三二）などはそうした立場をとっていたが、これは政府内では支持を得られなかった。[*11]

旧体制との断絶を認めることは、他方では領土問題などにおいて帝国が有しているはずの権利を放棄することでもある。そもそも「ランシング・ノート」自体が帝国政府に宛てられていたのであり、十四箇条を基礎とする「公正な講和」を要求するという帝国政府の講和路線を継承する限りは、帝国政府の正統な継承者であることは当然の前提である。そうした状況の下で「戦争責任」を認めることは不利な講和条件を招くことになるだけだ、というのが大勢の意見であった。休戦協議に代表として臨んだエルツベルガーは講和をめぐる決定的な局面でたびたび外相ブロックドルフ＝ランツァウと意見が対立したが、この点に関する限り両者の立場は一致していた。

ともあれ休戦延長をめぐる交渉、休戦条件の改定（これはすでに述べたように実現しない）ならびに食糧援助をめぐる交渉を行ないながらも、具体的な講和条件の協議については蚊帳の外におかれるという状況の下では、一方ではバイエルン・アイスナー政権の「公開外交」、「戦争責任」告白路線に対抗しつつも「正義の講和」をめぐってヨーロッパ左翼と国際世論へ支持を求めて訴える、というのがドイツ政府の基本路線となったのである。

マックス・フォン・バーデンの講演

新政府と外相の外交路線を明確に示すものとして、最後の帝国宰相マックス・フォン・バーデンの講演「国際連盟と正義の講和」がある。これは一九一九年二月三日から四日にかけてハイデルベルクのマックス・ウェーバーの邸宅で開かれた「正義の政治のための作業共同体」の会合で行なわれたもので、その開催にはバーデンの顧問であったクルト・ハーンが尽力したといわれている。[*12]

「正義の政治のための作業共同体」とバーデンの講演が直接に共和国政府・外務省の関与の

＊11　戦争責任を旧体制に押しつけるベルンシュタインのような立場をかりに共和国政府がとった場合に連合国側がどう反応したかは、後述する一九一九年五月二九日のドイツ側反対提案に対する連合国側の「最後通牒」の中に示されている。そこでは革命による体制転換は現体制の戦争責任を何ら軽減するものではないとして次のように述べられている。「ドイツ革命はドイツ軍が戦場で打ち負かされて征服戦争から利益を得るという希望が潰えるまでは行なわれなかった。戦争の間中、また戦争前も、ドイツの人民とその代表者たちは戦争を支持し、予算に賛成を投じ、戦時公債に応募し、彼らの政府のあらゆる命令に、それがどんなに野蛮なものであっても従ったのである。いかなる時にあっても彼らは政府の政策の責任を分かちもっていた。そうしようと思えば覆すことができたのにである。もしそうした政策が成功を収めていたならば、彼らは戦争勃発を歓迎したときの感激をもってそれを支持したことだろう。戦争に負けた後に自分たちの支配者を代えたからといって、自らの行ないの結果の責任を免れることが正義だなどと主張することはできない」(Letter to the president of the German delegation, in: Das Ultimatum der Entente, 1919, S.7)。

下で行なわれたかどうかは確認できないようであるが、会合の後に出された声明「正義の政治のために」（二月七日付）の署名者の中には、ルーヨ・ブレンターノ（一八四四―一九三一）、エルンスト・トレルチ（一八六五―一九二三）、ハインリヒ・ヘルクナー（一八六三―一九三二）などの著名な経済学者、歴史家や、平和主義的な国際法学者で後に講和代表団に加わるヴァルター・シュッキング（一八七五―一九三五）、さらに後に述べるようにブロックドルフの要請でパリに行くことになるマックス・モンジュラ（一八六〇―一九三八）、ハンス・デルブリュック、アルブレヒト・メンデルスゾーン＝バルトルディ（一八七四―一九三六）、マックス・ウェーバーの四人の専門家が含まれていることから見ても、外相ブロックドルフとその講和外交路線との密接な連携の下に行なわれたことは疑いない。[*13]

バーデンは次のように語っている。

実現されるべきなのは国際連盟か、それとも連合国の世界支配なのか、これが今日の国際政治の最大の争点である。連合国はこう主張する。われわれは全人類の権利と自由のための十字軍を遂行してきた。だから戦後の新秩序はわれわれに委ねられねばならない。敵国はそれに口をはさんではならない。なんとなれば彼らは自由と権利の敵対者だったのであるから。中立国もこれに加わる資格はない。彼らはこの聖なる戦いを傍観していたのだから。後になれば彼らも国際連盟に加わることができるが、まずはわれわれが国際連盟である、と。

私は連合国のこうした主張を偽善であると非難しようとは思わない。数百万の人間の確信がその背後には存在しているのであるから。だがすでに二ヵ月半の間、連合国の世界支配をわれわれは経験してきたが、それは何をもたらしたか。もちろん連合国側はこう反論するだろう。休戦は休戦であって講和ではない。講和条約が締結されるまでは戦争は続いている。講和が実現してはじめて約束した正義は実現される、と。だが一一月一一日の休戦発効以前にドイツがもはや戦闘を再開して戦争を遂行する能力をもたないことは明らかであった。だから正義の実現の遅滞あるいは猶予の理由をドイツの敵対行為に求めることはできない。「休戦の最初の日と同時に、世界の幸福がただちに始められなければならない」。連合国はこの二ヵ月半の間に、それにふさわしい行ないを示しただろうか？

大戦前イギリス外相として戦争回避に尽力したエドワード・グレイ卿（一八六二―一九三三）はその著『諸国民の連盟』でこう問うている。「諸国民は今日すでに、あるいは戦後に、国際連盟が課する制約と義務とを直視する心構えができているだろうか」と。グレイ卿のいう制約と義務とはなにか。国家はもはや協議や調停・仲裁手続きを通じて紛争の平和的な処

*12　「正義の政治のための作業共同体」とウェーバーとの関係については Diskussionsbeiträge anläßlich der Gründungssitzung der "Arbeitsgemeinschaft für Politik des Rechts (Heidelberger Vereinigung)", MWGI/16, S. 196-208, Für eine Politik des Rechts [Erklärung der "Arbeitsgemeinschaft für Politik des Rechts (Heidelberger Vereinigung)"], MWGI/16, S.518-525.

*13　声明は二月九日に『フランクフルト新聞』に送付されたのを皮切りに主要な日刊紙へ送付された（MWGI/16,S. 518-525）。講演のテキストは声明とともに『プロイセン年報』に公表されている（Max von Baden, Völkerbund und Rechtsfriede, Sonderabdruck aus dem März-Heft der Preußischen Jahrbücher, Berlin, 1919）。

理を試みることなしには、たとえ自らの権利だと考えるものであっても暴力をもってこれを手に入れることはできないという国家主権に対する制約であり、国際的な調停機関に訴えずに自らの権利を自力で取り戻そうとするもの、あるいは国際的な協定を侵害しようとするものに対して経済的、軍事的な手段を集団的に行使して介入する義務である。

ただしグレイ卿が述べたこの義務は、連盟の規約や協定に対する侵害だけでなく「国家によって、無防備の民族的少数者に対してあからさまな暴力が法を無視して行使されたとき、外からしかそうした被抑圧者を保護することができないようなあらゆる場合」にも発効しなければならない。「迅速な行動が必要な場合には、個別の連盟構成国の一つが遅滞なく介入する権限を与えられるような国際的な仕組みが実現されねばならない」。今日もはやわれわれは、個人に対してであれ国民に対してであれ「重大な人間性の侵害」に無関心であってはならない。つまり緊急の場合には人道的な介入が要請されるとバーデンはいうのである。

そうした観点から連合国はなすべきことをしてきたのか、とバーデンはさらに問う。

ポーランドはいまや行動の自由を得ることになったが、その結果ガリツィアやポーランド会議王国でのポグロム（ユダヤ人に対する迫害）が生じている。かつてロシアでポグロムが起こったときに連合国はこれを非難したが、ポーランドにおける同様の事態を連合国は放置している。[*14] ボリシェヴィキをバルト諸国から遮断することはヨーロッパにとって決定的に重要な課題であるが、リガでの殺戮をイギリスは艦隊を派遣するだけで防止できたはずであるのにこれを見過ごしている。

しかもわがドイツ国民に対しては、連合国はいまなお経済封鎖を完全に解除していない。その結果生じていることは次のとおりである。

第一に、封鎖の結果としてドイツでは毎日およそ八〇〇人が死んでいる。

第二に、多くの中心都市では小児の死亡率は二倍になった。

第三に、子供と未成年では、結核で死の危険にあるものが大都市で戦前の二倍になり、産《さん》褥熱《じょくねつ》での母親の死亡がドイツ全体で三分の二増加した。

第四に、救命に必要な薬品や食糧が不足しているために、多くの医者は救命可能な病人をなすすべもなく見送っている。

第五に、国民全体が栄養不足のために神経疾患にかかっており、自発性が麻痺し道徳的な抑制力が弱まっている。

第六に、数十万の母親が病気回復期にある子供に十分な食事を与えることができない。長

＊14　たとえばオーストリア＝ハンガリー帝国崩壊後のウクライナ・ポーランド戦争ではリヴォフ（これはロシア語読みで現在はウクライナ、リヴィウ州の州都、ポーランド名ルヴフ Lwów、ドイツ名レンベルク Lemberg）を制圧したポーランドによって、中立を宣言したユダヤ人に対する虐殺事件が起こっている。事件の要因には大量のオーストリア軍脱走兵やウクライナ側が撤退時に釈放した囚人などの存在があり、また犠牲者の実数についても連合国側の報道は過大に評価しているといわれるが、ともあれユダヤ人に対する虐殺事件の反響が、ヴェルサイユ条約締結時にポーランド代表と連合国との間のポーランド少数民族条約（一九一九年六月二八日）に結実する。

患いのものは死期を早め、成長期にある世代の生命力が根絶やしにされている。このことはドイツ人の肉体に長期的な影響を及ぼさずにはいない。要するに連合国は意図的計画的にドイツ民族を人種として根絶しようとしているのである、これに加えて飢餓の影響の下でボリシェヴィキ化の危険にわれわれはさらされている。

かくしてわれわれはあらためてウィルソンの十四箇条に基づく「勝利なき講和」、「正義の講和」と国際的組織の設立を要求しなければならない。講和と国際的組織の設立の関係は、まずはじめに国際連盟の設立があって次に最終的な講和がくるのであって、その逆ではない。

設立されるべき国際組織はまず、中立国から承認されて構成された戦争責任のための調査委員会を設置する。調査委員会は戦争の勃発の原因、戦争を長期化させた責任の所在、戦時中に交戦諸国が行なった国際法違反や残虐行為について調査を行なう。その際には「道義的罪」と「法的罪」とは区別されねばならない。国際連盟の構成員が仲裁裁判への訴えなしに宣戦することを禁ずる国際法が成立すれば、その侵害は処罰の対象となる。だが一九一四年にはまだそのような法律は成立していなかった。したがって戦争の開始に際して問われるべき責任は道徳的なものであって法的な責任ではない。戦争被害に対する損害賠償請求もウィルソン大統領自身によって厳しく制限されているのであり、戦争賠償（償金）もまた大統領ならびにあらゆる国の労働者によって拒否されているところである。

つまり戦争責任をめぐる争いについて、とくに戦争原因をめぐる争点については遡及法《そきゅうほう》による法的処罰は不可能であって、基本的には事実の解明とその道義的責任が問われるべきだ——もとよりそれぞれの国内における政治指導者の政治的責任については別であろう——というのがバーデンの基本的主張であった。戦争責任をめぐって設置される調査委員会は、すべての関係者、当事者に尋問するしかるべき権限を与えられねばならないが、その役割は裁判官ではなく、和議のための調停者でなければならない。

国際連盟はさらに第二に植民地問題の調整、第三に領土帰属の問題についての調査委員会を設置する。これらの問題解決の基本原則としての自決権の行使のためには人民の意志決定の自由が保障されねばならない。領土の再編入を要求している勢力が当該地域を占領している状況において、また戦争の昂奮がまだ醒めやらず、いまや吸引力を獲得した戦勝国と国内的に混乱し債務奴隷の脅威の下にある敗戦国とが対峙しているという状況で住民投票を実施することには問題がある。アルザスやポーゼン（ドイツ名。現ポーランドのポズナン）、ドイツ・オーストリアの住民投票は数年の期間をおくか、あるいは事後の修正可能性が明示されなければならない。とりわけアルザス＝ロレーヌ問題は基本的には自治によって解決されるべきである。一八七一年に行なわれたプロイセン・ドイツ側の不正に対して、今度はフランスの側に有利な決定を下してもその保障と真の解決にはならない。

第四に世界的な経済問題の調整、第五に軍縮問題の調整のための委員会が設置される。とりわけ軍縮の問題は公海の自由の原則と不可分の関係にある。ウィルソン大統領はくり返し陸海非戦闘員に対する安全保障を主張してきた。中立国の交易を制限し、また沿岸防衛の必要以上の海戦手段は禁止されねばならない。すなわち機雷や潜水艦による商船への攻撃の禁止、さらに戦時規制品や封鎖についても国際的な制裁が科されるべきである。

以上のような公正な講和を実現するためには、国民的な結集と支持が必要である。ウィルソンもくり返しこう警告していた。「もし締結されるべき講和が、ある国民に癒されない傷や打撃を与えるものなら、それは流砂のうえに築かれることになる！」と。これに対して敵国の排外主義者はこう反論するだろう。ドイツ国民は何の怒りも示さず、自らの運命を黙って甘受しようとしているではないか、と。ドイツ政府とその講和代表団が公正な講和を勝ちとる大前提はなによりもまず、国民的な支持を受けた政府、国民議会によって法的な正統性を獲得したドイツ政府が存在するということを世界に向かって示すことである。アイスナーや独立社会民主党の政治家たちのようにドイツの側が一方的に罪の告白をすることで連合国を動かそうとするのは誤りである。これは敵国の内部にあって正義の講和のために戦っている人々に背を向ける行為でもある。つまり「戦争責任」の告白は真に公正な「正義の講和」を求める人々の真摯な努力に冷水を浴びせるものだ、とバーデンはいうのである。

ハイデルベルクでこの会合が行なわれた二月三日から一〇日にかけて、スイスのベルンでは「国際労働者・社会主義者会議」が開催されている。そこでは独立社会民主党のアイスナーやベルンシュタインからドイツの戦争責任が告白され、さらには翌三月六日から同じベルンで国際連盟会議（一四日まで）の開催が予定されていた。そうした状況の中でバーデン前宰相の講演は一方では独立社会民主党に代表される左派や急進的平和主義者の「戦争責任」論に反対しながら、あらためて「国際連盟」を基礎とするウィルソンの「正義の講和」を要求するという講和路線を提示したのである。

ブロックドルフの講和基本方針

外相ブロックドルフ自身は、一月一五日に国内の、二四日には外国の報道関係者に対して行なった会見でウィルソンの理念と「国際連盟」に基づく公正な講和という基本的立場を表明している。国際連盟の理念による世界の新形成こそ「民主主義の最終的勝利」であり、ヨーロッパのこれまでの古い政治・外交に対置されるべき「政治における道徳的勝利」でなければならない。「［フランス首相］クレマンソー氏や［大統領］ポアンカレ氏がどうして正義の勝利について語ることができるのか私には理解しがたい。つい数日前にクレマンソー氏は自分が従来の政治のシステムの支持者であると告白したばかりであるにもかかわらずである。古い同盟とヨーロッパの勢力均衡というあやしげな体制こそ、特定の個人以上に最近四年間の流血の責任を負っているのである」と。[*15]

二月六日に憲法制定国民議会が開催され、議会の信任を受けて形成されたシャイデマン内閣（二月一三日）の外相として、ブロックドルフは二月一四日国民議会で施政方針演説を行なうことになる。その基本線はマックス・フォン・バーデンの講演と一致するが、いくつかの特徴的な論点について整理しておくことにしよう。

ブロックドルフはいう。休戦は成立したが、戦争状態は終わっていない。連合国は戦闘再開の脅しによってわれわれにさらなる譲歩を迫っている。だが暴力をもって公正な講和を結ぶことはできない。敵側は一方的に捕虜を抑留しドイツに対する飢餓封鎖を継続している。われわれの側は休戦の際にとり結んだ条件を完全に受け容れた。これはドイツの旧体制が追求してきた政治的目的を放棄し、「世界史は世界の法廷である」という真理をわれわれが承認したことを意味している。だが連合国の側は、われわれが囚われの身にあることを理由としてわれわれを裁判官として認めようとしない。

だからこそわれわれはあらためてウィルソンの講和綱領に基づく講和を要求する。すべての国は国際的な仲裁裁判に服して軍備を放棄せねばならない。主権の制限についても相互に平等の制約下におかれるという条件であれば、われわれは服する用意がある。

［戦争責任と賠償について］　戦争の責任ならびに戦争中に行なわれたことの責任については信頼すべき第三者による審判に委ねる。勝利者に対する戦争費用の支払はない、敗戦国からいかなる領土もとりあげない、というウィルソンの原則をわれわれは堅持する。

［平和の基礎としての経済的自由、公海の自由］　われわれは貿易政策の領域から教訓を汲み取らなければならない。戦時中に諸国民の間の交易を規制していた官僚的な手段は復活し

てはならない。経済的な取引において人は、双方の利益になる取引こそ最良の取引であるという誠実な商人の精神に従わねばならない。かかる精神に基づいて諸国民の平和的な経済関係はもたらされる。だからこそわれわれは取引の自由、さらに公海の自由を要求する。われわれが公海の自由を要求するのはもはや戦争のためではなく、海路や港湾を平和的な交易に利用するためにである。

［植民地ならびにアルザス問題］　交易のための商船隊なしにドイツが国際連盟に加入できないのと同様に、植民地なしには国際連盟に加盟することはできない。植民地問題についてはウィルソンの綱領に従って、自由で寛大かつ無条件に非党派的な調停に委ねられる。アルザス問題についても同様である。ドイツが一八七一年にアルザス＝ロレーヌを併合することで犯した不正は償われねばならないとウィルソンは主張している。もしアルザス＝ロレーヌの人々がその言語境界を顧慮することなく扱われるとすれば、ウィルソンの新しい国際的道徳の規準からしてもそれは不正となるだろう。フランスの県となるかドイツの州となるか、自治かそれとも完全な独立か、彼らの運命を定めるのは彼ら自身の声でなければならない。

［民族問題］　チェコスロヴァキアの建国によるドイツ少数民族の問題についても言及した上で、焦眉のポーランド問題についてブロックドルフは述べている。われわれはすでにこう

＊15　Udo Wengst, Graf Brockdorff-Rantzau und die aussenpolitischen Anfänge der Weimarer Republik, 1973, S. 17. Graf Brockdorff-Rantzau, Dokumente, S.22-24, S.27-31.

宣言してきた、わがドイツ国内でポーランド人が入植していることが明らかな地域はポーランド国家と結合させると。われわれはこの約束を守る。ウィルソンの講和綱領の第十三条に従ってどの地域がそれに該当するかについては争いがあり、その決定は中立的機関に委ねられねばならない。だが決定が下されるまでは、当該地域はドイツ国に属する。プロイセン国家ならびにドイツ政府以外の何人《なんぴと》も当該地域に対する権限をもたない。講和会議の決定を待たずに、ポーランド民族は暴力をもってドイツとプロイセン当局に反抗している。ドイツの軍事的崩壊を好機と見て、プロイセンのポーランド民族はドイツ人居住地域にも手を広げて、交渉前にできるだけ有利な既成事実をつくりだそうと目論んでいる。彼らはボリシェヴィキ的帝国主義の脅威にさらされているドイツ東部に再び戦争の恐怖をもたらしているのである。

［労働問題・社会問題の国際的規制］　ボリシェヴィキへの対抗という側面との関連では、封鎖解除と食糧援助あるいは治安維持などの課題にとどまらず、さらに積極的に社会問題の国際的な規制に取り組むことが必要である。宗教改革期の講和が宗教的自由の問題抜きにありえなかったように、またフランス革命の衝撃の後には政治的自由の問題が講和会議の推進力であったように、世界大戦の後の諸国民は労働者層の社会的解放の問題に国際的に取り組まねばならない。[*16]

かかる講和を実現するための組織として国際連盟はある。ついこの間まで国際連盟はイデオロギー的な熱狂者の夢想にしか見えなかったが、いまや現実の光を浴びるようになった。

「ドイツは国際連盟の結成に躊躇なく参加する決意である。他国はわが国を深い不信の目で見るだろうし、連盟はまず第一にはドイツが戦争政策を継続できないようにという目的――

＊16　国際的な労働問題解決への期待はヨーロッパの労働運動・左翼勢力の間にたしかに存在していたから、ドイツ政府によるそうした論題の提起はそれなりの根拠をもっていたということができるだろう。ベルンの「国際労働者・社会主義者会議」にオブザーバーとして出席したW・C・ブリットは「会議全体がウィルソン大統領に対する痛ましいまでの信頼（almost pathetic confidence）」を示しているとパリに報告している。事実、第二インターナショナルの常任委員会はパリで講和会議関係者に対する陳情活動を試みている。ただし労働問題をはじめとする争点についてのヨーロッパ左翼や「ウィルソン主義者」のウィルソンに対する期待は総じて「片想い」に終わる。たしかにウィルソン自身は講和会議において八時間労働への規制を当初盛り込もうと考えていたようであるが、一九年一月一八日の第一回講和予備会議で国際的な労働立法を第三議題として提案したのはイギリス側であった。合衆国側は労働規制の問題についての準備がほとんどなかったという（Walworth, Wilson and his Peacemakers, pp.31-34）。なお日本は国際連盟規約に「人種平等」を盛り込むことを要求していたが、「白豪主義」を旨とするオーストラリア代表ヒューズ（一八六二―一九五二）の反対にあって実現しない。四月一一日の最後の国際連盟委員会の席上、日本代表牧野伸顕は独立の「人種平等」条項に代えて連盟規約前文に「諸国民の平等」を盛り込むことを提案、委員会での採決を要求した。結果は賛成一一の多数の支持を得たが、議長ウィルソンは「全会一致」という異例の原則を持ち出してこれを却下した（高原秀介『ウィルソン外交と日本　理想と現実の間　1913-1921』第四章第四節、Walworth, pp.309-311）。賛成は日本二票、フランス二票、イタリア二票、ブラジル一票、中国一票、ギリシア一票、セルビア一票、チェコスロヴァキア一票の計一一票、賛成票を投じなかったのは（反対投票は行なわれず）英連邦一、合衆国二、ポルトガル一、ポーランド一、ルーマニア一の代表で、ベルギー代表のハイマンスと南アフリカのスマッツ（英連邦代表の一人）は欠席した（Naoko Shimazu, Japan, Race and Equity, Routledge: London, 1998, pp.30-31）。ちなみに講和会議の国際連盟委員会は、一九一九年一月に五大国から各二名、それ以外の諸国から選ばれた五名（ベルギー、ブラジル、中国、ポルトガル、セルビア）の委員の一五名で構成されたが、小国の不満もあり二月初頭の段階でさらに四ヵ国（チェコスロヴァキア、ギリシア、ポーランド、ルーマニア）の代表を加えて拡大されている（Walworth, pp.45-46）。

われわれはもはやそのような政策をとらないのだが——で設立される。それにもかかわらずわれわれは参加するのである。そうした不信感をわれわれは正真正銘の平和愛好心を証明することで克服しなければならない。ドイツは治安維持と国境防衛に必要な範囲を超えた軍備を放棄することで、これを証明するだろう」。

真の国際連盟と「公正な講和」という観点から、ブロックドルフは二月一四日パリで公表された連合国の「国際連盟草案」についても、旧来の「外交的基礎に基づく防衛同盟」以上のものではないと批判的なコメントを残している（二月一七日）。「総会は一つの外交会議にすぎないように見えるし、理事会はヨーロッパの協調体制にたとえることができる。草案はあなた方にとっては十分かもしれないが、われわれにとってはそうではない。わが国の政治的ならびに地理的に不利な条件から、われわれは将来の平和を対外的にも国内的にも国際連盟に依存せざるをえない。もしわれわれが草案の作成に加わることができたなら、可能な限りそれに民主的な基礎を与えるように努力するだろう。われわれの代表にはできる限り代表者としての性格を与えて、総会を世界議会に、執行委員会をこの世界議会に責任をもつ内閣へと仕上げるだろう」と。[*17] 民主的な世界議会という連盟組織の構想はヴァルター・シュッキングなどの協力を得て講和交渉の際のドイツ側提案として提示されることになる。

もとより、国際連盟をめぐるこうした発言がどこまで外相自身の信念に基づいているのか、あるいはドイツにとって有利な講和条件を獲得するための外交的戦術や政治的レトリックにすぎないのかについては議論の余地があるだろう。ただし政治家にとっては公的な発言そのものは一つの政治的行為として意味をもっているし、またそうしたことを計算に入れた発言でなければならない。そうした観点から見るならば、連合国の国際連盟構想を旧来の勢力均衡に基づく「旧外交」の産物として批判して「公正な講和」と真の国際機関の設立を要求するというブロックドルフの講和路線は、敗戦ならびに当面の軍事的再建が不可能であるという事実を前提としてドイツの安全保障を確保しつつ、実質的には経済的・平和的手段による——おそらくアメリカ合衆国の援助の下での——早期の経済再建と国際的な地位の回復を目指すという、それなりの計算に基づいていたことは確認できるだろう。

エルツベルガーの国際連盟構想

「国際連盟」を強調するという姿勢はドイツ政府とその周辺に共通していた。帝国議会の「講和決議」を主導し、共和制移行後も講和路線をめぐって外相ブロックドルフとしばしば対立するエルツベルガーも独自の「国際連盟」構想を提案している。すでにバーデン内閣の一〇月改革に先立つ一八年九月にエルツベルガーは『国際連盟』という小冊子を執筆、ウィルソンの国際連盟構想に呼応するかたちで、①義務的仲裁裁判、②軍縮、③公海の自由と自由かつ平等な国際的交易、④海への通路の開放、⑤アフリカ植民地の共同化、⑥中立国の国

*17 Graf Brockdorff-Rantzau, Dokumente, S.64-65.

際連盟加盟の原則を提示していた。

革命後の一二月二七日に、彼はあらためて『講和問題としての国際連盟』と題する講演を行ない、国際連盟の設立が焦眉の課題であることを強調する。いわく、国際連盟こそ、公開ならびに秘密の同盟、力の均衡の原則、そして究極的には戦争という暴力に基づく従来の国際＝政治システムに取って代わるべき「正義のシステム」である。軍縮の完全実施によってこのシステムはこれまで以上の安全保障を実現するだろう（エルツベルガーは各国の軍縮と一般兵役義務の廃止を提起している）。各国は国際連盟の設立する仲裁裁判に従わねばならない。もとより国際連盟は強力な執行権力を保有するが、その手段は軍事力よりは、経済・財政的領域や文化的領域での制裁、不法行為に対する追放・重追放が中心となるだろう。これまでの国家の軍隊が戦争のシンボルであったとすれば、国際連盟の権力手段は平和保障のシンボルとなるだろう、と。[*18]

あらたな外交システムとしての国際連盟を強調し、その論理に基づいてウィルソン的な公正な講和を要求するという点で、エルツベルガーの講和構想は外相ブロックドルフのそれと基本線において一致していたのである。エルツベルガーもブロックドルフと同じく国際的な労働規制の問題を強調しており、アルザス問題、ポーランド問題、損害賠償をはじめとする講和条件についても基本的にウィルソンの十四箇条で明記された範囲に限定するという立場で一致していた。

後にドイツ側が提案することになるような世界議会の構想にはエルツベルガーは批判的ないし懐疑的であったようだが、完全軍縮を要求し、経済制裁や文化的制裁（非難）などの非軍事的手段に依拠した集団的安全保障という構想は、ドイツ政府の提案にも採用されている。ただし――短い講演であり、また時期が比較的早いという点を考慮せねばならないが――戦争責任問題について特段の言及がないことが強いていえば外相の路線との相違となっている。個人的な確執の要素を別とすれば、両者の立場の分かれ目は、現実の講和条件がそうした「国際連盟」と「公正な講和」の希望を満たすものではないことが明らかになった時点で、どのような態度をとるかであった。

それではウェーバーは講和問題についてどのような態度をとっていたのだろうか。

＊18　M. Erzberger, Der Völkerbund als Friedensfrage, Rede gehalten am 27. Dezember 1918 in der Berliner Handelshochschule, Berlin, 1919, S.17.

4章　講和問題とウェーバー

マックス・ウェーバーはすでに述べたように共和制を支持してエーベルトの新政府の下で行なわれた憲法草案審議に参加している。憲法草案の直接の起草者はフーゴ・プロイスであるが、連邦制や直接国民選挙の大統領制など、国家構造の根本に関わる論点においてはむしろウェーバーの構想に近いものとなったということができる。さらに自由主義左派の新党、民主党に参加して、憲法制定国民議会へ向けた選挙演説を各地で行なっている。

だがワイマールの共和制がまさにドイツの敗戦によってもたらされたものである以上、講和問題の解決なくして新たな体制の安定的確立はありえない。国家の基本骨格を定める憲法の起草作業と共に講和問題についてもウェーバーは新政権に協力している。講和会議に関連した発言ならびに主要な活動を時間順に列挙してみよう。

一月一七日、『フランクフルト新聞』論説「『戦争責任』というテーマに寄せて」。

一月一八日、パリで講和会議開会。

一月一九日、国民議会選挙。

一月二八日、講演『職業としての政治』。

二月三・四日、ハイデルベルクのウェーバー宅で「正義の政治のための作業共同体」。

二月一四日、パリ会議で国際連盟草案公表。

三月一九日、『職業としての政治』加筆して印刷所へ。

三月二〇日、『フランクフルト新聞』編集部宛書簡「戦争責任の探求に寄せて」。

三月二六日、フランスのザール地域併合要求に反対する小冊子に「ザール地域の経済的帰属」を発表。

三月二九日および四月二日、講和協議の準備のための外務省での審議に参加。

五月七日、ドイツ側に講和条約案手交。

五月九日からベルリン滞在。

五月一三日、講和のための政府の専門家委員会。ポーランド、西・東プロイセンについての作業部会に参加。

同日、代表団（ブロックドルフ）反論声明を計画、作業のために四人の専門家モンジュラ、デルブリュック、メンデルスゾーン、ウェーバーを急遽パリに招集。

五月二八日、戦争責任問題についての「教授意見書」連合国側に提出。
五月三〇日、パリからベルリンへ帰還、戦犯引き渡し問題でルーデンドルフと会見。

すでに紹介したマックス・フォン・バーデンの講演がハイデルベルクのウェーバーの邸宅で開かれたことからも明らかなように、彼の講和に対する立場は基本的には外相ブロックドルフならびにバーデンの「正義の講和」の路線を支持するものであったということができる。

大戦の原因とドイツの責任

ウェーバーはパリ講和会議が開催される前日の一九一九年一月一七日付『フランクフルト新聞』に掲載された論説「『戦争責任』というテーマに寄せて」において、大戦の原因とドイツの責任についての彼の基本的立場を提示している。[*1] 後に述べるようにウェーバーはパリに招集されて、連合国側に提出されるいわゆる「教授意見書」の作成に携わることになる。「教授意見書」の内容は事前に外務省によって作成されており、どこまでウェーバー本人の意向を反映するものとなっているかについては解釈の分かれるところであるが、総括的な最終節はおおむね『フランクフルト新聞』掲載のこの論説の内容に沿ったものとなっている。[*2]

＊1　Zum Thema der "Kriegsschuld", MWGI/16.「『戦争責任』問題について」『政治論集』五三九―五四八頁。
＊2　MWGI/16, Editorischer Bericht, S.312-315.

ウェーバーはここでまず「公正な講和」を求めるバーデンの講演と同様の観点から、ウィルソン大統領の「責任」を次のように問うている。彼の真価が問われる講和会議の段になって、わがドイツの代表団の意見に耳を傾けることをしないで、連合国とだけ会議のテーブルに着くとすれば、その結果は後の歴史が裁くであろう、と。

［大戦の原因としてのロシア］　第一次大戦の原因をめぐる実質的な議論については、戦争の原因としてまず第一にロシアを挙げている。まさに体制としてのツァーリズムこそ、「無条件に戦争のための戦争を望み、また政治的目標からしてそうせざるをえなかった唯一の勢力」であった。ロシアの潜在的な膨張欲は、地政学的に見てドイツにとっての最大の脅威である。戦時中の政治論においてもウェーバーはこう述べていた。この戦争でイギリスが勝ったらドイツの海外貿易は麻痺するだろうし、フランスが勝てばわが国は領土の一部を失うことになるかもしれないが、ロシアが勝利すればわが国は独立を失うことになるだろう。その意味においてロシアこそ国民国家としてのドイツに向けられた唯一の脅威であり、ドイツ文化ばかりか世界の文化に対する脅威である、と。[*3] そうしたロシアの潜在的脅威は帝政ロシアの体制が崩壊した後にも存続するだろう――非ロシア系諸民族の自治を広範に認める連邦制を採用し、膨張主義から訣別したロシアとならば共存できるだろうが、そうした改革なり自己変革をロシアが達成する見通しはあまりない――というのがウェーバーの判断であった。[*4]

ロシアに内在するという膨張志向をどう考えるか、それがウェーバーのいうようにただちに戦争への志向につながるものであるのかについては議論の余地があるだろうが、そうした評価は別としても、大戦勃発に際して交渉継続中にロシアが動員令を発令して戦争を「不可避」にしたというのがウェーバーの主張である。

オーストリア皇太子暗殺事件（一九一四年六月二八日）を受けてオーストリアはセルビアへ最後通牒を送付（七月二三日）、四八時間の期限の後にセルビア側の回答を受けて正式に宣戦（七月二八日）、オーストリア、セルビア両国は事実上の戦争状態に入る。戦争がヨーロッパ諸国を巻き込む破局的な事態を回避するためにイギリス外相グレイはイタリア、ドイツ、フランス各国大使の共同会談を要請して調停の努力をするが、これに対してロシアは七月三一日に総動員を開始し、これを受けるかたちでドイツは——ロシアがドイツおよびオーストリア＝ハンガリーに対する好戦的措置を一二時間以内に停止しなければ動員を実施するとの警告を発した後に——動員を開始する。ドイツ軍の動員計画が東部・西部の二正面の敵に対して、まずは西部戦線でフランスを叩き、しかる後に東部に攻勢をかけるといういわゆるシュリーフェン計画に従っていたこともあり、後は玉突きのようにフランスが参戦、イギリスが中立を放棄して連合国側に加わるというかたちで事態は進行することになったのである。

＊3　Deutschland unter den europäischen Weltmächten, MWGI/15, S.180.「ヨーロッパ列強とドイツ」『政治論集』一九一頁。
＊4　一九一七年五月一二日の論説「ロシア革命と講和」（Die russische Revolution und der Friede, MWGI/15, S.291–297.『ロシア革命論Ⅰ』所収）。

もとよりロシアの動員はオーストリアを威嚇してセルビアを支援するためであって戦争突入の意図はなかったともいわれるし、またドイツ側が戦争回避のために必要な努力をしたか——イギリス外相グレイの調停の呼びかけに誠実に応えたか、むしろドイツ政府は意図的にオーストリアにセルビアへの宣戦を嗾《そそのか》したのではないか——ということも後には問題となるのであるが、ともあれいずれにせよ戦争開始にいたる原因、各国の動員と外交的な努力と駆け引きの関連は、中欧同盟国だけの責に帰せられるべきものではないとウェーバーはいうのである。

［フランスの潜在的敵対］　ウェーバーの見るところによれば、フランスにおいてもドイツに対する敵対的態度が存在した。たしかにアルザス＝ロレーヌに対するわが国の政策に落度があったことは間違いがない——もっとも一八七〇年の普仏戦争でドイツがアルザス＝ロレーヌを併合したときには、そして今度の戦争開始前までは世界の評価は戦争開始以降とは正反対だったが——、だがそれは今次の大戦の主要な原因ではない。両国国民の態度という点でいうならば、総じてフランスはドイツに対して強硬で、「強い隣国よりは弱い隣国」であることを望むというのが一般的な世論であった。その点ではむしろドイツの世論の方がフランスとの協調を望んでいた。なるほど戦時中には、フランスに対する広範な併合要求が一部の重工業関係者から出されるようになったけれども、それは多数の議員や国民の支持を得るにはいたらなかったのである。

［ベルギーの中立侵犯］　開戦時にドイツ側が中立国ベルギーの国境を侵犯したことについては、たしかにそうした行為が不法かつ不必要な行為であったことをウェーバーは認めている（なお戦時中からウェーバーはベルギーの併合には反対の立場をとっている）。ただしベルギーの中立は、ドイツ側の国境とは対照的に英仏側に面する国境は無防備のままにしておくという点で真の中立とはいえないものであったことは考慮されなければならない、とウェーバーはいう。

［潜水艦作戦］　ウェーバーの立場はドイツの潜水艦作戦の問題についても同様である。ウェーバーは無制限潜水艦作戦に対しては当初から反対の立場をとり、意見書もしたためている。潜水艦作戦によって海上輸送を遮断してイギリスを降伏に追い込むことは不可能であるばかりか、合衆国の参戦を招いた場合には戦争の長期化をもたらすことになるだろう、と。[*5] だが潜水艦作戦という手段それ自体はイギリスの経済封鎖に対する対抗措置である、というのがウェーバーとドイツ政府の基本的立場であった。七五万の人命を犠牲にしたイギリスの経済封鎖が違法行為であったことは明確であるにもかかわらず、ウィルソン大統領はイギリスの経済封鎖の物質的損害とドイツの潜水艦作戦による人的被害とは「別々に」扱われねばならないとの立場をとり、その結果としてイギリスの経済封鎖を放置することになった――そしてバーデンがいうようにいまなお封鎖は続いている――というのである。

＊5　Der verschärfte U-Boot-Krieg, MWGI/15, S.115-125.「潜水艦作戦の強化」『政治論集』一六六―一七五頁。

［イギリス］　最後にイギリスについて、ウェーバーは次のように述べている。ドイツの世界政策、とくに艦隊建設がイギリスとの緊張関係をもたらしたこと、これがドイツとの開戦に当たって作用したことは確かであるが、そもそもドイツの地理的条件からして艦隊をもってイギリスを完全に封鎖することはおよそ不可能な事柄であった。純然たる防衛のためであればより控えめな艦隊規模で十分だったはずであって、その点でいたずらにイギリスに不信を与えることになったティルピッツの「見栄のための政策」の責任は大であるが、他面ではイギリス側がドイツの艦隊建設の規模と目的を正確に認識していなかったことが両国の緊張の一因でもある。ともあれ敗戦後の現在、ドイツが直面している諸問題、東部におけるポーランドその他の国境問題、ならびに経済的な債務奴隷化といった問題の解決はイギリスの指導的政治家がどのような態度をとるかにかかっている。その結果如何によってはわが国民はその責任をイギリスに求めるであろう。

以上を要するに、大戦の原因についてはそれをドイツのみの責任に帰するのは当たらない。ベルギーの占領や潜水艦作戦などに関して戦時国際法に違反するような個別の行為がドイツの側にあったことは確かであるが、これもドイツ側にのみ違法行為があったわけではない、というのがウェーバーの立場であった。こうした主張それ自体はウェーバーに独自のものというわけではなく、「公正な講和」を求めるドイツの政府関係者に共通の認識であったということができるだろう。バーデン前宰相や外相ブロックドルフの演説で提起されていた中立機関による戦争責任の検証についてはは言及がないが、この点についてのウェーバーの見解は後に検討する。

だがウェーバーにとって問題は、大戦にいたる経過の責任がどこにあったのか、責任の一端がドイツにあったのか、あったとすればどの程度であったのか、という実質的な論点それ自体にあったわけではない。少なくとも彼が重視したのはその点ではなかった。むしろ彼が問題にしたのは「戦争責任」という考え方そのものであった。一月二八日に行なわれた講演『職業としての政治』はこの問題に一つの焦点があてられている。

「戦争責任」追及の背後にあるもの

ウェーバーは政治と倫理との関係を論じた『職業としての政治』の後半において、次のような例を挙げて語りはじめる。

「ある男がひとりの女性から別の女性に心変わりした時に、あいつは俺の愛情に価しない女だったとか、あいつには失望させられたとか、その類の『理由』をいろいろ挙げて自分を正当化したくなるということは珍しいことではない。彼は彼女をもはや愛しておらず、彼女はそのことに堪えていかなければならない、というのはありのままの運命である。ただそれだけのことであるのに、卑怯にもこれを『正当性』で上塗りし、自分にはそうする権利があったなどと主張して、失恋の不幸だけでなく不正の責任までも彼女に押しつけようとするのは、騎士道精神に反するというものである。恋の鞘当《さやあ》てに勝った男が恋敵に対して、あいつは俺より下らぬ男であったに違いない、そうでなければ負けるはずがないなどという場合もそうである。だが戦争の後にその勝利者が、勝ったのは自分たちが正しかったからだなどと、品位を欠いた独り善がりを主張するのも、当然のことながらこれと少しも異なるところはない」(ウェーバー『職業としての政治』八三頁、訳文は手を加えてある)

恋愛において相手の好意を勝ちとったものが必ずしも優れた人間、あるいはより「清く正しいもの」であるとは限らないように、戦争においても「正しい」ものが常に勝つとは限らない。だから勝利した方が、勝ったという事実に加えて、だから自分は相手より「正しい」などと主張するのは、敗者に対して敗北という結果だけでなく、道徳的に不当であったという責任を押しつけるものであって、これは勝者の独善であるというのである。

恋愛の喩《たと》えはいささか唐突との印象を与えるかもしれないが、この部分は「戦争責任」問題についてのウェーバーの主張の核心である。同じ論点は先の論説「『戦争責任』というテーマに寄せて」の冒頭でも述べられている。いわく、「軍神は多勢につく」というフリードリヒ大王の言葉は――わがドイツはそれがいつでも当てはまるわけではないということをこの四年間の戦争で示したけれども、だがやはり最後のところでは「多勢に無勢」で敗北を余儀なくされた、その意味では――大局的には妥当する。だがそれは軍事力において優れたものが勝利したというだけの話であって、ドイツが連合国よりも不正であったからでは断じてない、と。[*6]

だがウェーバーにとって問題は、軍事的にたまたま勝ったからといって、嵩《かさ》にかかって道義的な正当性を主張するなという「騎士道」あるいは「フェア・プレー」の要請に尽きるものではない。そうした独善的な自己正当化は勝者の側からだけ行なわれるとは限らない。ウェーバーは続けてこう述べている。

「あるいは、戦争のすさまじさに精神的に参ってしまった人間が、自分にはとても耐えられなかったと素直に告白する代わりに、厭戦気分を自分自身に対して正当化する必要を感じて、自分が我慢できなかったのは道義的に悪い目的のために戦わねばならなかったからだ、などとごまかす場合もそうである」（『職業としての政治』八三頁）

敗者の側が敗北という事実を正面から受けとめられずに、その原因を他者に求めたり、不正な戦争目的に求めるのも裏返しの自己正当化にほかならない。自国の「戦争責任」を告発したり、あるいは戦争そのものを悪として追及するという志向の内にも、そうした自己正当化の意識が働いている、とウェーバーはいうのである。

もとより道徳的な自己正当化の要求それ自体は、いわば人間の性《さが》ともいうべき普遍的な性向であるということもできるだろう。だがそうした「正義」の追求にはある種の病理が潜んでいるとウェーバーは見ていた。政治指導者が直面する現実について述べた次のような言及

＊6　Zum Thema der "Kriegsschuld", MWGI/19, S.179.「『戦争責任』問題について」『政治論集』五三九頁。

はそのことを示している。

「暴力によってこの地上に絶対的正義を打ち立てようとする者は、部下という『装置』を必要とする。そのためにはこの装置に内的・外的な報奨——あの世またはこの世での報奨——をしかるべく約束せねばならない。そうでないと装置が機能しない。内的な報奨とは、現代の階級闘争という条件下では、憎悪と復讐欲、とりわけ怨恨(ルサンチマン)と似非《えせ》倫理的な独善欲の満足、つまり敵を誹謗し異端者扱いしたいという彼らの欲求を満足させることである。一方、外的な報奨とは冒険・勝利・戦利品・権力・俸禄である。指導者が成功するかどうかは、ひとえにこの彼の装置が機能するかどうかにかかっている。従って指導者自身の動機ではなく、この装置の動機に、いいかえれば赤衛軍・スパイ・アジテーターなど、その指導者が必要とする部下に、上に述べたような報奨を永続的に賦与することができるかどうかにかかっている。指導者がこのような活動の条件下で実際に何を達成できるかは、彼の一存でいかず、その部下の倫理的にまったく卑俗な行為動機によって最初から決まってしまっている。部下の動機は、指導者の人柄と仕事に対する誠実な信頼が、少なくとも仲間の一部を——大部分を、ということもこの地上ではまずありえない——鼓舞するかぎりにおいて、セーブできるに過ぎない。しかもこの信頼は、それが主観的に誠実であっても、たいていは復讐・権力・戦利品・俸禄などに対する欲望の倫理的な『正当化』に過ぎない」(『職業としての政治』九七—九九頁)

もちろんここでまず念頭におかれているのは急進左翼の革命運動であるが、およそ政治を通じて何らかの理想世界をつくりだそうとする運動、正義を実現しようとする運動にそれは等しく当てはまる――ウェーバーによれば、政治とは暴力を究極的な手段とする営みである――。いかにその指導者の掲げる「正義」の理念が真正であって、その信念が純粋であったとしても、彼に従う人々はそうであるとは限らない。政治というのは少数の英雄や宗教的達人ならぬ「その他大勢の人々」を相手にする営みであるほかはない。彼ら多数者の動機は結局のところさまざまの理念的・物質的な欲望とその「正当化」にすぎない、とウェーバーはいうのである。

「ルサンチマン」という言葉が示しているように、ここには明らかにニーチェの議論の継承がある。よく知られているように、ニーチェはキリスト教の背後には強者に対する弱者のルサンチマンがあると見ていた。「貧しきものこそ幸いなるかな、天国は彼らのものである」（マタイ伝五章三）。地上の世界で勝利することのできない弱者が、いわば土俵を変え、ものの見方を逆転させることによって強者、勝者となる。最後の審判での逆転。そこでは貧しきものこそが救済される。これは形を変えた復讐欲の表現であるとニーチェはいうのである。「復讐するは我にあり」（ローマ書一二章一九）、つまり神が復讐するというではないか。ちなみに、わが国の聖書翻訳で定着しているように「貧しきもの」を「心貧しきもの」としても――その解釈については諸説あるが――同じである。むしろ精神のあり方そのものが問題となるだけにいっそう深刻であるとニーチェならいうであろう。

もとより弱者のルサンチマンも強者の権力と同じく一つの権力——というより自然現象と同様の意味での力——の発動にすぎない。ニーチェにとってすべての現象はそうした力とその表現としての「価値」（ものの見方）の間のせめぎ合いにすぎない。だが強者のあからさまな権力の発動に対して、弱者のそれは隠微なかたちであらわれるだけ不健康な側面を含んでいるとニーチェはいうのである。もちろん強者のそれは「残酷」で「無慈悲」で、しかもそれを意識していないだけ「無神経」ということもできるだろう。だからニーチェのそうした立場も一つの価値判断に基づいているのであるが、ともあれキリスト教の求める「神の前の平等」や「神の正義」といった要求にもルサンチマンが潜んでいる、いやヨーロッパにはじまる近代文化の屋台骨がキリスト教であるという、その意味では近代文化そのものがルサンチマンとその病理に冒された存在ではないのか、というのがニーチェの批判であった。ウェーバーもそうしたニーチェの問題提起から大きな刺激を受けている。

もちろんウェーバー自身は、ヨーロッパ文化の一つの基盤であるユダヤ教ならびにキリスト教の宗教倫理の本質がニーチェのいうようにルサンチマンそのものであるとは考えない。[*7]ただしルサンチマンとその病理は少なくとも政治の世界で重要な意味をもつ。まさに革命諸勢力がこの地上の世界に正義をうち立てるためには、部下のルサンチマンを満たしてやる必要があるように、およそ政治が権力をめぐる営みである以上、そして「超人」ならぬ凡庸な人々を相手とする営みである以上、権力とそれをめぐる人々の卑俗な動機と関わらざるをえない。いや必要とあらばそうした動機を権力のための手段として組織しなければならない。まさにそれゆえにこそ、政治指導者自身はそうした卑俗な動機やルサンチマンから自由でなければならない、「正義」の背後に潜むルサンチマンと自己正当化の要求——自分自身のそれをも含めて——に対して冷静にこれを制禦することができなければならない。これが先の引用でウェーバーがいおうとしていた事柄であった。

そうしたルサンチマンをかき立てるのは革命だけではない。戦争もまた、いや戦争こそ、それに関わるすべての人々の精神と肉体に大きな傷を与えるがゆえに、癒しがたく行きどころのない感情を誰かに向けることを人々は求めているからである。戦勝国フランスでは、それこそ普仏戦争の敗戦の復讐を求めて国民感情は沸き立っている。普仏戦争の講和は同じヴェルサイユ宮殿で行なわれ、そこでは同時にウィルヘルム一世の戴冠式が行なわれてドイツ第二帝制は成立している。フランス国民にとってみれば、このたびのヴェルサイユの講和はいわばその意趣返しである。かたや敗戦国ドイツにおいては、戦争指導者への批判や、あるいは戦争を絶対悪として、それに手を貸した下手人さがしが行なわれている。「戦争責任」追及の背後には自らを「正義」の立場におくというかたちを変えた復讐感情が存在する。いかに「正義」や「国際協調」といった美しい理念が語られていようとも、それが復讐感情に

＊7　ニーチェからのウェーバーの継承と批判については牧野『責任倫理の系譜学』第四章。

基づいている限り本当の和解は不可能であるし、むしろ現実的で妥当な戦後処理を妨げるものでしかない。これが「戦争責任」論に対するウェーバーの批判の根底にある認識であった。『職業としての政治』後半の主題である「心情倫理」に対する批判にも同じ発想が貫かれている。ウェーバーはキリスト教の「右の頰を打たれたら左の頰を向けよ」という「山上の垂訓」について、それを本当に貫く宗教的達人の場合には一つの尊厳をもちうるが、およそ政治の世界においては「屈辱の倫理」以外の何物でもない、と述べている。そうした地上の世界の政治の現実を見ない平和主義者たち、そして一方的に自国ドイツの戦争責任を告白して外交文書を公開しようとする彼らの行動の背後にもおのれ（のみ）の正義を求める独善、変形されたルサンチマンがあるとウェーバーが見ていたことは疑いない。もとよりそこまではっきりと述べていないのは、すでに述べたように多くの平和主義者たちがウェーバーと個人的に近い関係にあったこともあるだろうが。

しかも大衆の政治参加とナショナリズムの高揚は「国民の正義」というかたちで「正義」への要求を政治の世界にもちこむことになる。第一次大戦はそうした戦争目的、戦争の大義が各国世論において公然と論じられるという点でも大きな転換点であった――ただしナショナリズムが大衆を捉えるためには、「国民の理念」や「国民の使命」を唱道する知識人の役割が重要であるとウェーバーは見ていた[*8]――。政治指導者はこうした「国民の正義」に対する対応をも迫られることになるだろう。武力や暴力の行使を否定する平和主義者に対する次のような批判は、戦争で喚起されたそうした世論をも政治家は計算に入れなければならないということを示している。『職業としての政治』の脇圭平氏の翻訳は全体として大変優れたものだが、こと戦争責任をめぐる論点については必ずしもウェーバーの意図が十分に汲み取りにくいところがある、その点を補った上で引用すると以下のようになる。

「福音の教えに従って行動する平和主義者は、この戦争を終結させるために、ということはつまりすべての戦争を終わらせるための倫理的義務として――とドイツにおいては奨められたのだが――武器を取ることを拒否するか武器を放棄することであろう。これに対して政治家ならいうだろう。予想しうる将来において戦争の信用を失わしめる唯一確実な方法は、現状維持の講和であると。かりにそうした講和が実現すれば国民は問うだろう。それではいったい何のための戦争だったのか。[それでは国民にとって戦争は無意味に行なわれたということになるから、戦争の信用は失墜する]。そうなれば平和主義者の主張は論破されることになるかもしれない――だが今のところそのようなことは不可能である。というのも戦勝国――少なくともその一部――はこの戦争から政治的な利益を得るだろうからである。そうなった責任は、われわれに一切の抵抗を禁じた例の態度にある。かくて[戦後の]疲労困憊《こんぱい》の時期から国民が回復した暁には、信用を失うのは戦争ではなく平和の方だ、ということになるだろう。これは[平和主義という]絶対倫理のもたらす一つの帰結である」([ ]は引用

＊8　Weber, Machtprestige und Nationalgefühl, MWGI/22-1, S.246-247.『権力と支配』二一四―二一五頁。

者による補足、『職業としての政治』八八頁)

あれだけの犠牲を払ったにもかかわらず一片の領土も一文の賠償金も得られないとすれば、それではいったい何のためにわれわれは戦ってきたのか。戦争が国民大衆の戦い、銃後の国民をも動員する総力戦であればそれだけ戦争とその結果に対する国民の要求は切実なものになるだろう――もっとも生命以外に失うべき財産や地位をもたない大衆ほど「投機的」に戦争熱に駆り立てられやすい、というさらに醒めた見方をウェーバーは社会学的な著作で述べているのだが[*9]――。そうした観点からいえば、現状維持の講和こそ「戦争」の信用を長期にわたって失墜させて「平和」の威信を高める現実的な手段だということになるだろう。ウィルソンの十四箇条に基づく「公正な講和」もそれが当初の構想どおりに実現すれば、そうした逆説的なかたちでの戦争の信用失墜に寄与することになるかもしれない。もとより実際には戦勝国はさまざまのかたちで利益を得ようとするだろうし、またそれに成功するだろう。その結果、少なくともドイツにおいて出てくるのは平和に対する不信であろうとウェーバーはいうのである。

ここで「現状維持の講和」といい、十四箇条に基づく「正義の講和」や「公正な講和」などというかたちでウィルソンの講和に対する直接的言及を避けているところに、(講和の相手方であるという)いささかの政治的配慮と、そしておそらくはウィルソン的な講和それ自体に対するウェーバーの懐疑的な態度をうかがうことができるのであるが、この点についてはもう少し後で問題にすることにしよう。

ともあれ戦争をめぐってはそうした国民的な「正義の要求」と「威信」が関与して、しかも戦勝国・敗戦国ともに戦争そのもののもたらす膨大な被害が不可避的にルサンチマンをかき立てることになる。そうであるからこそ、そうした問題からできるだけ切り離して——ウェーバーは実質的な事柄に即するという意味で「ザッハリッヒ」という言葉をしばしば用いている——講和と戦後秩序の問題は処理されねばならない、というのがウェーバーの主張であった。

「戦争が終わってから『だれの罪科か』を追及するなどという老婆のようなことはせずに——だって戦争を生み出したのは社会の構造なのだから——、男らしく峻厳な態度をとる者なら敵に向かってこう言うだろう。『われわれは戦いに敗れ、君たちは勝った。もはや戦いの決着はついた。これからは、戦争に一役買うことになった実質的な諸利害に応じて、また他方では——これが重要な点なのだが——とりわけ勝者の肩に負わされることになる将来に対する責任のことも考えて、どのような結論を引き出したらいいか、ともに話し合おうではないか』と。これ以外のどんな言い方をしても品位を欠くことになるし、いずれその報いは

＊9　Ebenda, S.239-240.『権力と支配』二〇六—二〇七頁。ただし邦訳は、大衆の平和主義的関心が通常思われているよりも無力なのは「大衆には自ら賭けるものがあまりない」からだ、と訳すべきところを「大衆が主観的には賭け事をあまり好まない」からだ、と誤訳している。雀部幸隆『ウェーバーと政治の世界』一五頁註三四。

返ってくることになるだろう。国民というものはたとえ利益の侵害は許しても、名誉の侵害、とくに説教じみた独善による名誉の侵害だけは断じて許さないからである」（『職業としての政治』八三―八四頁）

そうした話し合いの余地がまったく存在しないわけではない、とウェーバーは見ていたようである。三月二九日に行なわれた講和問題のための政府の専門家委員会の議事録では彼は次のように述べたとされている。いわく、ドイツを訪れたイギリス側の講和委員と会ったとき「一対一ではただちに意見が一致した。私はこう述べた、紳士として話し合うか、それとも老嬢のように対するか、後者であれば『責任と償い』について話すことになる、と。相手は即座に私の意図を理解した。後に一人のアメリカ側委員と会ったときに、私はこういって諫《いさ》めた、一対一での直談判ならこういうかたちで話が進むのに、公式の場ではベルンシュタイン氏がそうせざるをえないと考えたような「つまりドイツ側が戦争責任の告白をするという」かたちにしかならない、と[*10]」。戦争責任の問題について不毛な議論を重ねるのではなく、相互の立場（もちろん勝者と敗者という立場の違いを踏まえて）に即した実質的な、いわばビジネスライクな取引（もちろん駆け引き）が行なわれてしかるべきである。フランスは別としても合衆国ならびにイギリスの交渉者のなかにはそうした率直な交渉に応じようとする者が少なからず存在する、だから彼らと実質的な交渉が行なえるようなかたちにもっていくべきだ、というのである。

だが問題はウェーバー自身がすでにこの発言においても認めているように、そうした実質的な交渉者でさえも公式の場においてはドイツの戦争責任を既定のものであるとする態度をとっていたということである。なるほど責任問題について正面から争わずに実質的な譲歩を勝ちとる方がむしろ得策かもしれない、だが戦争責任の問題がドイツの賠償問題と密接に関連している以上、そして独立社会民主党など左派から戦争責任問題が提起されてしまった以上、この問題を避けて通ることはできない。――その意味においてはウェーバーにとって左派の「戦争責任告白」は「公正」かつ現実的な講和を求めるドイツ政府の足を引っ張る行為以外の何物でもない*11――。いったん責任問題が争点として浮かび上がってしまった以上は、政府としてこれに反論せざるをえないし、その点を糺《ただ》さねば賠償その他の講和条件においても、予想される相当に厳しい条件を根本的に改善する見込みはない。これが自ら進んでウィルソンの講和路線に乗ったドイツ政府が抱えることになった根本的なジレンマであった。ウ

＊10　Wirtschaftliche Lage und Friedensverhandlungen, Sitzung vom 29. März 1919, vormittags, MWGI/16, S.261. 全集版編集者によれば、ウェーバーとイギリス側との会合は二月二九日に行なわれた。アメリカ側との会合の日付は特定できないが、おそらく相手は三月にドイツを訪れたコンガー大佐だろうという。

＊11　独立社会民主党や平和主義者の「戦争責任」告白に対する批判という立場それ自体は共和国政府とその関係者に共有されていた。前宰相バーデンは「国際連盟と正義の講和」の中でこう述べていた。一方的な罪の告白によって連合国の心を動かそうとする者は、敵国の排外主義に対する罪を軽減することによって「敵国にあって正義のための闘争を進めている者たちに背を向けることになる」。「戦争責任」の告白は敵味方を問わず「公正な講和」を誠実に希求する人々に対して冷水を浴びせる行為だというのである。Max von Baden, Völkerbund und Rechtsfriede, S.27.

ェーバーはこれに対してどう答えようとしたのだろうか。

戦争責任検証の手続きをめぐって

ドイツの戦争責任に反対して国際世論に訴えるというドイツ政府の講和戦術が必ずしも明確な成果を得られないという状況の下で、ウェーバーは三月二〇日に『フランクフルト新聞』編集部に宛てて書簡ならびに声明文を送っている。[12] 声明文は基本的に外相ブロックドルフならびに前宰相バーデンの講和路線に沿った主張、すなわち戦争責任問題についてはしかるべき権限を備えた中立的な国際機関によって調査がなされることを前提としながら、連合国側がこうしたドイツ側の要求に対して何の回答も示さないという事態を踏まえてドイツ政府はどうすべきかを論じたものである。

まずドイツ政府が約束してきた外交文書の公表の問題について。すでに述べたように臨時革命政府成立の当初は独立社会民主党など左派の影響が強かったこともあり、(帝国)政府の「戦争責任」を追及しようとするカウツキーなどを中心として外交文書公表の準備が進められたが、文書に示される事実が必ずしも共和国政府とその講和政策にとって有利なものではないという判断もあって政府は公表を引き延ばしてきたのである。ウェーバーは外交文書を一方的に公表するだけでは戦争にいたった経緯を客観的に明らかにすることにはならず、また説得力にも欠けるとして、あらためて特別な法廷を設置して、必要な関係者に対する尋問を行ない、その場であわせて公文書を吟味すべきだと主張している。

その際に設立されるべき法廷は、あくまでもそのための特別の法廷でなければならないというのがウェーバーの論点であった。法律的な意味での犯罪を裁く場ではないのであるから、憲法で設置が予定されている国事裁判所は不適切である。問題とされるのは事実とその検証であって法的な責任や処罰ではない、というのはバーデンの講演で提案された国際法廷でも強調されていたことであった。国際的な中立機関の設立がいまだなされないという事情の下で、いわば次善の策としてドイツ側が戦争責任問題の検証をすべきだ、とウェーバーはいうのである。

声明文につけられた編集部宛書簡では、この声明があくまでもウェーバー一個人のものであり、政府の手を縛るものではないことが強調されている。公的にはあくまでも国際的な中立機関の設立を要求して国際世論とりわけ中立国に訴えるという政府の既定路線に対して、ドイツ政府がそれとは別個に国内に調査機関ないし法廷を設置することが戦術的に得策であるかどうかの判断は政府に委ねたいという意図からであろう。この声明が外相ブロックドル

＊12　Die Untersuchung der Schuldfrage, MWGI/16, S.230-232. 付属の書簡はS.227-228。『政治論集』六六三―六六六頁。もともとは政治書簡としてGesammelte Politische Schriften, 1. Aufl., Drei Masken Verlag, 1921, S.487 に収録されていた。

＊13　全集版の編集者評釈によれば、「正義のための作業共同体」のバーデンならびにマックス・モンジュラ伯の発案に基づくが、戦術上の理由からウェーバー個人の名前で公表されたとしている。MWGI/16, S.227-229.

フや政府外務省の了解の上でなされたのかどうかは必ずしも明らかではないが、[*13] 書簡の文面からは、少なくとも戦争責任問題に関して政府の公式路線とは距離があったことがうかがわれる。

中立的な国際機関による調査が不可能であればドイツが自ら法廷なり調査機関を設置して自らの嫌疑を晴らす方が望ましい、という判断をウェーバーはしていた。さらに、これは声明文本文には記されていないが、議会内に調査委員会を設置することは、戦争責任問題を国内の党派政争の対象にするので望ましくない、あくまでも中立な――国内外の人物、平和主義者も加えた――機関によって検証がなされねばならないとウェーバーは編集部宛の書簡で強調している。議会を中心に調査委員会が設立されることになるそうした可能性を考慮して声明での言及を避けたのであろうが――後に設置される議会調査委員会で、ドイツは国内の左翼の「背後からの一突き」で敗れたのだというヒンデンブルクの証言が飛び出すことになる――、ウェーバー個人としては、戦争責任についての検証は、法的な意味での犯罪の追及でもなく、また議会などによる政治的論争とも異なる地平で行なわれねばならないと考えていたのである。

そうであるとするならば、さらに次のような疑問が出されることになるだろう。ウェーバーはブロックドルフやバーデンが強調していた「国際連盟」構想、国際連盟を通じての「公正な講和」という路線とはたしてどこまで一致していたのだろうか、と。たしかに一月一七日の論説「『戦争責任』というテーマに寄せて」は設立されるべき国際連盟とそれが定める戦時国際法規の内容を論ずるというかたちで書かれており、その点ではあくまでも「国際連盟」を前提とする外相ブロックドルフの講和路線を形式上は踏まえて議論が進められている。しかしながら『職業としての政治』を含めた「戦争責任」ならびに講和問題関連のウェーバーの発言を見る限りでは、国際連盟とその組織について、あるいは国際連盟の意義についての指摘は、肯定否定いずれを含めてほとんど見あたらないのである。

すでに述べたように休戦の時点でウェーバーは、ドイツが軍事的に敗北したことは連合国内におけるアメリカ軍とそしてウィルソンの政治的影響力を減退させることになると見ていた。これはウィルソンの本来の構想の可能性についても疑問を投げかけるものであった。構成国が対等のパートナーとして参加してはじめて、そのような国際連盟は可能であったはずだからである。外相ブロックドルフやバーデンの講和路線とおそらくは密接な関連の下にありながら、国際連盟について言及しないという点にむしろウェーバーの国際連盟に対する消極的な評価――そしておそらくはブロックドルフや政府の公式路線との微妙な相違――が表われていると見るのは穿ちすぎであろうか。

ウェーバーのウィルソン外交評価

というのも、ウィルソンとその外交は基本的には一種の理想主義外交であって、現実認識においていささか欠けるところがある、というのがウェーバーの基本的な見方だったように思われるからである。すでに紹介した一〇月二七日の論説「休戦と講和」では次のように述べていた。「彼〔ウィルソン〕は以下の事態を十分見通していなかったと思われる。すなわち、これ以上の軍事的抵抗を不可能にする休戦条件をドイツ政府は受け容れてしかるべきだという彼の要望が通るなら、それによってドイツだけでなく彼自身もまた講和条件を決定する一連の要因から排除されてしまうかもしれないということをである」（『政治論集』四九二頁）。ウィルソンの「公正な講和」と戦後構想としての国際連盟も、つまるところは国際的な力関係の上に成り立つ。少なくとも潜在的には軍事力と経済力を備えた大国としてのドイツを対等なパートナーとして組み入れてはじめてその構想は実現しうるのであって、だからこそドイツはウィルソンの講和に協力したのである。ほとんど降伏に近い休戦は、そうした国際的力関係の構成要素としてのドイツの意味を失わせることによって、結果としてウィルソンとその理想をも「お払い箱」にすることになりかねない。そうした講和のための客観的条件をウィルソン自身が明確に認識していないところに最大の問題がある、とウェーバーはいうのである。

『職業としての政治』においても、ウィルソンについての直接の言及は見あたらない。一月二八日の講演の際に用いられたメモでは（潜水艦作戦はイギリスの経済封鎖に対する報復行為であるとするドイツ側の議論に対して）イギリスの経済的封鎖とドイツの潜水艦作戦とは別問題であるとするウィルソンの態度を指したと思しき項目があり、実際の講演ではこの点に言及していた可能性があるが、講演筆記に加筆されたといわれるテキストでは外されている。[*14] おそらく講和交渉の相手方であるという政治的考慮も働いていると思われるが、ウェーバー自身はウィルソンを「責任倫理家」というよりは「心情倫理家」に近い人物と見ていたようである。「心情倫理」という訳語ではやや意が尽くされないうらみがあるが、少なくとも『職業としての政治』の文脈で「心情倫理家」、あるいは「心情政治家」というように使われる場合には、「信念あるいは主義主張一点張りの政治家」を意味している。[*15] ウェーバーがウィルソンについてどの程度の情報を得ていたのかは定かではないが、少なくとも現実的な政治家とはいいかねる大学教授というのがウィルソンに対するウェーバーのイメージであった

＊14　『職業としての政治』の講演メモには「戦争責任：無条件／(「責任は別々に responsibility is separate」)／私は：反対の立場に立つ」という項目がある (MWGI/17, S.147)。これも論説「『戦争責任』というテーマに寄せて」で言及されていた、イギリスの経済的封鎖とドイツの潜水艦作戦とは「別問題」であるとするウィルソンの態度を指していると思われる。ただし公刊された本文の対応箇所では対応する指摘はない。本文の論旨の文脈からはやや外れており、そのために削除されたのか、あるいは (実際の講演ではこの点に言及していたけれども)、講和交渉の相手方であるという政治的考慮が働いていたのか、そのあたりの事情は定かではない。

＊15　「心情倫理」については「信念倫理」という訳語もしばしば用いられている。主義主張に凝り固まった政治家ということでの文脈であれば「信念倫理」という訳語の方が近いかもしれない。ただしウェーバーの Gesinnungsethik はもともと彼の宗教社会学の概念で、心根の正しさ、あるいは心根を正しく保つという (救済) 状態をまず第一に重視する態度を示すものとして用いられており、そうした点から「心術倫理」などという訳語も用いられているが、そうした意味内容のつながり、ひろがりを示すという点ではなかなか適訳がない。

と思われる。

政治的・外交的には「素人」の大統領に対して、われわれの「現実政治」はそれを逆手にとって利用するのだ、という発想はウェーバーだけでなく、おそらくブロックドルフをはじめとするドイツの外交当局者の間にひろく存在していた。それが必ずしもウィルソンの実像を捉えたものではないこと、少なくとも政治家としてのウィルソンを著しく過小に評価するものであったことはすでに覚書交換から休戦にいたる経過が明らかにしているところだが、ウィルソンという政治家の基本的性格についての誤認はドイツ側の講和戦略を大きく制約することになったのである。

ただし、そうしたウィルソン評価はドイツ政府関係者だけに限られるものではなかったし、実際にウィルソンが渡欧した後のヨーロッパでも比較的ひろく受け容れられていた見方であった。当時イギリス大蔵省に在籍して講和会議に参加したケインズ（一八八三―一九四六）は、多額の賠償をドイツに求める講和条約を痛烈に批判して『講和の経済的帰結』（一九一九年一一月）を書くことになるが、そのケインズにあってもウィルソンの評価はあまり高くはない。いわく、ヨーロッパの人々の間で、渡欧する前のウィルソン大統領の声望はとりわけ高かった。人々は彼をヨーロッパに新たな秩序をもたらす予言者か哲人王として期待していた。だがパリに現れた大統領は予言者でも哲人王でもなく、人生の過半を大学で過ごした、多少の気力と個性と社会的地位を備えたというだけの人物であり、クレマンソーやロイド・

ジョージのような老獪な政治家と渡り合うだけの武器を何も持たないドン・キホーテであった、と。[*16]

そうした見方から相対的に自由だったのはエルッベルガーだったかもしれない。彼は大戦末期の小冊子『国際連盟』でも、ウィルソンを基本的にはアメリカ独特の経済的利害から軍縮と講和を推進する現実政治家と見ていた。もちろんこれはウィルソンと直接交渉した経験を踏まえたものではないが、国民による選挙の洗礼を受けた文民政治家という立場の共通点がそうした見方に何らかの影響をもたらしたということは考えられるだろう――ブロックドルフのような職業外交官から見ればエルッベルガーも外交的には「素人」であった――。

ともあれそうしたウィルソンについての一般的な評価の上に立ったドイツ政府の講和戦略も――外相ブロックドルフ自身の真意はともあれ――ある種の「ウィルソン主義」的特性が濃厚であり、それに協力したウェーバーもまたそうではなかったか、という問題は残されている。この点は講和条約締結の段階で問題にすることにしよう。

それでは講和会議とその結果はどのようなものであったろうか。

＊16　John Maynard Keynes, The Economic Consequences of the Peace, pp.34-36.『ケインズ全集　第二巻　平和の経済的帰結』三二―三三頁。

5章　講和条件案の形成

　すでに述べたように連合国とドイツとの間には休戦延長、食糧輸入問題などをめぐっての交渉と駆け引きが行なわれていたが、講和会議における講和条件の形成にはドイツ側はまったく関与することができなかった。ちなみにトリーアでの三次にわたる休戦延長の交渉に当たり、武器引き渡し等の休戦条件の遂行が遅滞しているとの連合国側の批判の矢面に立ったのは休戦委員のエルツベルガーであった。個人的な確執を別とすれば、エルツベルガーと外相ブロックドルフとの間に次第に生じはじめる講和路線上の齟齬《そご》・対立も、休戦条件をめぐって実際に連合国側との交渉に当たった休戦委員と、実質的な協議の蚊帳の外におかれた講和代表との立場の相違が大きく影響していると思われるのであるが、ともあれドイツ政府の側は連合国とりわけアメリカ、イギリス、フランスの三国にイタリアを加えた四大国を中心に調整され作成された草案を一方的に突きつけられるというかたちをとることになる。まず

「ジョージ・ワシントン号」でヨーロッパへむかうウィルソン大統領（左から３人目）

は講和会議に臨むウィルソンの基本的立場について概観しておこう。

講和会議に臨むウィルソンの基本的立場[*1]

ウィルソンは一九一八年一二月四―一三日のヨーロッパ航行途上でこう述べたという。「この講和は『勝利なき講和』でなければならない、と私はかつて述べたが、現在もなおこの立場を原則として堅持している。というのも、今日では償金の上に平和を構築することは不可能であり、敗戦国にとっても公正な講和でなければならないからである。さもなければすべての諸国民にとって致命的な結果をもたらすだろう」[*2]。講和会議の事前のウィルソンの構想はなお基本的には「公正な講和」であり、少なくともドイツを一方的な敗者として、勝者の犠牲とするような講和ではなかった。ドイツの違法行為に対する一定の補償は否定しないとしても、あくまでもそれはドイツの支払能力に応じた穏当なものにとどめるべきだ、というのが当初のウィルソンの立場であった。

ここでウィルソンが「償金」と述べているのは、いわゆる戦争償金（War Indemnity）のことである。それまでのヨーロッパの戦争においては、敗戦国が戦勝国に対してその戦費を賠償するというかたちで償金が支払われるのが常であった。戦争それ自体は悪でも違法行為でもなく、主権国家の当然の権利の発動であり、ただ勝利した方が負けた方からその費用を弁済させる。裁判で敗訴した側が訴訟費用を支払うのと同じように、戦争も可能な紛争処理の一つの手段と見るいわゆる「無差別戦争観」がその背後にはあった。ウィルソンの講和はそうした旧来の賠償のルールそのものの変更を意図するものであったといわれている。ただし、それはただちにドイツに対する「戦争責任」追及へと直結するものではないし、ウィルソン自身が必ずしもそれを意図していなかったことは注意する必要がある。

　ともあれ今次の世界大戦は旧来の戦争とはその規模において異なり、戦費そのものが膨大になってしまった以上、そうした戦費補償のルールではもはや立ち行かなくなるというのがウィルソンの認識であった——他方では無賠償・無併合の講和というボリシェヴィキ的講和

＊1　パリで開催される講和会議にウィルソン大統領自ら出席するかどうかは一つの論点でありえた。国務長官であったランシングは大統領の出席に反対したという。合衆国参戦前であれば大統領は中立的・平和的調停者としての役割を発揮することができただろうが、参戦後は一国の利害を代表する立場で出席することにならざるをえず、新たな平和の推進者としての役割は減殺されることになりかねない。むしろワシントンにとどまって講和委員に交渉を委ねた方が、優位な地点から彼が望む講和条件を指示することができる、というのがその理由である。Robert Lansing, The Peace Negotiations, A Personal Narrative, pp.15-20.

＊2　Schwabe, p.171.

路線への対抗という側面も看過すべきではない——。さらにヨーロッパの連合国はその戦費のかなりの部分を合衆国への債務を通じてまかなっているという事情がその背景にはあった。旧来の戦費補償のルールに基づいてドイツから可能な限りの賠償金を取り立てて、それを対米戦時債務の支払にあてるという連合国の発想をアメリカ側は警戒したのである。

連合国がドイツに要求する賠償金はドイツが現実に支払いうるものでなければならない。アメリカの側からこれをいいかえれば、ヨーロッパでの戦争のツケはヨーロッパ各国の間で可能な範囲で処理しなさい、多額の賠償を請求してドイツが支払えなくなったからといってアメリカはドイツに援助したりしないし、連合国のアメリカへの債務を帳消しにしたりはしませんよ、ということが暗に含まれていた。戦時債務とドイツの賠償問題との連結に最後まで合衆国は反対しつづけるが、これが賠償問題が講和会議の段階で最終的に解決しなかった一つの原因となる。

そのような立場から合衆国は、賠償はそれまでの戦費補償の原則とは異なる原則に基づかなければならないと主張したのである。アメリカ側の講和委員が賠償（reparation）の語を戦費（war cost）ではなく戦争による損害（war damages）の補償に限定しようとしていたのもそうした意図に基づいている。しかしながらすでに休戦協定のところで述べたように、戦費ではなく戦争被害の補償という意味における「賠償」も、連合国の要求によっては無際限なものになる可能性があった。

賠償問題と関連するいまひとつの論点として、ドイツ皇帝の訴追問題がある。連合国側の勝利が明確になりはじめるにつれて、ドイツ軍の撤退の際の破壊行為に対する賠償請求、あるいはドイツ軍捕虜の処遇などの問題がイギリスやフランスの政治家の間で議題に上り、さらに戦争開始の際のドイツ政府とくに皇帝の責任を追及せよという声が強まってくる。すでにウィルソン渡欧前の段階で、ヨーロッパの連合国指導者の間では国際法廷を設置して皇帝を刑事訴追するという方向での合意が成立していた。これに対してウィルソンと合衆国政府は当初から消極的な態度をとっている。皇帝個人はいわば体制の犠牲者であり、限定された個人的責任を問うべきであるというのがウィルソンの立場であった。

皇帝の訴追規定ならびに賠償問題における「戦争責任条項」が定められたことをもって、ヴェルサイユの講和条約は旧来の主権国家の基本的な戦争観（無差別戦争観）からの転換、戦争の不法行為化の起点として位置づけられることになるのであるが、これをウィルソン自身が当初から意識的に追求したという理解は正確ではない。ウィルソンの本来の講和構想、国際連盟構想は、ドイツの指導者を戦争犯罪人として追及し、ドイツの犯した罪過に対する当然の処罰措置として賠償を要求するというものとは異なっていた。むしろ対極的であるといってもよい。

もとよりウィルソンが進めようとした講和が、結果としてそうした方向に舵を切ることになったという側面は確かにある。だがウィルソンがその立場において不徹底であったがゆえ

パリ講和会議各国代表。前列中央に英代表ロバート・セシル卿をはさんで左に仏のレオン・ブルジョワ、右にイタリアのオルランド。後列中央にウィルソンをはさんで、左に南アフリカ代表スマッツ将軍、右にベルギーのハイマンス、その右隣は中国代表顧維鈞（ウェリントン・クー）。前列左端から２人目が日本代表牧野伸顕、その左が珍田捨巳。二人の後ろにハウス「大佐」の姿が見える。

に「失敗」したというかたちで描き出すことは歴史的な事実を歪めることになるし、ウィルソンの「失敗」と国際連盟の「欠陥」を補うものとして第二次大戦後の「国際連合」を位置づけることができるかどうかについても、なお検討の余地があるだろう。

手続き問題における譲歩

ただし事前の段階でウィルソンは連合国に対して一定の譲歩を行なっている。そのひとつは講和の手続きに関わる問題である。「公正な講和」という彼の理念からいえば講和会議には当然敵国であるドイツとその同盟国の代表も出席するというのが筋であろう。ドイツ側が期待していたのは、連合国と対等とまではいわないまでも共通のテーブルに着いて、その場でアメリカがなかば仲裁者としての役割を演ずることであった。しかしながらウィルソンは、まずは中欧諸国抜きで講和条件について話し合うべきだ、という連合国側の要求に譲歩することになる。

ウィルソンの譲歩の背景には、中欧諸国で旧体制が崩壊して、さしあたりは正統な交渉当事者が存在しないという現実的な理由も挙げられるだろう。講和協議の手続きをめぐる連合国間の調整の上で講和会議総会が開催され（一月一八日、二八日）、各国の委員によって構成された五つの専門委員会（国際連盟、労働立法、戦争責任、そして港湾・水路・鉄道などの運輸問題、賠償問題）で講和条件の協議が始まる一月の段階では、ドイツでは国民議会選挙（一月一九日）が行なわれてエーベルトの新政権がようやく国民的な認証を受けようとするところであったし、オーストリアではハプスブルク帝国の支配から解放された諸民族の間で紛争あるいは事実上の戦闘が継続していた。党派の如何にかかわらず、いずれの政府もまだ講和交渉の相手となりうるだけの信頼性を備えていないという理由にはそれなりの説得力があった。[*3] 当初ウィルソンは講和会議そのものの延期を考えたが、これは事態の緊急性に鑑みても問題にならなかった——実際に敗戦国側が交渉のテーブルに着くのは半年近く後のことになるのだが。

ともあれそうした手続き問題での譲歩と引き換えにウィルソンは、講和会議には小国をも参加させること、また国際連盟規約の作成に優先権を与えるという点で連合国側の同意を得たのである。[*4] ウィルソンにとっては「国際連盟」の設立という大目標が講和問題における他の考慮に優先したのである。だが小国も参加する講和会議の背後で、実質的には四大国とくに合衆国とイギリスならびにフランスの間の協議で講和条件は形成、確定されることになる。[*5]

その国際連盟についても、ドイツの加盟については留保が付けられることになった。ウィルソンは渡欧の途上で次のように述べたという。「国際連盟の中心はおそらく大ブリテン、フランス、イタリア、合衆国そして日本となるだろう。他の国は自分たちの利益を保護するために加盟する。ドイツについては現在の混乱状況からみて、まずは保護観察の下におき、他の諸国による加入審査が必要なことは疑う余地がない」と（一九一八年一二月一〇日）。フランス政府はすでに一九一八年一一月の段階からドイツを国際連盟にただちに加入させないように圧力をかけていたが、これは明らかにフランスの意向に譲歩したものであった。[*6]

ウィルソンの譲歩のいまひとつの要因は、おそらく合衆国の国内政治への配慮である。共和党はウィルソン的な講和と国際連盟構想に反対ないし批判的であり、国際連盟を戦勝国の形成する排他的同盟以上の存在として受けとめていた。そうした立場から上院の共和党は講和条約と国際連盟規約とを分離すべきであると主張していた。したがってウィルソンにすれば、講和条約と国際連盟とは密接不可分のものでなければならなかった。分離すれば、国際連盟規約が上院の批准を受ける可能性はほとんどないからである。講和条約と抱き合わせで提案すれば、専制支配者に対する勝利という威光を笠に両者が批准される可能性は高まるだろう――実際には上院は両者ともに拒否することになるのだが――。おそらくそうした計算

＊3　ちなみにポーランドのワルシャワ政権が最初に承認されるのも一月二二日、アメリカ合衆国によってである。Walworth, p.93. そのポーランドはドイツだけでなく新生チェコスロヴァキアとも国境をめぐって戦闘状態にあり、一月二九日にはチェコスロヴァキア外相ベネシュ（一八八四―一九四八）とポーランドのドモフスキとが連合国最高評議会の場に呼ばれて協議をしている。この問題に関してウィルソンの「同情」を引いたのはポーランド側であったといわれる。ibid. p.97.

＊4　ただし中欧諸国を外したとしても、そもそも講和会議の構成、どの国の代表を何人参加させるかそれ自体が議論の対象とされねばならなかった。米英仏伊に日本を加えた五大国が五名の代表を出すことについては合意が得られたものの、連合国側の他の小国や英自治領については意見が分かれた。ロイド・ジョージが小国にそれぞれ二名の代表権を与えることを示唆したのに対して、ウィルソンは南米のブラジルがベルギーやギリシアより大きい国であり、かつ多数のドイツ系住民を抱えていて戦前から存在したドイツの影響が復活しかねない危険を示唆して、ブラジルにより多数の代表権を与えるよう要求した。もちろんこうしたブラジルに対する特別扱いの背後には合衆国に忠実な南米諸国の票を確保するという思惑が働いていた。他方でイギリス自治領の諸国に二名の代表を与えることについてはウィルソンが反対した。

最終的な連合国側の参加国と代表数は以下の通り。アメリカ合衆国5、大ブリテン連合王国5、自治領カナダ2、オーストラリア2、南アフリカ2、ニュージーランド1、インド2、フランス5、イタリア5、日本5、ベルギー3、ボリビア1、ブラジル3、中国2、キューバ1、エクアドル1、ギリシア2、グアテマラ1、ハイチ1、ヘジャズ2、ホンデュラス1、リベリア1、ニカラグア1、パナマ1、ペルー2、ポーランド2、ポルトガル2、ルーマニア2、セルビア＝クロアチア＝スロヴェニア3、タイ2、チェコスロヴァキア2、ウルグアイ1。

＊5　四大国代表（いわゆるBig Four）の協議は厳密には正式の会議ではないとの解釈にウィルソンはこだわりつづけたともいわれるが、他方その協議の内容は（ハウス「大佐」を別として）アメリカ講和代表にさえほとんど知らされなかったとランシングは述べている。Lansing, The Peace Negotiations, chap.17.

もあってドイツの即時加盟は見送られることになったのである。[*7]

だがこれはウィルソンのもともとの理念から見て決定的な譲歩であった。ウィルソンの公正な講和に活路を求めたドイツ政府関係者やその周辺の自由主義者の目には、少なくともそう映ったことだろう。また合衆国内でウィルソンに協力したリベラリスト——ウォルター・リップマンなど——の多くが講和会議とそこで形成された講和条約の現実に幻滅していくことになる。

しかしながらウィルソン自身は講和条件協議の際に行なった「妥協」を、自らの構想の本質を曲げるような転換とは考えていなかったようである。すでに何度か指摘したように、ウィルソンのいう「公正な講和」はアメリカとその軍事力がヨーロッパにおける仲裁役としての意義をもつという点に基本的に依拠していた。もとよりそれはウェーバーが指摘したようにドイツが一定の軍事的潜在力を有しているということを条件としていたが、だが他方では少なくともドイツが開戦当初のような軍事大国でありつづけることを必要としたわけではない。むしろその点ではドイツの軍事力に決定的な打撃が与えられることを——参戦後は当然のことながら——前提としていたのである。

いいかえれば、ドイツの軍事的劣位が明白になりながらも、なお完全には敗北していないという微妙なバランスの上にヨーロッパの調停者としてのウィルソンとその「公正な講和」構想は立っていたのであった。ウィルソンもまたその点を明確に意識していた。ドイツが軍事崩壊の瀬戸際に立たされて講和を要請した時点でこれを受け容れ――一定の改革は行なわれたとはいえ――皇帝退位や共和制への移行などの根本的な体制転換を求めずに帝国政府を講和交渉の相手としたことのうちに、すでにそうしたウィルソンの態度の特徴はよく示されている。

その限りにおいてはウィルソンを文字通りの理想主義者、おのれの理想に教条的にしがみつく「心情倫理家」と見なすのは一面的である。もちろんそうした傾向は確かにあるし、ま

＊6 ドイツの国際連盟加盟問題についてのウィルソンの立場は、それまでにすでに微妙に変化している。十四箇条発表時には、民主化されたドイツ、あるいは民主化を条件としてドイツを加盟させるという構想をウィルソンはもっていたといわれるが、ブレスト＝リトフスクの講和や西部攻勢などドイツにおける軍国主義の根強さを認識した上で、そうしたドイツ帝国をそのまま連盟のパートナーとして受け容れる――むしろ連盟への受け容れをいわばドイツの「改心」への保証とする――方向にドイツとの覚書交換の段階では転換していたという。皮肉なことにウィルソンが国際連盟へのドイツの即時加盟を否定する立場を明確にしたのは、帝制ドイツが崩壊して共和国政権が成立する――その意味では「民主化」という条件は一応クリアしたかに見える――一一月に入ってからであった。ただし本文でも述べたように、渡欧時のこの時点では（一二月一〇日）まだ臨時政府の基盤は磐石なものではなく、国内状況は「あまりに混沌」としていて講和交渉の相手として、また国際連盟の構成員として信頼するに足りないという理由は、それなりに根拠があったといわねばならないだろう。cf. Schwabe, Woodrow Wilson and Germany's Membership in the League of Nations, 1918–1919.

＊7 国際連盟を拒否すれば講和条約の失敗の責任を上院は負うことになる、というこの戦術はかえって逆効果だったとランシングは回顧している。国際連盟構想に対する上院の支持を取りつけるために二月に一時帰国したウィルソンが再度パリに向けて出発したときに、後に残されたのはそれまで以上に強力で確信をもった反対者たちであった、と。Lansing, The Peace Negotiations, p.141.

たそうした発言もしているが、それを額面通りに受け取り、プラグマティストとしての側面を看過ないし過小評価してはならないだろう。[*8] そうしたウィルソンの意図を国内(周囲のリベラリストも含め)だけでなくドイツ側も誤解していたように思われる。

ただし、すでにウェーバーが指摘していたように、ウィルソンの「公正な講和」の構想がアメリカ合衆国の軍事的・経済的力を背景としていたとすれば、ドイツの事実上の敗北が確定した休戦の時点で、講和のための交渉資源としての軍事力の重要性が相対的に減退していたことは事実である。他方では、可能な限り早期にヨーロッパから軍を撤収したいというのが合衆国の政府・駐留軍関係者の要求であった——もちろんこれは兵士を送り出している国内世論の要請でもある——。だからこそ戦後のヨーロッパの軍事バランスの観点からも、フランスの軍事的勢力の一方的拡大は好ましくないし、大幅な軍備削減を当然の前提とした上でドイツの軍事的潜在力や経済力を戦後ヨーロッパの秩序の一環として位置づけるという発想が合衆国政府の側にあったことは間違いない。

しかしながら合衆国一国の立場からしても、自国の利害と戦後ヨーロッパの軍事バランスとの間の考慮は相当に微妙な政治的判断や調整を必要とする問題であった。そうした調整を合衆国が一方ではヨーロッパの連合国の同盟者として、他方では敗戦国ドイツと連合国との間の調停者として行なわなければならないところにウィルソンとその講和外交の難しさがあった。少なくともそうした課題に対処するためには、休戦はさしあたり純軍事的な戦闘停止にとどまり、具体的な講和とその条件の審議は敗戦国をも含めた公開公正な場で——民主的な世論のコントロールを受けて——進めるというような、当初想定されていた手続きには無理があったことは否めない。

連合国と対独講和条件の形成

かくして手続き的な問題についてのウィルソンの譲歩と共に講和条件は実質的にはアメリカ合衆国、イギリス、フランス、イタリアの四大国（とくに米英仏の三者）で形成されることになる。協議に臨む際のフランス、イギリスの両国首脳の姿勢についてもウィルソンと同様に今日なお議論のあるところだが、簡単に整理しておくことにしよう。

＊8　ちなみにウィルソン講和に対する新旧ドイツ政府の対応を研究した『ウィルソンとドイツ革命』の著者シュヴァーベ（Klaus Schwabe）はウィルソンをむしろウェーバーのいう「責任倫理」の体現者として描いている。ウェーバー本人がどう考えたかは別としても、この点は評価の分かれるところだろう。ただし、ウィルソンという人物がいささか頑固なプロテスタントであったことは確かである。渡欧後にイタリアを訪問した際に、最終日にスカラ座で『アイーダ』の公演に招待されたウィルソンはその日が日曜であることを理由に断ろうとしたという。わざわざヨーロッパ中から選りすぐりの歌い手を集めて準備をしていたイタリア側はショックを受けたが、一人の外交官が機転を発揮して、宗教的演奏会ならば出席できるだろうとウィルソンを説得し、冒頭に賛美歌を歌わせるという処置を講じて事なきを得たという。Elmer Berdiner, A Time for Angels, p.72. すでに註記したようにウィルソン外交を論ずる際にはウィルソン本人の政治的思考や思想的体質だけではなく、彼を援助してときには重要な政治的仲介者としての役割を果たしたハウス「大佐」との関係——やや図式的にいえばウィルソンの「理想主義」を補完した「現実主義」者がハウスということになる——を考慮に入れなければならない。

フランスの「虎」クレマンソー。1917年11月に2度目の首相に就任。強力な政治指導で対独戦を勝利に導く。

まずフランス首相のクレマンソー（一八四一―一九二九）はいうまでもなく対独強硬路線の代表者であったし、その背後には対独復讐を求める国民的世論があった。ただし彼の姿勢も強硬路線一点張りであったというわけではなく、たとえば賠償の具体的内容などの点については一定の譲歩の用意があったという指摘もなされている。[*9] 他方ではクレマンソーを「旧外交」の代表的人物とする見方はドイツ政府も含めた関係者の間にひろく行き渡っていた。現に一九一八年一二月三〇日の議会演説でクレマンソーは大国の協調による「力の均衡」の維持を支持している。[*10]

もとより勢力均衡という旧外交の原則の信奉者であろうがなかろうが、政治家である限りは一定の現実的な対応の可能性はなにほどか存在する。問題はそれがどのような条件の下で、いかなるかたちで現れるかである。いずれにせよフランスの安全保障の観点からドイツの軍事上・経済上の潜在力を脅威としてこれを抑えるというのが彼の基本的姿勢であったことは間違いのないところだろう。[*11]

イギリス首相のロイド・ジョージ（一八六三―一九四五）は一九一八年一二月に総選挙を行なっている（ちなみにこれは英国で女性がはじめて参加した国政選挙であった）。戦勝直後の選挙は与党に有利という思惑が当たり政府与党（保守党ならびに自由党の連立派）は圧倒的な勝利を収めたが、選挙の際に国民に約束した強硬な賠償要求は講和交渉における首相の手を

＊9 Marc Trachtenberg, Reparation at the Paris Peace Conference, Journal of Modern History, vol.51, pp.25-26.
＊10 cf. Robert Lansing, The Peace Negotiations, p.77.
＊11 ドイツの脅威からフランスを防衛するのに必要な防衛線――安全保障という観点から見ても「自然な」独仏の境界線――はライン川だというのが多かれ少なかれフランスの政府・軍関係者に共通する立場であった。休戦に際してフランスの要求がまずライン左岸ならびに橋頭堡の確保におかれたのはそうした理由に基づく。そうした観点からフォッシュを中心にフランスは休戦の早い段階からライン地方をドイツから分離独立させて一種の「緩衝国家」を創出する計画を作成しており、クレマンソーもそれを支持していた。しかしながら政治的にもライン地方を分離独立させるというような計画に合衆国やイギリスの同意を得ることは困難であり、またフランスの安全保障はどのみち英米との協調なしては不可能であるから、次善の策として、あるいはそうした計画を放棄する見返りとしてどこまで実質的な安全保障を勝ちとるか――ロイド・ジョージはラインの政治的分離と軍事的恒久的占領という二点をフランスが放棄する代わりに安全保障条約を締結することを提案する。これに対して軍事的な占領の長期化、できれば恒久化を達成する――というのが交渉者としてのクレマンソーの課題であった（Jean-Baptiste Duroselle, Clemenceau, Fayard, 1988, pp.746-751）。したがって、かりにもしクレマンソー以外の人物が交渉相手であった場合に、クレマンソーより穏健な講和路線がとられた可能性はむしろ少ないといわねばならない。大統領であったポアンカレをはじめとして多くはクレマンソーと同様、あるいはそれ以上にドイツに対して強硬であった。したがってヴェルサイユ条約がドイツ国内で批判されたのとまったく同様に、フランスにおいてもその批准に際しては批判が――ドイツに対してまだ手ぬるいという理由で――なされることになる。

縛ることになった。その意味においてはロイド・ジョージという政治家には、先のケインズの評価にあるような旧外交の代表者、老獪な外交術の担い手というよりは、むしろある種のポピュリズムに依拠した政治家という側面が多分にある。後に述べるように、「戦争責任」とりわけ皇帝に対する法的訴追の問題では世論の後押しもあって強硬な態度をとることになるが、もともと国内政治の文脈においては、自国の君主制に対してもあまり尊敬を払っていたというわけではない。[*12]

一つ一つの項目についての交渉の詳細には立ち入れないが、四大国協議で決定された具体的な講和条件について概観すると次のようになる。

［ドイツ非武装化］　アメリカは当初、ドイツの兵員の上限を五〇万人と設定していた。これは国防軍のグレーナーの要求とも一致するものであったが、合衆国軍司令官パーシングと軍事評議会アメリカ代表のブリス（一八五三―一九三〇）は英仏側の強硬な要求に押されて二月には上限二〇万人にまで後退する。

すでに指摘しておいたように、合衆国政府ならびに軍指導者にはヨーロッパにおける軍事的均衡の観点から、また対ボリシェヴィキの観点からも、一定のかたちでドイツの軍事力を維持する必要性を考慮し、むしろフランスの軍事大国化を警戒する発想があった。彼らの観点からすれば、人口四〇〇〇万人のフランスが増大しつつある人口七〇〇〇万人のドイツを完全に軍事的に統制しようとすることそれ自体に無理があった。だが他方では国内世論の要請からしてもできるだけ早期にヨーロッパに駐留している軍を撤収したいという思惑もあり、その場合にヨーロッパの安全保障とくにフランスの要求をどう満たすのかという点でジレンマを抱えていた。

そうした配慮もあって、ウィルソンは最終的にさらに一〇万人への削減に同意することになる。ドイツ東部国境の防衛にはそれで十分であるとのフォッシュの確約を受け容れたかたちだが、これは平たくいって対外的安全保障ならびに国内治安の点でドイツをほとんど丸裸にするに等しい数字であり、後のワイマール共和制にとって重大な結果をもたらすことになる。

［植民地放棄］　ドイツの植民地放棄は既定の条件であった。ドイツ植民地ならびにオスマン帝国（トルコ）の支配地域は国際連盟の委任統治領というかたちで連合国側の管理下におかれることになる。今日の観点から見れば連合国側の植民地はどうなのだ、ということになるだろうが、すでにバーデンの講演でも示唆していたように、ヨーロッパの諸国が遅れた地域を後見・保護することは当然のこととされていた。ドイツ側はその対等の権利を要求したにすぎない。

＊12　むしろ戦争にともなうナショナリズム（とポピュリズムないし大衆民主主義の進展）に対応を迫られたのは君主制の方であった。ドイツのハノーヴァ公国に由来する英王室は、対独開戦にともなうロイド・ジョージの改姓要求を受け容れ、ウィンザー家を名乗ることになる。水谷三公『王室・貴族・大衆』中公新書、第四章を参照。中欧諸国の君主制が崩壊するというだけでなく、生き残ったヨーロッパの君主制そのものにとっても第一次大戦は大きな転機であった。

連合国軍総司令官フォッシュ将軍。ドイツに対してはクレマンソー以上に強硬であった。

その他、とりわけドイツ周辺の領土・国境問題の処理については、（独仏国境については直接トップでの協議で決定されたのを別とすれば）基本的に専門家委員会での検討に委ねられた。民族自決原則の適用は、たんなる当事者利害の調整ではなく、客観的な歴史的・地理的・民族学的なデータに基づくものでなければならないというのがウィルソンの「新外交」の新機軸の一つであった。専門家委員会には大学人、ジャーナリストなどを集めて組織された講和戦略のための「調査」機関（The Inquiry）の専門メンバーがそれぞれ派遣された。[*13] 彼らはポーランドやチェコスロヴァキアなどの関係民族のロビー活動とは一線を画しておおむね専門家的見地から参加したのではあるが、結果としてはドイツの敵側の国や民族に近い立場を反映するものとなったことは否めない。とりわけ講和会議の時期のメンバーは当初主導的であったリップマンなどと比べて「保守的」（つまりドイツに対して強硬）であったともいわれている。

［国境問題　東部］　まず東部国境に関しては、西プロイセンとポーゼンの大部分がポーラ

ンドに割譲され、東プロイセンの南部と西プロイセン（ヴィスワ川東岸）は住民投票に付されることになった（一九二〇年七月一一日の住民投票の結果ドイツ側にとどまる）。ポーランドに海への通路を保障するためにダンツィヒへいたるいわゆる「ポーランド回廊」が設定される。ただしポーランドへの併合を回避するためにダンツィヒは国際連盟管理下の「自由市」とされた。これについてはオーストリアに対してイタリアが要求していたフィウメ市の問題との関連が考慮されたという側面もある（ダンツィヒをポーランドに与えればイタリアのフィウメ要求を認めねばならなくなる[*14]）。

オーバーシュレジエンも当初の譲渡案から最終的に住民投票へと変更された（二一年三月二〇日に住民投票、工業地帯の中心部分はポーランド領に）。チェコスロヴァキアとの国境に関しては、基本的にボヘミアの歴史的国境の維持というかたちで処理がなされた（フルチン地区を割譲）。総じて国境問題に関しては、いわゆる民族自決の原則が完全に適用されたというわけではない。民族自決の原則からいえばいわゆる「ポーランド回廊」の設定もドイツ側

＊13　「調査」機関は一九一七年にハウスの下に地理学、人類学、統計学、歴史学、経済学、国際法などの専門家一五〇名を集めて設立され、ウィルソンの講和と戦後構想のための地図・データや政策提案などの膨大な資料を作成した。長にはハウスの友人であったニューヨーク市立大学総長のメージズ（一八六三―一九三一）を据え、雑誌『ニュー・リパブリック』の編集者であった若きウォルター・リップマンが参加していたが、情報統制の観点から彼らの活動はマスメディアには秘密にされていただけでなく、国務省とも一線を画していた。cf. Elmer Berdiner, A Time for Angels, pp.18-19.

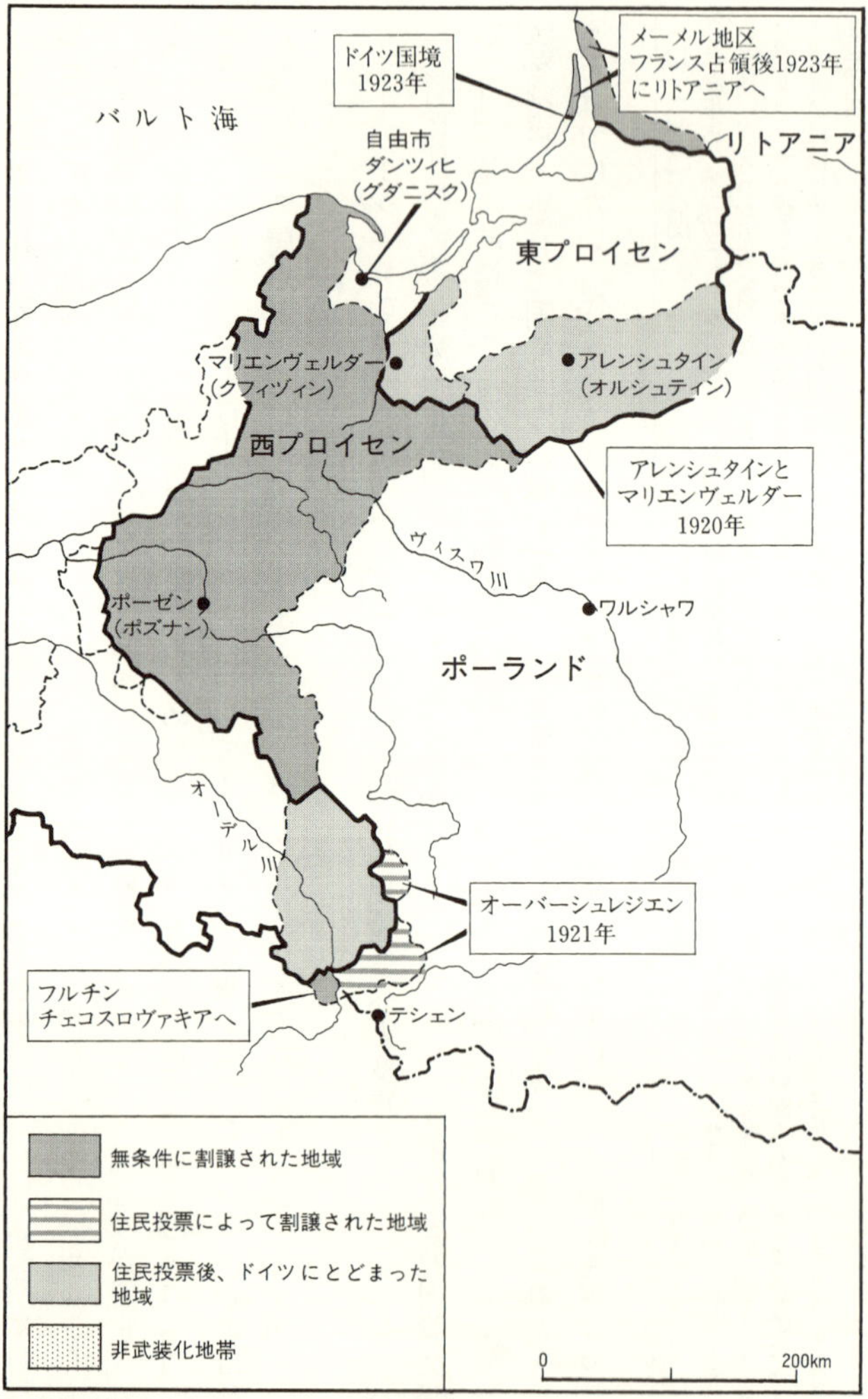

講和条約で決定されたドイツ東部国境

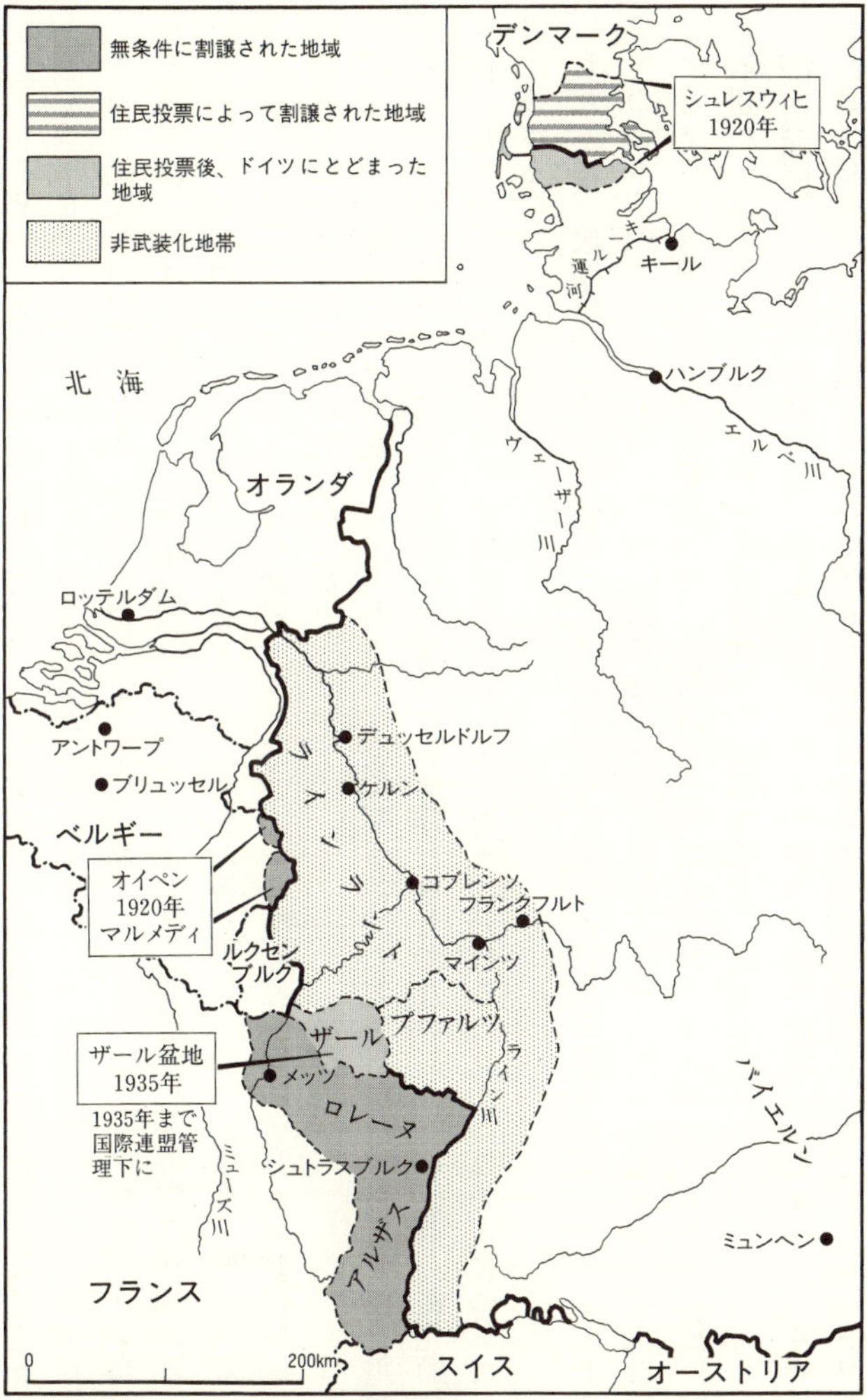

講和条約で決定されたドイツ西部国境

の自決権に抵触するということになる。ウィルソン自身も関連地域すべてに住民投票を原則として適用しようとしていたわけではない。たとえばデンマーク国境問題ではシュレスウィヒでの住民投票の採用はイギリスからの発案による(北部はデンマークへ)。ウィルソン自身がそれぞれの地域の事情を十分に認識していなかったことも問題として指摘されているが(たとえばチェコのズデーテン地方のドイツ人住民の存在は後に重要な問題となる)、歴史的経緯から複数の民族が混在するこれらの地域では、どのような境界設定もいずれかの側に民族的少数者を残すことは避けられなかった。

ただしウィルソンは専門家の助言やあるいは英仏関係各国の要求にいたずらに妥協を重ねたというわけではない。講和条件の中で譲れない部分とそうでない部分との区別、優先順位といったものがウィルソン自身の中には存在していたと思われるのだが、この点については後に述べることにしよう。

ちなみに、民族自決の原則に基づく当然の要求としてドイツ側が要求していたオーストリアとの合併問題についてもウィルソンはほとんど関心を示さなかった。ドイツの大国化を懸念するフランス側の強い反対もあって、条約第八〇条には「ドイツはオーストリアの独立性を承認かつ尊重する」との一項が設けられることになる。*15

[国境問題　西部]　西部国境に関してはすでに十四箇条で述べられていたようにベルギーの占領からの回復と補償、ならびにアルザスのフランスへの「復帰」は既定のものとされた

（ベルギーにはマルメディを割譲）。しかしながらフランスはさらにザール地域ならびにラインラントの確保を要求していた。

＊14　ドイツの領土問題とは直接関わらないが、フィウメ（現クロアチアのリエーカ）をはじめとするイタリア領土問題も錯綜している。もともとイタリアは連合国側について参戦する際にイギリス・フランスと結んだロンドン秘密協定（一九一五年）で南チロルのオーストリアからの割譲、トリエステやダルマチアなどの「未回収地」の回復を約束されていた。しかしながら中欧列強の敗戦によるオーストリア＝ハンガリー帝国の解体とウィルソンの十四箇条に基づく講和によって事情は変化することになる。ウィルソンの講和原則に従うならば、新生ユーゴスラヴィアには自立的な経済発展を保障するためにもアドリア海の港湾都市フィウメが与えられることになる（民族自決原則からは疑問視される南チロルの割譲も、イタリアのフィウメ要求を拒否する代わりの譲歩という側面があった）。だが国内のナショナリスティックな世論に押されたイタリア首相のオルランド（一八六〇―一九五二）はとりわけフィウメ問題については強硬な態度で臨み、ドイツ側に講和条件が手交される直前にイタリアの領土要求の確認を求め、それが容れられないと見るや抗議のために一時帰国する。ウィルソンは在ローマ大使ペイジ（一八五三―一九二二）を通じてフィウメを自由市とする妥協案を提示したのである。Walworth, pp.343-350. 一九一九年九月のダヌンツィオによる占領の後に、一九二〇年から一九二四年にイタリア領となるまでの間フィウメは自由市となった。

＊15　民族自決権の問題に限らず、ヨーロッパの秩序再建という観点からもオーストリアの処遇は重要であった。ランシングなどはバイエルンとの結合――つまりは宗派を基準とするドイツの分割――を一つの選択肢として考慮していたというが、総じてウィルソンの中でのオーストリア問題の位置づけは低かった。フランスの側にとっても、あからさまな反対は逆にオーストリア住民の合併要求を喚起しかねず、またウィーン政府の安定性を損ないかねないということもあり、合併阻止を進めるためにはなかなか難しい外交的舵取りを必要としていた。ただしオーストリア政府がどこまで合併を必要と考えていたかはドイツ側の意向とは別に考慮せねばならない。解体され丸裸にされて諸民族の真っ只中に放り出されたオーストリアにとって戦後の安全保障をどこに依拠するかというのは重大な問題であった。新政府首相カール・レンナー（一八七〇―一九五〇）もこの点ではまず第一にアメリカ合衆国の支持を求めて、その意向を打診しており、ドイツとの合併はぎりぎりのところの選択肢の一つとして位置づけていた。Walworth, pp.218-219.

4大国首脳。左からオルランド、ロイド・ジョージ、クレマンソー、ウィルソン。講和会議に5名の代表を出したのは日本を含めた5大国だが、講和の実質的な内容は英米仏伊の4大国の4人の協議によって決定された。

ザール地域の処遇については調整が難航したが、最終的にドイツによる北フランスの破壊に対する補償として炭坑をフランスに使用させることで決着する。フランスには経済的な補償を与える一方で、ドイツ系住民には自治を保証するというかたちである。最終的な帰属については、向こう一五年間は国際連盟の下におかれる独立統治委員によって管理され、その後に住民投票で帰属が決められる（一九三五年一月に住民投票の結果ドイツに復帰する）。その際にドイツ側に帰した部分については、炭坑をドイツ側が買い戻し、適正価格で石炭を提供するなどの条件がつけられた。

ラインラントについては、すでに休戦当初からフランスは安全保障の観点からライン川左岸の占領と東岸橋頭堡（ケルン、マインツ、コブレンツ）の確保を要求してこれを実現する。ラインラントをドイツから分離し、あわよくば併合しようというフランスの野心をアメリカが抑えるかたちで最終的にラインラントは非武装化され、左岸ならびに橋頭堡は一五年間占領されることになった。占領協定では占領軍は連合国ラインラント最高委員会の文民統制下におかれ（占領協定第二条）、またラインラントの行政機関は引き続きベルリンの中央行政の統制下におかれることが明示されている（同第五条）。[*16] ただし占領期間延長について抜け道が残されており、これは後のフランスのルール占領に道を開くことになる。

［賠償問題］一番調整が難航したのはやはり賠償問題であった。賠償額については最終的に合意ができず、額およびその支払方式については後の賠償委員会に委ねられる。支払明細をとり決めない白紙手形のようなやり方にウィルソンは反対したが、講和構想そのものをご破算にするという英首相ロイド・ジョージの強硬な態度などもあり、最終的には譲歩することになったのである。賠償の対象は基本的にはランシング・ノートに明記されたものに限定するということで、アメリカ側の賠償構想は形式的には維持されたが、実質的には後に述べるように大幅な譲歩を強いられることになった。

＊16　正式には「ラインラントの軍事占領に関する、アメリカ合衆国、ベルギー、ブリテン王国、フランスとドイツとの協定」。Der Friedensvertrag von Versailles, Raimar Hobbing : Berlin, 1925, S. 242. Schwabe, pp.278-279.

すでに述べたように賠償問題についてのアメリカの基本的な立場は、これまでの戦費補償の原則を否定して、ドイツの支払能力に見合った限定的な損害賠償にとどめるというものであった。いわゆる戦争責任条項といわれる第二三一条も、もともとのアメリカ側の意図としては、戦費の完全補償の要求を抑えるために取り入れられたのである。

戦争責任条項の原型といわれるジョン・フォスター・ダレス（一八八八―一九五九）の二月二一日の草案は、戦争費用の補償を要求する「理論的・道徳的権利」と、ウィルソンの講和原則とドイツの支払能力に従って見積もられる法的に妥当な賠償とを区別した上で、道徳的な請求権はドイツが戦争を開始したことに基づくとの趣旨の文章であった。[*17] 戦争費用請求権は道徳的な性質であるとの議論それ自体は、敗者の側に戦費補償を求めてきたそれまでの慣行の理解とは異なるが、ともあれ実際に支払われるべき法的な請求権とは区別された意味で用いられた道徳的責任という文言が結果的には一人歩きするかたちで、戦争被害の賠償請求権の根拠とされることになったのである（四月五日の段階でハウスが後の第二三一条の作成を提案したという）。

他方で英仏側には何としてもドイツから賠償を獲得しなければならない事情があった。両国は合衆国に対する巨額の負債を抱えており、その総額は後の英米債務協定（一九二三年六月一九日）で確定された額で四六億ドル、仏米間協定（一九二六年四月二九日）で四〇億ドルに上っていた。[*18] これに対してアメリカ側はすでに述べたような国内世論その他の事情からヨーロッパ諸国の対米債務と賠償問題との連結を極力避けようとしていた。最終的には一九二四年のドーズ案によって「アメリカの民間資金の供与→ドイツの経済復興→英仏への賠償支払」という経済的な循環が成立してはじめて賠償問題のひとまずの解決とそれに基づく戦後ヨーロッパの国際秩序の相対的安定が達成されることになる。額の問題はともあれ対米債務と賠償との連関を認めないという合衆国側の姿勢も賠償問題の解決を遅らせた一つの要因であったといえるだろう。

とりわけイギリス側の賠償要求には切実なものがあった。講和の基礎とされた十四箇条を厳密に解釈すれば、占領地帯の再建費用の請求権を認められたフランスとは異なりイギリスには船舶の損害を除けばほとんど請求権は与えられないことになりかねない。一九一八年末の選挙と国内世論の圧力もあって、ロイド・ジョージはこの点について執拗に要求した結果、講和条約の付属文書において、戦時中に応召者の家族に支給した別居手当などの諸手当、死傷者に対する恩給や補償金の総額に対する請求権が認められることになったのである。これは他の請求額のほぼ二倍に達する、とケインズは『講和の経済的帰結』で指摘している（ケインズは十四箇条に規定されている請求額を三〇億ポンド、恩給等の付加の総額五〇億ポンドと見

＊17　Schwabe, p.246.
＊18　一九二五年にイギリスが金本位制へ復帰した際の為替レートは戦前と同じ一ポンド＝四・八六ドルであるが、これは明らかに過大評価だったという。これで換算するとイギリスの対米債務は約九・四六億ポンドということになる。

合衆国講和代表。左より、ハウス「大佐」、国務長官ロバート・ランシング、ウィルソン大統領、外交官ヘンリー・ホワイト、T・ブリス将軍。ホワイトは野党共和党の代表でもあった。

積もっている)。[*19]

かくして英仏側はドイツに対する損害賠償請求のカテゴリーを拡大することによって実質的には戦費賠償と同様の結果をもたらすことになったのである。他方で賠償総額をドイツ側の支払能力に応じたリーズナブルなかたちで確定すべきだというウィルソンの要請(戦費賠償の原則からの転換、具体的な戦争被害に対する賠償と道徳的責任の規定はまさにそのためのものであった)は、国内世論の圧力にさらされた英仏政府がドイツ側の支払能力を具体的に確定する作業そのものを拒否したために挫折したのである。

［戦争犯罪人処罰問題］　第二三一条に先立つ第二二七—二三〇条の戦争犯罪人処罰に関する規定もこれと関連する。戦勝国はウィルヘルム二世を「国際的人倫法ならびに条約の神聖性に対する重大な侵害のゆえに公開の訴訟」の前に立たせ、フランス、イギリス、イタリア、日本、合衆国の裁判官によって構成された特別法廷が「国際政治の最も崇高な原則を基礎として」旧主権者を裁くことになった（第二二七条）。連合国は戦争法規ならびに戦時慣習を犯したドイツ国関係者を自らの軍事裁判でその責任を問う権利を認められ、被告人を刑事手続きの遂行のために引き渡すことをドイツ政府に義務づけていた（第二二八条）。連合国は自国の国民に対する戦争犯罪を軍事裁判で裁く（第二二九条）。ドイツ政府は訴追に必要な文書や情報を提出することを求められる（第二三〇条）。

一月から開始されたパリ講和会議の戦争責任と賠償をめぐる専門委員会でも、ベルギーおよびルクセンブルクの中立侵犯ならびに戦時国際法規に対するいわゆる戦争犯罪の処罰については おおむね意見が一致していたが、問題は戦争指導者、とりわけドイツ皇帝の責任をどうするかであった。それまでのヨーロッパの国際法においては国家の戦争行為そのものの違法性は問われず、したがって開戦までの、そして戦時の政治指導者の行為を法的に処罰することは否定されていた。しかも皇帝・君主は国内法的には政治的無問責が原則であるから、その点で皇帝ウィルヘルム二世の政治責任は、道義的・政治的には問題になるとしても、国

＊19　「平和の経済的帰結」『ケインズ全集　第二巻　平和の経済的帰結』一二三頁、一二七頁。

際法的な規範に基づいて刑事訴追することは難しいというのが合衆国の政府関係者の判断であった。

講和会議の委員会での審議でも政治指導者の責任を法的に、しかも事後法によって遡及的に追及することに反対するという点では、専門委員会に参加したランシングならびに国際法学者のJ・B・スコット（一八六六—一九四三）の立場は一貫していたし——元首無答責の立場から日本もこれを支持したという——ウィルソン大統領も明らかにこれを支持していた。[*20] 最終的には皇帝訴追の裁判要求に譲歩することになるが、裁判そのものは法的な刑事訴追でなくあくまでも政治的な性格のものであって、裁決は基本的に道義的・倫理的な非難という性格をもつというのがアメリカの側の立場であった。[*21]

皇帝訴追論の急先鋒はフランスとイギリスであった。委員会の席上ではとりわけイギリス側委員から強硬な反論が出される。世論の圧力を受けてロイド・ジョージは戦争賠償と皇帝ヴィルヘルム二世の裁判を公言していた。一九年四月初めから保守党のノースクリフ卿（一八六五—一九二二）傘下の報道機関が、イギリス政府は講和会議で十分な賠償を要求していないとの批判を展開し、二三三名の議員がパリに抗議電を送っている。

そうした議会と世論の圧力の下で、イギリス政府はあらためてドイツに対する厳しい講和条件を約束することを余儀なくされていた（四月一九日の下院での政府声明）。ドイツ側の支払能力を考慮するならば当初の賠償要求は達成できないだろう、そうであればなおさら戦争犯罪人ならびに皇帝の処罰についての国民的要求には応じざるをえない、というのが首相の計算であった——もちろんロイド・ジョージ個人としてもドイツの戦争責任それ自体について疑問はなかったのであるから、世論に押されて不承不承に要求したというのは当たらないが[22]——。

そうしたロイド・ジョージの主張に四大国首脳の協議会の場で最終的にウィルソンが譲歩

*20　ただしランシングの法律家的立場とウィルソンの立場とはしばしば対立した。とりわけ主権国家の存在を前提とするランシングの観点からは、ウィルソンの国際連盟構想は主権の制約を意図するものであり、受け容れがたかった。一月七日のアメリカ講和委員会の席上、ハウスの勧めもあってランシングが作成した国際連盟草案に対してウィルソンはこう述べたという。「誰がそんなことを許可したのか？　私は法律家にこの条約を書いてほしいと思わない」と(Walworth, p.110. ランシング自身は一月一〇日だったとしている。Lansing, The Peace Negotiations, p.107)。ランシングにいわせれば、国際連盟構想のもつ法律的難点は「たんなる技術的問題」ではない。たとえば委任統治の制度は主権の所在が明らかでない。「委任統治」を引き受ける連合国は誰から統治を委任されるのか？　中欧列強の主権の下にあった植民地・諸地域はいずれの主権の下に移行するのか？　国際連盟がその主権を担うというのか？　そうであれば国際連盟は当該地域の所有者としてふさわしい独立国家たる要件を備えているのか、あるいは国際連盟は世界国家となるのか……というように。結局のところ委任統治の制度はドイツから植民地をとりあげて連合国の間で分配するという古いやり方を、非文明国・半文明国を国際機関が庇護・監督するという名目で覆い隠すものでしかない。むしろ当該地域の主権を特定国家に割譲する、あるいは新国家が設立される場合には、国際連盟あるいは諸列強にとって受け容れ可能な条件で特定国の保護下におかれることを条約によって明示した方がよいというのがランシングの立場であった(Lansing, pp.151-157)。

*21　Schwengler, Völkerschaft, Versailler Vertrag und Auslieferungsfrage, 1982, S.101-107.

*22　Schwengler, S.107.

するかたちで皇帝訴追ならびに戦争犯罪人の処罰についての規定は成立したのである。ただし、皇帝訴追についての規定には（第二三一条とは異なり）戦争の原因とその責任についての特段の言及はなく、ベルギーならびにルクセンブルクの中立侵犯に対する責任に限定されている。その限りでは戦争を引き起こした責任について国家元首たる皇帝を法的に訴追せよという英仏の要求は退けられて、裁判の政治的性格を主張したアメリカ合衆国の要求が受け容れられたかたちとなった。

このように賠償問題の規定の前文である第二三一条といわゆる戦争犯罪の処罰をめぐる第二二七―二三〇条とはもともと相対的に別の経緯で形成されたのであるが、結果的には第二三一条の「戦争責任条項」は後につづく第二二七―二三〇条と連結するものとして受けとめられることになる。これはドイツにとっては受け容れがたい条件であった。

ウィルソンの「譲歩」の背景

かくして最終的に形成された講和条件は、形式的には十四箇条に準ずるというかたちをとりながらも、賠償問題をはじめとする実質的な内容においては、フランスとイギリスの意向を反映して当初のウィルソンの構想から事実上「逸脱」するものとなったのである。

そのようなかたちでウィルソンが「譲歩」を余儀なくされた背景には、すでに述べたように合衆国における国内政治事情、すなわち「国際連盟」と「公正な講和」に懐疑的な共和党や、当然のことながらドイツに対しては強硬な国内世論への配慮と共に、他方では、自らの同盟国であるイギリス、フランスの国内政治事情への配慮があった。ロイド・ジョージやクレマンソーの要求を拒否すれば、対独強硬論に傾く各国世論の圧力の前に彼らの政権を危うくしかねない。あえて自らの主張を強硬に貫徹しようとすれば、本来の目的——十四箇条に基づく講和と国際連盟の構想——そのものが水泡に帰しかねないとウィルソンは見たのである。

しかしながら、専門委員会での協議から四大国首脳での最終決定にいたる過程を全体として見るならば、ウィルソンにとってなにがより重要であったのか、それなりの優先順位があったことがうかがわれる。結果的に見れば、賠償問題よりは領土問題の方が優先度が高く、たとえばザール問題ではフランスの割譲要求には当初から否定的な態度を貫いて、その上で先述のようなフランスへの配慮を譲歩として行なっている。

領土・国境問題については、ウィルソンの側であらかじめ想定していた基本構想——それが公に主張した民族自決原則と一致するかどうかは議論のあるところだが、ともあれ歴史的に確定された境界線——に従って処理し、その上で英仏や関係諸民族の要求に対して必要な譲歩を行なうという対応であったのに対して、英仏の主張に大幅な譲歩を行なった賠償問題の優先度は低かったということになるだろう。賠償問題と絡んだ戦争責任問題、さらに戦争犯罪人処罰、とくに皇帝追訴の問題については、それ自体がむしろイギリスやヨーロッパ諸国の要求で加えられた――アメリカは君主無問責を理由に消極的であった――ことからもわかるように、ウィルソンの講和政策の内部での優先順位は決して高くはなかったのである。ただしウィルソン自身はこれを譲歩と認識していなかった――あるいは認識していたとしてもそう公認したことはない――。後述するように、ドイツ側に条約が手交されて以降、ドイツ側の反論を受けて連合国側でも一定の修正が議題になった際にも、講和条件そのものが「公正」なものであるという立場をウィルソンは堅持しつづけた。賠償の具体的な詳細について最終的な合意にいたらなかったことは別としても、賠償問題との関連で付加された戦争責任条項や戦犯訴追条項も、それ自体としては彼の基本的な立場と齟齬するような内容では必ずしもなかった。

大戦の原因と責任がドイツと皇帝にある、少なくとも道義的に責任があることはウィルソンにとって自明のことであった。したがって連合国側との交渉の過程でこの点が付加されたことは、彼にとって根本的な立場の修正や余儀なくされた妥協を意味していたわけではない。むしろ皇帝訴追や「戦争責任」問題がドイツにとって受け容れられない最後の条件だということの方がウィルソンの想定外にあった。だが、まさにドイツ側はこの「戦争責任」問題に敏感に反応し、しかもウィルソン的な講和原則を根拠にしてこれを拒否しようとしていたのである。

6章　受諾か拒否か――ヴェルサイユ講和条約の調印

一九一九年五月七日午後、ヴェルサイユ宮殿に隣接するホテル「トリアノン・パレス」において、連合国政治家・外交官出席の下でクレマンソーはドイツ側に講和条約を手交した。ドイツ側の代表団は外相ブロックドルフ＝ランツァウ、法相ランズベルク（一八六九―一九五七、社会民主党）、郵政相ギースベルツ（一八六五―一九三八、中央党）、プロイセン憲法制定議会議長ライナート（一八七三―一九四〇、社会民主党）、ヴァールブルク銀行の共同経営者カール・メルヒオール（一八七一―一九三三）、マールブルク大学国際法教授で国民議会の民主党代議士ヴァルター・シュッキングの六名である。

テーブルの正面には連合国側代表がクレマンソーを中心に控えていた。左側にウィルソンとランシング、右にロイド・ジョージとボナ・ロー（一八五八―一九二三）以下を従えたその姿はあたかも裁判長のようにドイツ側には映った。そのクレマンソーはまず次のような言

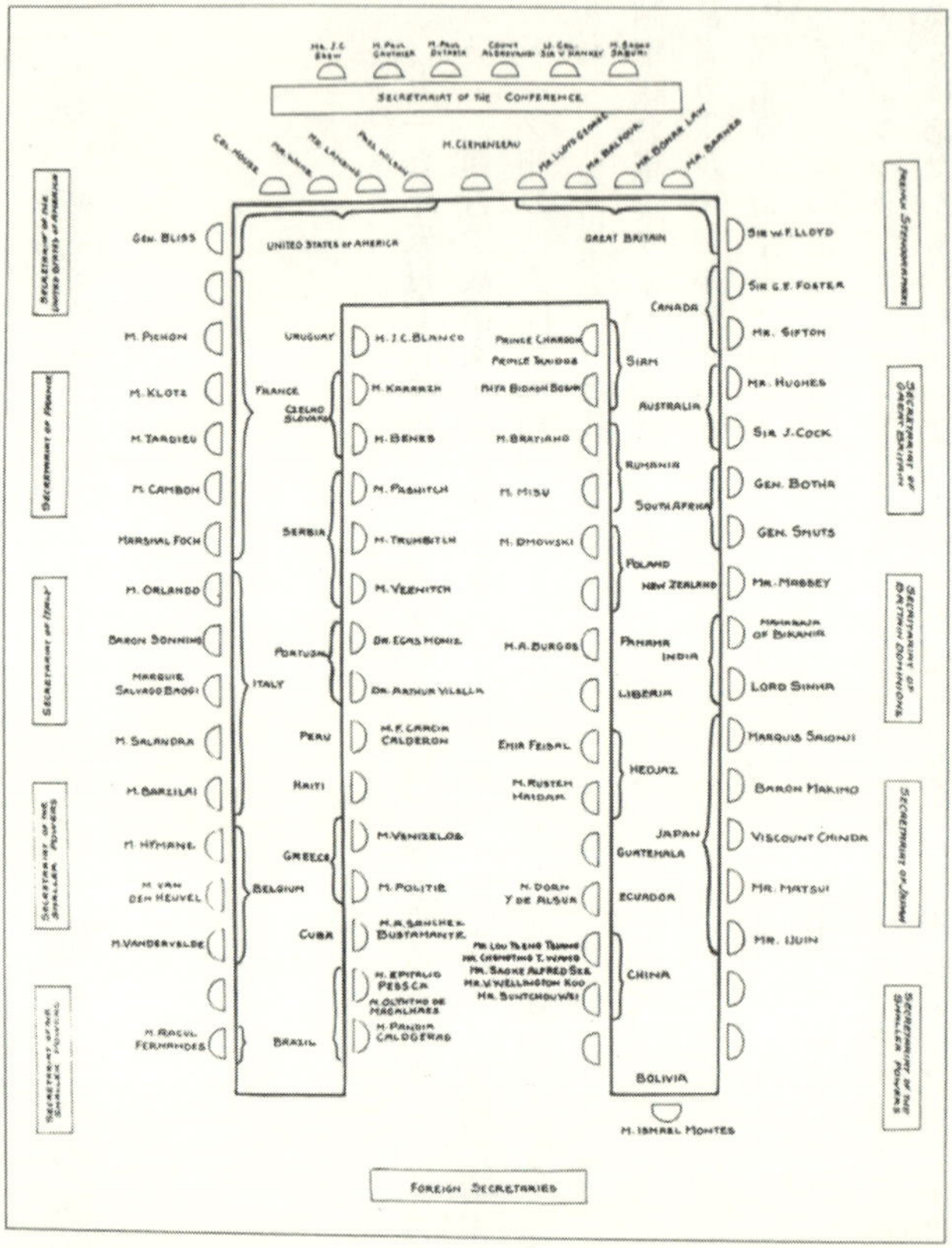

講和会議の席次表（当時のもの）。中央クレマンソーをはさんで外側左に合衆国、フランス、イタリア、ベルギー代表の席がある。右側にはイギリス、カナダ、オーストラリア、南アフリカ、ニュージーランド、インドと続いて、西園寺公望以下日本の代表の席がある。

葉で口火を切る。「あなた方は、強いられた恐るべき戦いを戦い抜くために団結し連合した大小の国々の代表の集まりを前にしている」と。これは明らかにドイツに対する戦争責任を意味していた。さらに、口頭の交渉は予定されていない、ドイツ側代表には条約に文書で意見を述べるための一四日間の猶予が与えられる、と宣告した。

こうした高圧的な態度に対抗するかのように、ブロックドルフは——あらかじめ準備されていたという——反論を行なった。[*1] いわく、なるほど戦争責任について、ドイツの帝国政府が戦争の勃発に共同責任を負うことは認めよう。ただしそのより深い原因はすべてのヨーロッパ諸国の帝国主義にある。「報復政策、拡張政策と民族の自決権の無視が世界大戦というかたちで自らの危機を身をもって体験したところのヨーロッパの病に大いに寄与した」のであり、最後にロシアの動員が戦争への決定を軍の手に委ねることになったのだ、と。

しかしながらブロックドルフのこうした対応は連合国側の代表にはよい印象を与えなかった。ウィルソンにとってドイツの「戦争責任」の否定は論外であったし、ロイド・ジョージ

＊1　反論文は講和代表団の統括責任者ヴァルター・ジーモンス（一八六一―一九三七）とクルト・ハーンによって書かれたという。ジーモンスもハーンもウィルソンの講和構想とそれに基づくアメリカとの講和の支持者であったことは留意する必要がある（Schwabe, p.331）。なお、ドイツ側に正式にヴェルサイユへの招請状が届いたのは四月一八日。条約文の受領のために職員を派遣するという示唆に対してあらためて全権代表の派遣を求める連合国側の要請に応じてドイツ代表がパリに出発したのは四月二八日（翌日パリ着）。ヴェルサイユ入りした五月一日以降は警護を理由にほとんど缶詰状態におかれた。講和条件の提示の報せを受けたのは五月五日であった。

もまた、ドイツは融和的な態度で連合国側の好感を得るべきチャンスをみすみす逃していると手記に記している。連合国側から見れば、これはいわば「道徳的な宣戦布告」であった。反論の際にブロックドルフが席に着いたままであったことが、そうした印象を強めることになる。対等平等の交渉者としての立場を示すために意図的にブロックドルフのとった態度であったといわれるが、結果として連合国側を挑発することになったのは事実である。[*2]

総じてブロックドルフには、個別の交渉における実質的な外交的手腕の評価は別としても、公衆を前にした演技という——これも政治・外交には不可欠な要素だが——能力や配慮にいささか欠けるところがあった。

ドイツ代表団の覚書攻勢

講和条約草案の手交を受けてドイツ代表団はただちに反論のための作業に取りかかった。当然のこととしてまず第一には直接対面による口頭での協議・交渉への道を開くことが検討された。だがブロックドルフはすでにこの時点では、講和条件を変更することに対する連合国側の強硬な態度を前提として——ということは講和条約拒否という結論をも視野に入れながら——なかばその焦点を連合国政府以外の世論へと向けていた。各国の労働運動や平和運動、ならびに中立国に対して条約の不当さを訴えることによって、条約批判の国際世論を喚起して連合国側の譲歩を引き出そうというのである。事実、講和条約に対するドイツ側の反論はいくつかの論点においては一定の効果を与えている。敵国政府とは別のところでは講和条約に対する批判が広がっている、というのがブロックドルフと講和代表団の見方であった。

ベルリンの政府もそうした代表団の姿勢を当初は支持していた。代表団を政治的に支援するために、他方では条約に反対する右翼が国内世論の支持を受けて優勢にならないようにという配慮からも、厳しい講和条約に対する政府の批判を表明する必要があった。五月一二日にベルリンに招集された国民議会で首相シャイデマンは、連合国側の講和条件は政府としては「受け容れられない」と述べる。さらに一八日にはエーベルト大統領が現在の条件では講和は「受け容れられない」との声明を出している。ただしエルツベルガーなどから懸念がすでに出されていたように、こうした声明は現実には後に政府の手を縛る結果になった。

ともあれパリの講和代表団は五月九日以降、講和条件に対するドイツ側の立場をしたため た一連の覚書を次々と連合国側に送付することになる。ドイツ側の「覚書攻勢」の論点の中心はもちろんザール地域の処遇をはじめとする領土問題と、そして戦争責任をめぐる問題であったが、領土や賠償などに直接関わらない幅広い論点もそこには含まれていた。

たとえばドイツ植民地における伝道の権限を連合国に移管するという第四三八条に関して

＊2　ちなみにハウスはやや好意的な方で、外相ブロックドルフ伯は緊張のあまり起立できなかったのだろうし、演説自体は「ありうる」内容だが「場違い」であったとした上で、もし自分が外相の立場だったらこう述べただろうとつけ加えた。「大統領閣下、ならびに議場の紳士諸兄。戦争とはいってみれば大博打、われわれはそれに負けたのですから、どんなものであれ筋の通った条件ならば従う覚悟でおります」と(Elmer Berdiner, A Time for Angels, p.124)。

は、講和代表団の統括責任者ヴァルター・ジーモンスの要請で福音伝道協会の責任者アクセンフェルト、神学者で福音社会会議議長オットー・バウムガルテン（彼はウェーバーの従兄弟にあたる）、教会史家でカトリック聖職者のパウル・バウムガルテンの三名が反論文を書いている。講和条約がドイツ宣教師の伝道を禁止することはキリスト教伝道全体にとってゆゆしき結果を招きかねない、と主張したのである。これに対しては中立国であったオランダ伝道協会から反応があり、条約批判の声があがったという[*3]。その他、バーデン演説でも主張されていた連合国側に抑留された戦争捕虜の問題や、ブロックドルフの国民議会演説やエルツベルガーも言及していた労働問題についても、各国の労働組合や労働者組織の支持を獲得しようとして覚書が書かれている。そうしたドイツ側の「道徳的攻勢」の中心が国際連盟の問題であった。

ドイツ側国際連盟草案

手交二日後の五月九日にブロックドルフは国際連盟の規約案をクレマンソー宛に提出している（国際連盟のドイツ側対抗草案は四月二三日に閣議決定、翌四月二四日に公表されていた）。すでに述べたようにドイツ政府は二月一四日に公表された連合国側の国際連盟草案への半公式の対案を作成していた。草案の予備的な討議で主導的役割を果たしたのはジーモンスであったといわれている。多くの自由主義者と共に大戦中には無制限潜水艦作戦に反対し、協調的講和を支持してマックス・フォン・バーデン内閣の下で帝国宰相局に登用されるというジーモンスの経歴からも理解されるように、彼はウィルソンの国際連盟構想の熱烈な支持者であったが、連合国側の国際連盟草案に失望し、著名な平和主義者や穏健左翼の政治家と協力して対抗草案の作成に尽力することになる——パリの国際連盟案にはベルンシュタインなど左派社会主義者も批判的であった[*4]——。

これを最終的な政府案としてとりまとめたのは早くから平和主義者として活動してきた国際法学者のヴァルター・シュッキングであった。その内容は各国政府代表の総会だけでなく各国議会の代表からなる世界議会の構想など、本家の国際連盟案以上にラディカルな内容となる[*5]。

一九年五月五日にドイツ側講和代表団を前にして行なわれた講演『新時代？　パリ国際連盟草案の批判』でシュッキングは次のように述べている。パリの国際連盟規約草案には、平和主義者の側からすでに長い間追求されてきた「世界議会」が欠けている。そこではすべて

＊3　Udo Wengst, S.53-54.

＊4　Schwabe, pp.306-307. ベルンシュタインはすでに一九一八年一〇月一二日に行なわれた講演でこう述べていた。ウィルソンやグレイの考える「諸国民の同盟」（Bund der Nationen）は実際には「諸国家の同盟」ないしは「国家連合」（Staatenbund）にすぎない。われわれは国家に対する神秘的信仰を払拭しなければならない。国家間の相互不干渉の原則は無条件に妥当するものではない。それは諸民族の連帯性という社会主義的原則に反する、と（Eduard Bernstein, Völkerbund oder Staatenbund）。

ドイツ講和代表団。左よりシュッキング、ギースベルツ、ランズベルク、ブロックドルフ＝ランツァウ、ライナート、メルヒオール。

の機構が諸国家によってのみ担われる。だがまさにこの戦争がもたらした教訓は、われわれはもはや国家の神聖化を止めなければならないということであった。国際連盟が国家のみによって担われることになるならば、諸機関の内部で再びかつての権力闘争、帝国主義、競合や陰謀が現れてくるだろう。フランス、イギリス、イタリア、合衆国と総会で選ばれた他の四ヵ国からなる理事会の構成は、四大国に特権的地位を与えるものであり、結局は世界の五〇ヵ国以上の国々が四大国の代表によって支配されることになる。パリ草案によれば、あらゆる国家間紛争はまずは平和的手続き、すなわち理事会あるいは仲裁裁判所に委ねられねばならない、たしかにこれは大きな進歩である。しかしながら理事会や仲裁裁判による調停案や裁定が不調に終わった場合には、事情によっては戦闘の再開がありうる。つまりパリ草案は戦争という手段を通常の国際法的手続きとして想定しているのである。これに対してドイツ側の提案は戦争はおよそ犯罪であり、国際法違反であることを明記している。戦争は紛争解決の法的手段であることを止めなければならない、と。さらに民族的少数者の保護についてもパリ草案は不十分である。草案は、これまでの国際法に照らして国内事項とされる事柄については理事会は権限をもたないと規定しているが、これでは民族的少数者に必要な保護を与えることはできない。ドイツの草案は民族的少数者の保護を明確に規定している。もはや少数者に対して権力政治が推進されてはならず、彼らに言語、教育、教会、報道などで独自の生活が擁護されねばならない、と。[*6]

ちなみに確信的な平和主義者としての経歴を買われてシュッキングはワイマールの憲法制定国民議会にもヘッセン・ナッサウ選挙区から民主党の代議士として選出されている。同選挙区の民主党党員集会では当初マックス・ウェーバーの名前も候補者として挙がっていたが、最終的に同区の代議員大会で候補者リストの上位から外されることになった。講和交渉の最終盤で条約受諾を拒否するまでの間、共和国政府を支えてきたリベラル左派の政党としての

＊5　ドイツ側の国際連盟提案は冒頭第一条で「武力を放棄して国際紛争の義務的調停を行なうことによって構成国間の恒久的平和を正義の道徳的力の上にうち立てる」ことを謳い、連盟の機関として各国の代表からなる総会（Staatenkongres）に加えて各国議会の代表で構成される「世界議会」を設立、連盟規約の変更、一般的国際法規範の定立、連盟官庁の設立、連盟財政の確定などはその同意の下に行なわれるとした。Aktenstücke des Auswärtigen Amtes. Berlin, 1919, in: Gottfried Knoll, Der Deutsche Regierungsentwurf zu einer Völkerbundssatzung vom April 1919, S.86-87.

＊6　Walter Schücking, Ein neues Zeitalter? Kritik am Pariser Völkerbundentwurf.

民主党がウェーバーではなくシュッキングを国民議会の候補者として選んだというところに、当時の政治的雰囲気の一端（とおそらくは共和国政府の講和路線とウェーバーとの微妙な距離）が示されている。[*7]

紛争の平和的解決とそのための国家主権の大幅な制限にまで踏み込んだドイツ側の「国際連盟」構想――いいかえればドイツ側の「新外交」――は連合国側に対しては結果的によい印象をもたらさなかった。ドイツは戦勝国の国際連盟構想を拒否し自らを進歩的と詐称することで講和条約案に対するヨーロッパ左翼の信頼失墜を狙っている、と受けとめられたのである。[*8]

戦争責任についての「教授意見書」

しかしながらドイツ側にとって最大の焦点は戦争責任問題であった。すでに連合国側からは五月一〇日に、条約案で提示された基本的条件を堅持する旨の反論があり、さらに五月一二日にはクレマンソーがあらためてドイツの戦争責任と賠償責任を確認していたが、これに対してブロックドルフはドイツ側は戦争責任を定めた第二三一条を拒否するとのメモをクレマンソー宛に提出する（五月一三日）。さらに五月二〇日と二四日にクレマンソーとブロックドルフの間でそれぞれ戦争責任問題についての覚書の応酬が続いている。

ブロックドルフは戦争責任問題についての詳細な反論を作成するために、モンジュラ、デルブリュック、メンデルスゾーン、ウェーバーの四人の専門家を急遽パリに招請する。そこで作成されたいわゆる「教授意見書」にウェーバーの意向がどの程度反映されていたかについてはすでに述べたようになお検討の余地が残されているが、大戦勃発の原因ならびに戦時

＊7　MWGI/16, S.153-154. Bruce B. Frye, Liberal Democrats in the Weimarer Republik, p.65. シュッキングがリストの上位に入って実際に国民議会議員となっていることから見て、マリアンネやモムゼンのようにウェーバーが候補者名簿の上位から外された事情を、もっぱら地方党幹部の党人政治家に対する配慮にのみ帰するのは（たしかにシュッキングは戦前から進歩人民党の地方党組織の指導者として活動しプロイセン邦議会候補となった経歴があるとはいえ）、おそらくウェーバーの側に好意的にすぎるだろう。Marianne Weber, Max Weber ; Ein Lebensbild, S.654-656.『マックス・ウェーバー』四八一―四八二頁。Mommsen, Max Weber und die deutsche Politik, 1890-1920, S.328-331.『マックス・ヴェーバーとドイツ政治』五五一―五五四頁。

＊8　連合国側の「最後通牒」でも、ドイツ側の国際連盟対案はほとんど相手にされなかった。経済問題についてのドイツ側の提案はすでに規約に交通・交易の自由の保障に関する規定が存在するので不必要だし、割譲された地域のドイツ人少数者の教育・文化・宗教上の権利についてはもちろん考慮する用意がある。そもそも軍事的手段によらない平和的な紛争解決という国際連盟の目標の前提である軍縮にしてからが、まずドイツが誠実に軍縮を実行するかどうかにかかっている、というのが連合国側の言い分であった。「ドイツ自身に課された武装解除の条件を受け容れることが一般軍縮の実現を可能にしまた加速することを連合国は認めている。そのような一般軍縮についていずれ採用されるべき方式についての一定の見解をもって公開の交渉に応ずる用意が連合国にはある。かかるプログラムの実現の大部分はドイツが自分の義務を十分に果たすことにかかっていることはいうまでもない」(Das Ultimatum der Entente, S.22-23)。

＊9　講和会議参加の事情については全集1／16関連論文・資料解説。なお編者のモムゼンはウェーバーと講和会議の関係について短い論文を書いている。Mommsen, Max Weber and the Peace Treaty of Versailles, in : Manfred F. Boemke, Gerald D. Feldman, Elisabeth Glaser (ed.), The Treaty of Versailles ; A Reassessment After 75 Years, S. 535-546.

中の違法行為をめぐるドイツ側の論点と論拠は、一月にウェーバーが発表した「『戦争責任』というテーマに寄せて」で提示していた論点とおおむね一致するものであったということがいえるだろう。[*9]

ただし「戦争責任」をめぐる論点を正面に据えるというブロックドルフの交渉戦術に対しては、ドイツ政府内でもエルツベルガーをはじめとする一部の閣僚から次第に懸念の声が出はじめていた。連合国側をいたずらに挑発して正面衝突も辞さずというようなやり方では得るところはないというのである。エルツベルガーは独自に交渉の着地点を模索しはじめる。エルツベルガーとブロックドルフとの間の個人的な競争意識とそれにともなう不信感も相まって、パリの講和代表団とベルリン（ならびに国民議会の行なわれていたワイマール）の本国政府との間で講和への対応が次第に分かれはじめることになる。両者の間の調整のために五月一八日ならびに二三日の二度にわたってスパで講和代表と内閣代表との協議が行なわれ、戦争責任問題を含めた条約全体に対するドイツ側の反対提案がまとめられることになった。

しかしながら——散発的な覚書の提出では政府の反対提案の印象を薄めかねないという考慮もあって——これ以上の覚書の提出を控えるようにとの政府の制止を押し切るかたちで、五月二八日にブロックドルフは「教授意見書」を連合国側に提出する。[*10]連合国側にも名前が知られた人々の手になる「意見書」を、戦争責任問題を取り下げさせて交渉を有利に進める切り札と見ていたという解釈もあるが、外相の強硬な態度の背後には、よしんば講和交渉が決裂したとしても戦争責任問題についてのドイツの立場を明確にしておいた方がよい、そうすれば決裂の責任はドイツの正当な主張を受け容れなかった連合国側の頑なな態度に帰することができる、という計算もあったと思われる。

エルツベルガーの講和戦術

こうした外相ブロックドルフを中心とする講和代表団の強硬路線に対して早くから懸念を示していたのがエルツベルガーであった。いずれにせよ講和条約を拒否するという選択肢はドイツ政府にはもはや残されていない。そうであるならばなんとか条約を受け容れ可能にするだけの修正を求めるのが現実的だというのである。エルツベルガーは講和代表団とは別にアメリカの情報将校コンガー大佐をベルリンに招いている。駐米大使であったベルンシュトルフ（一八六二―一九三九）を交えて五月一八日に、さらに翌一九日に単独で行なわれた会見でドイツ政府が講和条約を受け容れるための条件として次の諸点を要求したという。[*11]

第一、ドイツの国際連盟即時加盟。

第二、ボリシェヴィキの危険を考慮して、兵力一〇万への削減を少なくとも二年間延期す

＊10　Fritz Dickmann, Die Kriegsschuldfrage auf der Friedenkonferenz von Paris 1919, S.89–90, Udo Wengst, Graf Brockdorff-Rantzau und die aussenpolitischen Anfänge der Weimarer Republik, S.72–73.
＊11　エルツベルガーの提案については K. Epstein, S.347–348. ならびに Schwabe, S.349–350.

ること（ただし軍事的条件は条約調印の妨げとなるものではないと彼は明言した）。

第三、経済活動再開のためにもドイツは商船団の一部を保有しなければならない。

第四、すべての領土問題は住民の意向に基づいて決定される、住民投票は軍の撤退と中立機関の監督の下で行なうこと。すでにポーランドが手に入れている地域についても同様である。

第五、ザール地域については国際連盟による管理ではなく、ドイツによる石炭のフランスへの保証、ドイツ所有の炭坑へのフランスの関与を認める。

第六、ラインラント占領は六ヵ月以内に終了すること。フランスの安全保障要求に対してはライン東岸五〇キロ以内の非武装化をもって応える。賠償支払については鉄道収入、国有林その他の国有地からの収入を担保とする。

第七、植民地については、ドイツに一定の地域の委任統治を認めること。

第八、フランスとベルギーの再建のために、講和条約調印の二ヵ月後に一〇万人、六ヵ月後に五〇万人を派遣して、二年半以内にすべてを再建する（これはいうまでもなく賠償支払額の引き下げを意図した提案である）。

第九、皇帝ならびに戦争犯罪人の引き渡しはできない。もとより戦争犯罪人は処罰されねばならないし、ドイツ法廷による裁判は連合国にとって受け容れ難いことは理解できる。したがって中立的な法廷がハーグあるいはその他の地に設置され、連合国側は原告として出廷する。戦争責任条項は受け容れられない。

講和代表およびベルリンの政府閣僚に諮ることなしに、いささか独断専行気味に条件を提示するというエルツベルガーの手法には大いに問題があるし[*12]、講和条約そのものに批判的な立場からすれば、エルツベルガーの態度は受諾を前提として、落としどころを探っているのにすぎないということになるだろう。たとえば委任統治を要求する第七項は「ドイツは植民地を喪失してはいない」と国民に納得させるためだとコンガーに説明したという。ただしそうした政治手法の問題を脇においてみれば、エルツベルガーの提案内容それ自体はウィルソンの十四箇条を基礎にしながら講和条約案をドイツ側が受け容れ可能なものにする最低限の条件を示すという点ではそれなりに筋の通ったものであった。

後述するようにオーバーシュレジエンでの住民投票はドイツ政府およびウィルソンの双方の反対にもかかわらず実施される（ただし中立機関というエルツベルガーの要求を満たしていたかどうかは問題である）。占領終了後のライン東岸の非武装化地帯の設置という構想も後のロカルノ条約で実現されることになるし、賠償支払についての鉄道収入などによる担保という提案もまたドーズ案で実行される。結果的にはウィルソンはエルツベルガーの提案に直接に応答することはなかったし、後に述べるような事情から見てそうした提案を受けて講和条件

＊12　コンガーとの会談自体については閣僚に報告していたが、コンガーの報告によれば会談の二日前にイギリス将校を通じて同様の修正提案をロイド・ジョージにも送ったとエルツベルガーは述べたという。Epstein, S.349.

についての何らかの修正をする可能性はほとんどなかったのであるが、ドイツ側の講和戦略として見た場合に、外相ブロックドルフの強硬路線とは異なる一つの代替戦略としての意味をもっていたことは確かである。

ドイツ政府の反対提案

もとよりブロックドルフ外相を中心とするパリの代表団も闇雲に強硬姿勢をとりつづけていたわけではない。一定の譲歩による実質的な交渉をブロックドルフも模索していた。その場合にドイツが譲歩する選択肢としては、領土問題、賠償を中心とする経済・財政問題、軍備の三つの領域が考えられる。第一の領土問題については、オーバーシュレジエンや東西プロイセンでの住民投票はドイツ側に不利な結果をもたらすだろうというのがドイツ側の判断であった。しかも領土問題についてはいったんそれが決定されたなら予想しうる将来にそれが改定されるという見込みはほとんどない。したがって既存の領土の割譲はできる限り避けるというのがドイツ政府の一貫した方針であった。

そこで領土のために譲るべきは賠償あるいは軍備問題ということになる。賠償については、ドイツにとって支払可能な総額を提示して一定の譲歩をする。軍備問題ついては一般兵役義務を廃止し実員兵力を削減する。さらに講和条約で確定されたドイツ国境を国際連盟が保障するという条件で、連合国側が提示した艦隊数をさらに削減するという譲歩までもが検討された。[*13]

だが軍備の削減については国防軍（当時は暫定国防軍）が難色を示すことになる。[*14] グレーナーならびに参謀本部代表として講和代表団に加わっていたゼークト（一八六六―一九三六）と外相ブロックドルフとの対立が顕在化する。とりわけ国防軍の責任者グレーナーとの協調がうまくいかなかったことはブロックドルフの講和戦術にとって最後の時点で決定的な意味をもつことになる。

さらに賠償問題での譲歩についても、講和の基本路線の変更は内閣の決定事項であるとするベルリン政府との間で調整が必要であった。五月一八日と二三日に行なわれたスパでの協議の末にようやく講和条約案への大部の「反対提案」がまとめられる（五月二九日に提出）。

＊13　Udo Wengst, S.60-61. ヴェルサイユ条約によりドイツの保有しうる海軍兵力は（旧式）戦艦六、軽巡洋艦六、駆逐艦一二、水雷艇一二、それぞれ排水量一万トン、六〇〇〇トン、八〇〇トン、二〇〇トンを超えてはならないと定められた（第一八一、一九〇条）。

＊14　一九一九年三月六日の法律は臨時大統領エーベルトに現存軍隊を解散して暫定国防軍を組織する権限を与えた。ヒンデンブルクとグレーナーの最高統帥部も東部国境防衛を主たる任務に限定されて存続することになる。ワイマール憲法公布（一九一九年八月一四日）を受けて、新しい共和国（ライヒ）国防省が発足（一〇月一日）、最高統帥部と（プロイセン）陸軍省は廃止され、ライヒ国防大臣の下に陸軍司令長官（Chef der Heeresleistung）、海軍司令長官（Chef der Marineleistung）が置かれるという文民統制のかたちが整う。ヴェルサイユ条約でも参謀本部やそれに類する組織は解体されねばならないと規定されていたが、一九二〇年に陸軍司令長官となるゼークトの下で事実上の再組織が進行する。なお、グレーナーは以後、文民政治家へと転身し後に国防大臣として重要な役割を演じることになる。ヒンデンブルクがエーベルトの死後に行なわれる初めての大統領選挙で当選することは周知のところである。

ゼークト将軍。戦後は国防軍の指導者としてソ連との秘密軍事協力を推進する。

ここでは経済専門家として講和代表団に協力した銀行家マックス・ヴァールブルク[*15]（一八六七―一九四六）とカール・メルヒオールのプランを受けて、賠償総額の上限を一〇〇〇億金マルクとし、無利子、分割払いで遅くとも一九二六年五月一日までに二〇〇億金マルクを支払うという条件が提示されている。ただし賠償支払は一九一四年段階でのドイツ領土維持を条件とする。すなわち「アルザス＝ロレーヌの支配権は放棄するが、自由な住民投票の実施を希望する。ポーランドに対しては、ポーゼン州の最大部分、すなわち首都ポーゼンを含めて議論の余地なくポーランド人の居住地域である部分を割譲する。ヴィスワ川航行条例ならびに特別の鉄道協定によってダンツィヒ、ケーニヒスベルク、メーメルを自由港とすることで、ポーランドに国際的保障の下で海への自由な通路を与える用意がある。フランスの炭坑が再建されるまで、ドイツはフランスに石炭を、とくにザール地域から供給する用意がある。シュレスウィヒのデンマーク人が大部分を占める地域については住民投票に基づきデンマークに割譲する。オーストリアおよびベーメンのドイツ人に対しても民族自決権が尊重されることを要求する[*16]」。

ただしこのような譲歩提案を含みながらも、全体としてこの反対提案は、講和条約は不当であり受け容れられないというドイツ側の立場が滲み出るものになっていた。反対提案に付された「包括的覚書」では次のように述べられている。

「そのような法外な要求に応えながら、同時に経済生活を再建することなど不可能である。われわれは商船隊を引き渡さねばならない。海外資産を放棄せねばならない。同盟国も含めて外国にあるドイツ企業の所有物はすべて引き渡さねばならない。講和条約締結後も敵国はすべてのドイツ資産を没収することができる。ドイツの商人はそのような戦時方策から保護されない。われわれは植民地を完全に放棄せねばならない。ドイツの宣教師はもはやその使命を遂行する権利をもたない。つまりわれわれはあらゆる政治的・経済的・理念的活動を禁じられているのである。

＊15　ハンブルクのヴァールブルク家はフランクフルトのロートシルト（ロスチャイルド）家に次ぐといわれるユダヤ系財閥である。マックス・ヴァールブルクは著名な美術史家アビ・ヴァールブルク（一八六六―一九二九）の弟、二人の弟のポール（一八六八―一九三二）、フェーリクス（一八七一―一九三七）はアメリカに渡って銀行家として活動、ポールは合衆国の連邦準備銀行の創設に関わっている。マックスが共和国政府に財政専門家として招聘された背景の一つには、アメリカ側にいる兄弟との関係があった。ちなみにメルヒオールは創業以来はじめての親族以外の共同経営者だという。Ron Chernow, The Warburgs, pp.210–211.（『ウォーバーグ　ユダヤ財閥の興亡』上）。

＊16　五月二九日ドイツ側反対提案に付された外相ブロックドルフ＝ランツァウの包括的覚書、第四項（Deutsche Liga für Völkerbund, Der Kampf um den Rechtsfrieden, Die Urkunden der Friedensverhandlungen, S.132, Schwabe (Hrsg.), Quellen, S.280–281）。

それればかりか国内においてもわれわれは自決権を放棄せねばならない。国際賠償委員会はわが国民の経済生活・文化生活全体に独裁的な権力を握る。その権限の範囲には、皇帝・連邦参議院・帝国議会がかつて帝国において有していた権限すべてをあわせてもはるかに及ばない。賠償委員会は国家・自治体そして個人の経済に対して無制限の処分権を行使する。教育・保健の全制度もそれに左右される。賠償委員会はドイツ国民を精神的な奴隷にしうる。賦役支払を上げるために、ドイツ労働者の社会的扶助を抑えることができる。

その他の領域でもドイツは主権を放棄せねばならない。主要な河川は国際管理の下におかれ、たとえ自国の領土であっても敵国の言うがままに運河や鉄道を引かねばならない。自国の国境に関して、東部に新設される国家と敵国が締結する条約を内容も知らぬままに同意せねばならない。ドイツ国民は国際連盟から排除される。全世界の共同作業が委託された国際連盟からである。

かくて国民全体が自らの死刑判決に署名せねばならないのである」[*17]

ヴァルター・シュッキングの手になるといわれる「包括的覚書」の基調は、連合国側の条約案の不当性に対する非難であり（後述するようにウェーバーの作成した案は採用されなかった）、その意味においては講和条約手交後のブロックドルフの路線――いわばウィルソン主義をもって現実の講和条件を批判するという路線――は基本的に堅持されたわけである。それが実質的な取引によって譲歩を引き出すという交渉戦術の上で賢明なやり方であったかについては議論の余地があるだろう（この文書をドイツ側公式文書に入れることにはジーモンスなどからも懸念の声が出されたという）。

しかしながらこれらの文書もまたドイツ側の一連の覚書と同様に、ウィルソン自身に影響を与えることはなかった。たしかにウィルソン周辺のリベラル（いわゆる真性「ウィルソン主義者」）に影響を与えた可能性がまったくなかったわけではない。連合国の間で合意された講和条件に対してはウィルソンの周辺からも次第に批判の声が聞かれるようになっていた――ランシングやブリスはすでに四月の時点で講和条件が当初の十四箇条から実質的にかけ離れていると批判していたし、[*18] ヘロンや、食糧問題で中心的役割を果たしたフーヴァーからも批判的な意見が出されるようになる――。だがウィルソン自身はそうした批判に対しても四大国協議において合意された講和条件を擁護しつづけたし、講和条約がドイツ側に手交された後には、もはや部分的な修正以外のいかなる修正も拒否するという基本的態度を頑なまでにとりつづけた。

五月二九日のドイツ側反対提案に対して敏感に反応したのはロイド・ジョージであった。彼はロンドンから来た閣僚ならびに自治領代表との会合で次の四点にわたる講和条件の修正

＊17　Der Kampf um den Rechtsfrieden, S.130-131, Schwabe (Hrsg.), Quellen, S.279-280.
＊18　ランシングは、この講和は「交渉に基づく講和」(negotiated peace) ではなく「命じられた講和」(dictated peace)、しかも敵国だけでなく、味方について戦ったすべての交戦国に対して「四大国」が一方的に命ずるところの講和であった、と述べている。Lansing, The Peace Negotiations, p.238.

シャンゼリゼ大通りをねり歩く３巨頭。左からロイド・ジョージ、クレマンソー、ウィルソン。

協議について一任を取りつけようとしたという。①東部国境条項の修正。ドイツ人の優勢な地域については理由なくポーランドに引き渡さない。疑わしい場合には住民投票の実施。②ドイツが誠実にその義務を履行するとの条件の下で、条約案の想定より早期の国際連盟加盟の保証。③ドイツの軍備削減を考慮して占領軍の縮減と占領期間の短縮。④ドイツの賠償額の確定。講和条約が修正されなかったためにドイツ側がこれを受諾せず、その結果として戦闘行為が再開されたとしてもイギリスとしては軍事的占領や封鎖に加わることはできない、というのである。

講和交渉も押し詰まった段階でのイギリス政府の突然の方針転換に、ウィルソンは不快の念を隠さずにこう答えたという。連合国側の団結は維持されねばならない。もしクレマンソーが同意するならば修正提案に応じよう、と。[*19] もちろんクレマンソーはいかなる変更にも反対であった。土壇場になってのロイド・ジョージの「変心」の理由については議論があるし、ウィルソンもイギリスはどこまで本気で修正の用意があるのか疑っていた節があるが、ともあれウィルソンは連合国の間でいったん合意された講和条件については、これをあくまで押し通したのである。

講和条約手交後のウィルソンの頑なな態度については、ウィルソンの「理想主義」外交に対して懐疑的な立場から批判的な論評がしばしばなされている。ただし、ウィルソンという人物の個性があろうとなかろうと、とにもかくにも十四箇条に基づいて主要戦勝国の間での各方面にわたる調整の結果としてようやく出来上がった条約案の修正を認めるならば、一つの修正が他の問題の修正に波及するというかたちで収拾がつかなくなるという危険は存在しただろう。[*20]もとよりそうした経過そのものがウィルソンの掲げた「公開外交」そのものの限界を示しているということもできる。だが、未曾有の破壊と混乱状態の下で、すでに一月の

＊19　Walworth, pp.416-417. ロイド・ジョージの方針転換については南アフリカ代表のスマッツの意見が大きく影響したといわれる。
＊20　ただしドイツ側の反論を受けて連合国側から出てきた修正要求を拒否する際にウィルソンが強調したのは、主要連合国側の足並みを揃える必要性と同時に、成立した条約そのものがあくまでも「公正なもの」であるという点であったことは留意が必要である。南アフリカ代表のスマッツに対しても、講和条件がドイツにとって厳しいものであることは認めるが、それは「全体として不正なものではない」と強調したといわれるし、また六月三日のランシングの提案に対しても条約の編成のどこが本質的に「不正」だと彼らはいうのか、と問い返している（Walworth, pp.416-417）。いいかえれば賠償その他の具体的な条件においての是正、あるいはドイツ側が講和を受諾するための一定の政治的配慮などからの修正に応じることは別としても、講和条件そのものが「不正」であるということはウィルソンにとって認めることのできない一点なのであった。ウィルソンが一切の政治的配慮を認めないような「心情倫理家」ではなかったことはすでに本文からも明らかである以上、まさにウィルソンにとって譲れない「条約の公正性」を正面から攻撃するというドイツ側の講和戦略にはやはり問題があったといえるだろう。

講和会議開催からみても随分時間が経過しており、他方ではボリシェヴィキの脅威が懸念されていた。そうした状況の下で、可能な限り速やかに戦後秩序の基本線を、しかも「恒久的」な平和と安定の礎となりうるようなそれを定めるという困難な課題に対して、それまでの講和や外交の方式が通用したかどうかということは考慮に入れる必要があるだろう――そもそも大戦の勃発そのものが「旧外交」の破綻に由来していたのであった――。

ドイツ側の反論および周囲の意見具申に対してウィルソンが一定の譲歩を示した点があるとすれば、オーバーシュレジエンでの住民投票の実施と賠償問題に関してである。

ウィルソンはオーバーシュレジエンでの住民投票の実施については否定的であった。シュレジエンは歴史的にはポーランドに属すべき地域であり、またドイツ人大土地所有者が支配的な地域では（支配層による干渉の結果）投票自体が公正に実施されないだろうというのがその理由であった。皮肉なことにドイツ政府が正反対の立場から――ポーランド側に有利になるだろうという正反対の結果を懸念して――当地の住民投票を拒否したのとまったく同じ論拠にウィルソンは立っていたのである。もとよりザール地方については同様な理由からフランスの併合要求を抑えドイツ系住民の自治を保証した――その代償として石炭の保証をフランスに与えた――のであるから、住民投票に否定的であったからといって「民族自決」に関する彼の立場が一貫していなかったということにはならない。当地の住民が住民投票の実施を求めているという情報もあって、ウィルソンは最終的に、先のロイド・ジョージの提案をはじめとして、いくつかの方面から要請されていた住民投票の検討を受け容れることになったのである。六月一四日に、四大国の評議会は、オーバーシュレジエンで人民投票が（国際連盟でなく）連合国の監督下で六ヵ月から一八ヵ月の期間を空けた後に実施することを決定する。これは講和六ヵ月後の実施を求めたイギリスと、延期を求めた他の連合国との妥協の産物であった。[*21]

領土問題についてウィルソンはそれ以上の譲歩を認めなかったのに対して、賠償問題については最後の段階であらためて最終的な調整を試みている。大統領はアメリカ側経済顧問に各国の同僚と協力して賠償総額を確定するように指示し、六月はじめにアメリカ側は一二〇〇億金マルクという（つまりドイツ側の提案よりも二〇〇億金マルク上乗せした）総額を提案した。

六月の三、七、一〇日にかけて行なわれた四大国首脳の最終協議の場においてウィルソンは各国の合意を取りつけようと努力したが、英仏は賠償総額の全体像の確定を拒否した。すでに見てきたように英仏はそれぞれの国内事情や世論の圧力もあって、ドイツに対する賠償請求権の拡大を要求してきたのであった。そうした力関係の結果としてかろうじて成立した

＊21　Schwabe, p.376. ザール問題ではフランス資本家に対するドイツ系住民の側に立ち、オーバーシュレジエンではドイツ人大土地貴族に対するポーランド系農民の側に立つというウィルソンの立場は、社会経済的弱者への支援という観点では一貫していたとシュヴァーベは見る。cf. ibid. p.269.

合意を反古《ほご》にするものだ、というのが英仏の立場であった。さらにウィルソンはドイツの経済回復・信用回復への配慮から、連合国側が押さえていたドイツ商船隊および外国通貨保有の一部解除を要求したが、アメリカ側の提案が受け容れられる余地はなかった。

ただし、賠償問題が解決しなかった責任の一端は合衆国の側にもある。ウィルソンは五月はじめの段階でイギリスが提出したケインズの案を拒否している。ケインズのプランは、賠償支払のためにドイツならびに旧ハプスブルク帝国の後継国家は総額一五〇億ポンド（ドイツは一〇〇億ポンド）の債権を発行し、一九二五年以降四パーセントの利子がつけられる。利子支払は最終的に連合国と中立ヨーロッパ諸国が最終的な保証人となる（英仏米はそれぞれ二〇パーセントの責任を引き受ける）というものであった。賠償問題についてのドイツ側対案作成の中心となったヴァールブルクとメルヒオールもまた——戦後ドイツ経済の復興が世界経済にとって重要であることを強調する立場から——賠償ならびに戦時債務の国際的な清算の構想を描いていたという。

ドイツの賠償債務を多極的保証に基づく債権で清算することについてはフーヴァーもまた適切な方策であると考えていた。だがすでに述べたようにドイツの賠償問題と連合国間の債務との連結に合衆国が否定的であったことが最終的に障害となる。合衆国財務省は国内金融市場がだぶついている現状ではこれ以上の公債発行は不可能と判断していたし、間接的にではあれ連合国の対米債務をアメリカが保証するというのでは国内世論は納得しない。そうした国内事情と賠償問題の最終的解決とを天秤にかけて、ウィルソンはケインズの「清算」計画を拒否したのである。[*22] 結局のところ、ヨーロッパの戦後経済再建に積極的に関与するというアメリカ側の姿勢が定まらない間は、賠償問題を最終的に解決することはできなかった。

かくして賠償問題の解決は、講和の後に設置される賠償委員会に委ねられることになる。講和問題の最大かつ実質的な問題が賠償であったという意味では、講和条約はいわば画竜点睛を欠いた状態で成立することになったのである。

ドイツ政府講和戦略の挫折

外相ブロックドルフの強硬路線、つまり中立国や敵側左翼の世論を喚起することによって間接的な圧力をかけるという講和戦術は実を結ばなかった。なるほど中立国や連合国の国内世論に一定の影響を与えることができたことは確かであるし――外相はそれを過大評価したきらいがある――、イギリスが土壇場になって方針転換を試みたという点では、連合国間の団結にくさびを打ち込むことで条約の修正を獲得するという戦術は必ずしも誤りであったとはいえない。

しかしながら外相の講和路線も、最後のところではアメリカ合衆国の軍事力・経済力を背景とした調整に依存していた。すでに述べたように、アメリカは休戦後の早い時期から食糧

＊22　Schwabe, pp.372-373.

供給をめぐる実質的な協議でベルリンのドイツ政府を支援していたし、講和条約をドイツにいかに受け容れさせるかという最終段階の協議でも、経済再封鎖の可能性を主張するイギリスに反対している——経済封鎖をめぐっては以前から英米に意見の対立があった——。ドイツ経済の再建はもとより、大幅に変更された戦後ヨーロッパの国際秩序の中でドイツの安全をいかに保障するかという観点から見ても、アメリカ合衆国との密接な協調関係は不可欠である。講和条約がかたちの上ではウィルソンの十四箇条に基づいており、ドイツ政府もまたその前提の上に立って講和交渉を進めている以上、講和条件の決定が最終的にはウィルソンの意思に依存するということは如何ともしがたい条件であった。そのウィルソンが四大国を中心に合意された条約案の変更に反対する限り、大幅な変更を勝ちとる現実的な可能性は薄かったということができるだろう。

ドイツ政府関係者の中で、十四箇条を講和の基礎とすることそれ自体の再検討を主張したのは財政専門家のヴァールブルクとメルヒオールのみであった。領土保全と引き換えに賠償問題で妥協するという彼らの構想には、連合国側の賠償請求が実質的には「戦費補償」に近いものであることを前提とした上で、それにある程度譲歩するということが暗に含まれていた。総額一〇〇〇億金マルクという額を提示すること自体が、ベルギーおよび北フランスの損害賠償という十四箇条の厳密な規定に基づく賠償額以上の支払をドイツが認めるということを意味していたからである。

ちなみにケインズは十四箇条に基づく連合国側の請求権は一六億ポンドを下ることはないが三〇億ポンド（六〇〇億マルク）を上回ることはないと推計している。[*23] すでに講和条件それ自体がウィルソンの講和原則からは大幅に逸脱してしまっている——だから講和条約は実質的にはすでにウィルソンの講和構想の挫折を意味する——のであるから、十四箇条の解釈にこだわることなく双方で可能な譲歩と取引がなされるべきだとヴァールブルクらはいうのである。もとよりそうした主張は政府関係者の同意を得ることはできなかったし、ヴァールブルクやメルヒオールも最終的には講和条約の調印を拒否すべきだとの結論にいたっている。

講和をめぐる諸論点でブロックドルフと対立してきたエルツベルガーもこの点に関してはそれほど異なった態度をとっていたわけではない。ヴァールブルクを中心にまとめられた妥協案がウィルソンの十四箇条から事実上逸脱していることに異議を唱えたのはエルツベルガーであった。[*24] 先に述べたコンガー大佐との会談での発言でも、戦争責任問題はドイツの「名誉の問題」に関わる問題であるとして、具体的には第二三一条の、大戦勃発の「責任がドイツとその同盟国にあることを連合国は宣言し、ドイツはこれを受け容れる（The Allied and Associated Governments affirm, and Germany accepts, the responsibility . . .）」という文面か

＊23　したがって連合国側としては二〇億ポンド（四〇〇億マルク）程度を提示するのが誠実なやり方だっただろうとケインズは述べている。Keynes, The Economic Consequences of the Peace, pp.123-124.『ケインズ全集　第二巻　平和の経済的帰結』一〇七頁。

＊24　Schwabe, p.360.

ら「そしてドイツは受け容れる（and Germany accepts）」の文言を削除することを要求している。[*25] 条約受諾の最終局面でもエルッベルガーは「名誉」の問題にこだわりつづけた。十四箇条と国際連盟構想を軸とする公正な講和を支持し、少なくともドイツ国民の「名誉」という観点から講和をなんとか受忍可能なものにするという点においてはエルツベルガーも「ウィルソン的講和」の基本線を堅持していたのである。「戦争責任」の問題について正面から争わないという点でブロックドルフとは手段の差があったにすぎない。ドイツ政府にとって不幸だったのは、両者の間のそうした相違が——たとえば可能な複数の外交的アプローチとして生かされるのではなく——政治的・個人的な競争意識によって増幅されて——結果として政府の外交方針そのものが統一を欠いたものになったことである。

だがともあれ、国際世論への訴えや、その方法、タイミングについての戦術的な意見は分かれるとしても、ドイツのおかれた立場が非常に厳しいものであるということについてエルツベルガーとブロックドルフの間に異論はなかった。両者を分けたのは、その厳しい状況の中で条約を最終的に受諾するか否かのぎりぎりの判断における相違であった。

エルツベルガー、受諾不可避と判断

最終的に講和受諾はやむなしと判断したのはエルツベルガーであった。調印したとしても講和条件を実行するのは客観的に不可能だという反論に対して、エルツベルガーはこう述べ

たという。「もし誰かが私の手を縛って拳銃を胸に突きつけて、四八時間以内に月に上るように義務づける書類に署名するよう要求したなら、思慮のあるものなら誰でも──命を救うために──それに署名するだろう、ただしその要求は実行できないと公言する。この講和条約も同様である」と。[*26]

受諾か拒否か、それぞれの場合に予想される事態について、エルツベルガーが六月三、四日の閣議の際に閣僚に前もって配布した覚書には次のように書かれている。

まず調印した場合には、「右翼とリベラルな市民の一部からは政府に対する厳しい闘争がもりあがる。政府に対する軍事的な叛乱が起こる可能性は排除できない。そうした行動はおそらく東部からはじまる。東部全体が講和条約に武器を持って反対するということも予想される。そこから政府に対する叛乱が煽動されることになるだろう」。「しかしながらそうした運動は国民の大多数の講和を求める無条件の願いと、また平和によって一般的な状況が目に見えるかたちで改善される前ではほどなく消失することだろう」と。ただし賠償問題をめぐる混乱と条約に対する国民的な反対は講和条約締結後も継続したという点でエルツベルガーの読みは外れたといえる。[*27]

*25 Schwabe, p.353.
*26 Udo Wengst, S.75.
*27 M. Erzberger, Erlebnisse im Weltkrieg, Stuttgart/Berlin, 1920, S.371-373.

それでは講和条約に調印しなかった場合にいかなる事態が予想されるか。まず第一には戦争状態が再開される。もっとも三日後には休戦が通告されることになるだろうが。アメリカを含めた連合国は広範な戦線で軍を進めることになるだろう。その規模については定かではないが、おそらくまず第一にカッセルを経由してライン川に沿って進行する。ルール地帯は占領される。ある情報によれば、連合国はフランクフルトからプラハまでの回廊を形成して南北ドイツを分断しようとしているという。経済封鎖は強化されるだろう。国境は完全に封鎖される。中立諸国はすでに連合国からドイツへの出入国を遮断するように指示を受けている。武装可能な住民は、戦争状態が問題となれば、戦時捕虜として連行されることになるだろう。占領された地域の他の住民は戦時国際法に則って取り扱われることになる。連合国が厳しい報復手段をとるだろうことは目に見えている。資材物資などの徴発が強度に遂行されるだろう。東部からはポーランド人が侵入してくるだろう。

第二に国内では次のような事態が想定される。一般的生活手段、商品、原料の不足がドイツで起こる。ドイツ国境では東部および西部からドイツ国内に人がなだれ込んできて生活手段の不足を法外に進めることになる。ルール地帯の占領によって石炭の補充は途絶える。したがって交通の全般的崩壊と大都市での飢餓が数週間以内に予想される。時節到来と見たボリシェヴィズムの影響力が拡大する。略奪や殺人、暴行が日常茶飯事となるだろう。一般的な混乱状態では報道制度はもはや存在しない。したがってドイツの液状化が起こるだろう。

官庁はもはや機能することができない。上からの命令はもはや権威を持たず、従われることはない。かくて全国家機構が停止する。生活手段と必需品の欠乏は異常な価格高騰をもたらすだろう。その結果は貨幣価値の完全な喪失である。ロシアで生じた状態がドイツにおいても実現することをわれわれは見ることになるだろう。テロの恐怖から数多くのブルジョア分子が極左の手に落ち、他の部分は極右に流れる。流血の内乱がとりわけベルリンをはじめとする大都市で起こる。

ドイツは分裂する。連合国の圧力に抗しきれずに個々の州（ラント）は個別に講和を結ぶことになる。すでに現在バイエルン、ラインラント、そして東部でもそのような傾向が出てきており、ドイツの解体が現実的なものとなれば、ますますそうした傾向に拍車がかかることが予想される。少なくとも数日のうちにライン共和国が成立する。他のドイツの諸地域も自立化して敵国との連携を求めるだろう。国家としてのドイツは地図の上から消滅してその代わりに色とりどりの雑多な小国が出来上がる。かくてフランスが絶えず夢見ていたような状態が訪れるだろう。ドイツ全体は連合国に従属することになる。

ドイツは完全に引き裂かれて消耗した上で、さらに新たな犠牲を引き受けねばならなくなるだろう。一番破滅的でない事態を想定したとしても、連合国の侵攻によってラインラントは失われ、ドイツの統一は破壊される。短期の侵攻の後に、今よりも劣悪な条件の講和が強制される。連合国がドイツの諸地域に根ざした行政を引き受けてくれるなどと考えるのは幻想である。ドイツを分裂させて無力な状態に置くことはまさにフランスとイギリス両国（その有力な勢力）の意図するところである。

要するに講和条約に調印しないことで生ずる帰結は、第一にドイツの粉砕、個別国家への解体。ドイツの破局をもたらしたプロイセンに対する憎悪は諸邦の分裂を永続的なものとするだろう。第二に、短期間のうちに講和が締結されるが、それは共和国政府によってではなく、個別諸邦によって、もはや統一国家を形成しないという条件の下で締結されることになる。第三に、政府は倒壊して独立社会民主党と共産主義者による政府がそれに取って代わる。国防軍は解体し、すべての秩序は崩壊する。

ブロックドルフ、講和拒否の立場

もとよりこうした予測にはエルツベルガー一流の政治的レトリックや誇張がないとはいえない。政府内部での討議、さらに中央政府と諸邦政府との協議では、たとえば大戦前から宰相ベートマン・ホルヴェークの助言者として政府に協力し当時は公使館参事官であったクルト・リーツラー（一八八二―一九五五）から次のような異論が出されたという。

いわく、かりに連合国軍がドイツに侵攻したとしても、それに屈して個別に講和を結ぶのはおそらくバイエルンにとどまるだろう。占領地域にフランスが与えることのできる便宜はせいぜい生活手段の入手が容易になる程度であって、重税と占領の負担からくる憎悪はフランスに向けられることになる。もちろん困難な数年を経た上ではあるが、結局占領はドイツ統一への思いを新たに若返らせることに終わるだろう、と。要するにドイツ政府がこの破滅的な条約に調印することに比べれば拒否の結果はそれほど危険ではない。むしろ調印すればそれによってもたらされる困難の悪評はすべてベルリン政府が負うことになり、フランスはそれを利用して南部ドイツが北部の重荷から逃れようとしむけることになるだろう、と。[*28]

講和を拒否した場合の見通しについて、ブロックドルフはいま少し緻密に事態を検討していた。受諾か拒否かの最終段階での外相の戦術とその見通しについて、まとまった覚書などは残されていないが、エルツベルガーの予測と対照させるかたちでまとめると次のようになるだろう。

まず休戦が失効した場合に、アメリカにとってただちに軍事行動を再開したり経済封鎖に出ることは難しいのではないかという問題がある。すでに述べたように可能な限り早期の撤収をというのが合衆国駐留軍ならびに国内世論の要求であったし、経済封鎖もボリシェヴィキ化の危険の拡大という観点からは難しいだろうというのである。ただしウィルソンは封鎖

＊28　Udo Wengst, S.76.

＊29　Schwabe, pp.386-390, Walworth, p.428. ドイツ側の最終的受諾がほぼ確実になった六月二〇日の段階でウィルソンは、かりにドイツが拒否した場合にフォッシュの進軍の許可を与えている。経済封鎖の再開についてはポーランドならびにチェコへの食糧供給の途絶を懸念するフーヴァーの反対にウィルソンも同意していたが、ただしクレマンソーの示唆を受けて、必要な場合には封鎖を再開するとの声明を出している。

の再開はともかく、少なくとも最後の手段としての軍事行動については否定していなかった。[*29]事実、連合国軍総司令官フォッシュの作戦計画は、南ドイツの武装解除とドイツからの分離、さらに北ドイツへ侵攻するというものであった。その意味ではドイツの調印拒否は、少なくともフランスの強硬派の期待していた事態であったことは確かである。

それでは軍事的な侵攻が行なわれた場合はどのように対処すべきか。武力による抵抗はもはや休戦の時点で不可能となったというのが国防軍の責任者グレーナーの判断であったが、この点は外相も同様であった。ブロックドルフも軍事的抵抗の可能性は想定していなかったようである。問題は、かりに連合国の進軍があった場合に、個別に講和して共和国（ライヒ）から脱落する邦や地方が出てくるかどうか、連合国軍の占領下でも共和国の統一が維持できるかどうかである。ブロックドルフはライン分離運動についての情報を得るために、当時のケルン市長アデナウアー（一八七六―一九六七）をはじめとするラインラントの主立った政治家をヴェルサイユに招き（六月五日）、彼らの帰路に自ら同行してケルンの枢機卿ハルトマン（一八五一―一九一九）と会談するなどして現地の情報を収集している。[*30]

アデナウアーとライン分離主義運動との関係についてはなお検討の余地があるが、彼はドルテン（一八八〇―一九六三）のような非合法的手段による分離独立運動とは一線を画しており、基本的にはワイマール共和国の内部におけるプロイセンからの独立を目指していた。他方ではフランスの側も一部の国粋主義者は別としてラインラントを完全に併合することを意図していたわけではなく、対ドイツ安全保障の観点から中立ないし親仏的な緩衝国家を創設することが目標とされていた。フォッシュや大統領ポアンカレ（一八六〇—一九三四）はこれを支持していたし、（アルザスやザールなどフランスに帰属すべき地域を除けば）ドイツの一体性の維持を前提としていたといわれる首相クレマンソーもラインの中立化を否定するものではなかったから、[*31] そうしたフランスの目論見にアデナウアーが呼応する可能性は存在していた。[*32]

事実アデナウアーは、ワイマール憲法の基本線が定まりプロイセンの分割（ライン地方の邦としての独立）の可能性が閉ざされたかに見えた後にも、連合国側から良好な講和条件を獲得する手段としてライン地方の共和国内部での自立を主張しているし、後の一九二三年の

＊30　Udo Wengst, S.96.

＊31　ライン地方に対するクレマンソーの真意が奈辺にあったかは議論の余地がある。ポアンカレに向かってクレマンソーはこう述べたという。「一五年後には私はもうこの世にいないだろう。一五年後には、ドイツは条約の条項をまだ履行していないだろう。一五年後にもし貴方が私の墓に参ることになれば、きっとこう言うに違いない。『われわれはまだラインにいるし、そこにとどまりつづけるだろう』と」。他方もちろん四大国首脳の協議の場ではこう述べていた。「ドイツが一五年以内に条約の義務を完遂できないことは確実だ。だがもしドイツが本当にそれを履行する気があることをわれわれに示すならば、そして必要な保証をわれわれに与えるならば、その時にはライン左岸から撤収するにやぶさかではない」と。Stephen A. Schuker, The Rhineland Question, in: The Treaty of Versailles, p.309.

＊32　George-Henri Soutou, The French Peacemakers and Their Home Front, in: The Treaty of Versailles, pp. 171-177.

フランスのルール占領の際には独立して国際管理下に入るという「緩衝国家」提案をしている。ワイマール共和制の時期にアデナウアーが国民的レベルの政治に関与できず（その可能性はなかったわけではない。彼はシュトレーゼマンよりも二歳年上でほぼ同世代である）、第二次大戦後の東西分割と冷戦の時期に西側との協調の主導者として登場することができたのはドイツとフランスとの間の微妙な接点におかれた彼の立ち位置と無関係ではない。

ただし、少なくとも講和条約手交から締結までの間の時期に、アデナウアーがドイツから分離独立したりフランスの緩衝国家となるという明確な意図をもっていなかったことは確かなようである。当時ケルンはイギリス軍占領下にあり、アデナウアーは軍政長官であった英将軍クライヴ（一八七四―一九五九）を通じてイギリス政府とも連絡があった。そのイギリス政府はラインラント占領軍司令官マンジャン（一八六六―一九二五）を中心とするフランス側の動向に警戒の念をもっており――マンジャンはアデナウアーとは対立していたドルテンなどの独立路線をも一つの選択肢として支持していた――、逆にフランスはイギリスとつながるアデナウアーに対しては疑念を抱いていたという事情が、そのことを裏側から示しているように思われる。[*33]

ブロックドルフはそうしたアデナウアーらライン地方の政治家との会談や、さらにハルトマン枢機卿など教会関係者との接触――ドイツの統一維持のためには精神面でもまた食糧確保などの点においても教会の協力が不可欠だとブロックドルフは考えていた――から得た感触をもとに、かりに連合国軍が進軍したとしても共和国の解体をもたらすことはないだろうと判断していたのであった。ドイツの側は暴力・軍事力によって抵抗するのではなく、問題の処理をしかるべき仲裁裁判ないしは創設されるべき国際連盟に預けるというのがブロックドルフの講和拒絶路線の構想であった。もちろん国際連盟ということは実質的には連合国側の主要大国に委ねるということであることを彼は明確に意識していた――さすがにそんなことをすれば敵の思うつぼで、ドイツの解体を招きかねないという懸念がシュッキングなどからも出されたという――。これは連合国の不正を世界に訴えるといういわば非暴力的抵抗の路線であって、それまでのドイツ政府の講和路線からいえば論理的にはそれなりに筋の通ったものであった。[*34]

問題は、それで条約の修正が勝ちとれるどれだけの現実性があるかである。ブロックドルフは数ヵ月もすれば連合国の側が音を上げて修正を申し出るだろうと読んでいた。連合国の進軍に対する国際世論の反響や、連合国間の利害や意見の対立が生じたとしても、外相の予想通りに事がうまく運んだかどうかは疑問である。ただしこれまでにも講和条約に対する国際世論の批判がまったくなかったわけではないし、連合国側にも異論や動揺が見られたこと

＊33　Charls Williams, Adenauer : Der Staatsmann, der das demokratische Deutschland formte, Lübbe, 2000, S.129-131, Peter Koch, Konrad Adenauer : Die Biographie, S.44-45.
＊34　Udo Wengst, S.84-87, S.95-96.

はイギリスのロイド・ジョージが最終局面で条約の修正を提案したことにも現れている。そうした状況の評価において、パリで活動していたブロックドルフら講和代表団とベルリンならびにワイマールにいた政府閣僚との間には大きな相違があった。代表団には条約に対する各国の反響や、各国国内のリベラル・左翼の条約批判などの情報が入ってきており、「ウィルソン講和」をもって講和条約を批判するという強硬路線もそれなりの成果をもたらしていると受けとめていた。もとよりそれが連合国政府の態度変化ひいては条約修正に結びつくとは限らない、という点に問題はあった。

だがかりにドイツ側の目算通りに連合国側が譲歩しなかった場合でも、拒否することそれ自体に意味がある。極論すればエルツベルガーや講和受諾派の予想のように、さらに劣悪な条件で講和せざるをえなくなったとしても、その責任は連合国の側に帰することができる。ドイツ政府が拒否の態度を貫けば、ドイツ国民に対してはそうした申し開きができるし、それでドイツ政府の威信あるいは正統性は保つことができる、というのがおそらくブロックドルフの立場であった。

そうした観点からすれば、むしろいまただちに講和することによる国民の信頼喪失の方が重大だということになる。講和条約によって課される賠償の負担はドイツの経済・財政再建に大きくのしかかることになるだろう。経済的な困難がもたらす憎悪はその原因となった講和を受け容れた政府に向けられるだろうし、不正な講和条約に反対する各国世論からも見放されることになる。しかも——これはエルツベルガーも予想していたことだが——東部では軍隊によるクーデターの危険が懸念される。講和条約が一九二〇年一月に発効した後には、カップ一揆が起こっている（三月）。これは政府や労働組合などの抵抗で失敗することになるが、一九二三年にフランスがルールに進軍した際にも東部を中心とする軍部で不穏な動きが見られたことからしても、同様の危険が存在していたことは確かである。

そのような意味においてはブロックドルフの強硬路線は、内外の情勢についてのそれなりの計算に基づいていたのであった。ただし、そうした——ある意味では危険をはらんだ綱渡りのような——戦術を成功させる第一の条件は、当面予想される困難に対してどれだけ政府関係者が明確な目的意識を共有し、しかも政府とその路線に対してどれだけ国民的な支持が得られるかであった。すでに政府主要閣僚を説得することにさえ成功しなかったということから見ても、当初から相当に難しい選択だったということができる。その点では差し迫った危険の重大性を強調するエルツベルガーの方にやはり一日の長があった。

もとよりエルツベルガーの立場も、これ以上の抵抗によって共和国そのものが解体するという最悪の事態と比べれば全面降伏はやむをえないという、ドイツにとっていずれ劣らぬ破滅的な結論のうちで相対的に少ない悪を選ぶという類のものであったから、ただちに政府関係者のすべてを納得させることができたわけではなかった。

講和受諾へ

最終的な受諾までの経緯を簡単に記しておこう。六月一三日と一六日にベルリンで、一八日には国民議会の所在地ワイマールで政府関係者の協議が行なわれ、エーベルトは翌日国会多数派（社会民主党・中央党・民主党のいわゆるワイマール連合）の諸会派に受諾か否かの決定を委ねる。社会民主党は七五対三九で抗議付きの調印を支持、中央党もエルツベルガーの説得で、第二三一条と戦犯引き渡しは認められないとの条件付きで調印を承認したが、民主党会派では拒否が多数を占めた。

引き続き午後から諸邦政府の代表者会議で受諾か拒否かの討論が行なわれる。代表者会議でも閣内の討論でもなぜかブロックドルフは拒否の方針が軍事的抵抗を意図するものではないことを明示しなかったというが、ともあれ全体としてはエルツベルガーの予想の方が説得力があった。さらに国防軍のグレーナーが軍事的抵抗は不可能であるとの立場を明確にしたことで受諾の方向は決定的となる。

グレーナーはもともと外相の強硬路線を支持していたが、米軍情報将校コンガーとの接触や講和条件に対する国民世論の反応などから受諾拒否はむしろ共和国の解体につながりかねないと判断したのである。ただし一部の将校団では抵抗の動きがあった。南部、西部ドイツが共和国から一時的に脱落するのもやむなしとして旧プロイセン国家の核心部分である東部は維持しようというのである――その意味では東部のクーデターという懸念は現実性があったのである。グレーナーはこれを抑えて国防相であったノスケ（一八六八―一九四六）を支持した――。

一九日夜に行なわれた閣議で国防相ノスケはグレーナーとともに受諾拒否と軍事的抵抗は見込みがないことを強調し、これに加わっていた国民議会各会派代表も含めて最終的に受諾の方針が定まる。

ただしなおその際に、エルツベルガーの提案で戦争責任と戦犯引き渡しというドイツの「名誉に関わる問題」についての修正を求める連合国宛の電信文の作成が行なわれる。民主党の代表は「責任問題」以外の点についても条約の他の実質的な変更を要求し、激論の末、民主党の要求を容れた覚書の作成がシャイデマン、エルツベルガー、ブロックドルフらに委ねられた。もはやそのような要求は効果なしと考えたブロックドルフは不承不承作業に協力するが、誰も進んで署名するものはいなかったという。社会民主党会派が支持を拒否したため、電信は署名なしで送付された。[*35] すでに電信文の作成に先立ってシャイデマンは内閣退陣を表明していたが、最終的に二一日に同じ社会民主党のバウアー（一八七〇―一九四四）を首班とする内閣が成立、講和受諾に最後まで難色を示していた民主党が外れて社会民主党と中央党のみの連立内閣となる。

連合国側の最後通牒期限の一日前の六月二二日にバウアー政府は、戦争責任については明

＊35　Udo Wengst, S.92-93.

ヴェルサイユ宮殿「鏡の間」での調印。

確な承認をしない、皇帝有罪判決と戦犯処罰は受け容れられない、との留保の上で条約受諾を声明する。国民議会は二三七対一二八でこれを可決した。同日に政府は条件付きでドイツは講和条約を受け容れるとの覚書を送付するが、連合国側は留保を認めず、あらためて無条件調印を要求してきた。

　かくして講和条件を軽減しようとするエルツベルガーの最後の努力は実を結ばなかった。エルツベルガーは六月後半の最後の段階でなお「名誉に関わる点」での条約の修正をクレマンソーに求めようと試みている。大戦前ベルリン大学教授であったフランス人アゲニンは、大戦中スイス・ベルンの公使館に所属して諜報機関の事実上の責任者としてフランスとドイツの間の水面下での接触を進めていたが[*36]、ドイツに滞在中にエルツベルガーと会見した六月二一日の書簡でパリの連合国首脳に宛てて戦争責任ならびに戦争犯罪人問題についての譲歩を求めている。

国民議会の条件付きの決議はシャイデマン内閣の段階における受諾拒否（五月一二日）と同様、受諾以外の方法を見いだせない政府の首を絞めるものでしかなかった。いよいよ進退窮まった国民議会は二三日に政府の条約調印の権限を承認し――講和にはあくまでも反対だが、講和を受諾した者の愛国的な動機は是認しうるという国家人民党・人民党・民主党の付帯決議によって「お墨付き」が出されてようやく――、政府は講和条約受諾声明を発表する。かくして六月二八日ヴェルサイユ宮殿「鏡の間」にて、社会民主党の新外相ヘルマン・ミュラー（一八七六―一九三一）と中央党の運輸相ヨハネス・ベル（一八六八―一九四九）が講和条約に調印する。

ちなみに、条約に署名することを拒んで外相を辞したブロックドルフ゠ランツァウはその後在モスクワ大使に就任（一九二二―二八年）、西側連合国に対抗するソヴェト・ロシアとドイツとの関係強化に努力することになる。彼にとってはウィルソンの十四箇条に基づく合衆国との連繫も、ボリシェヴィキ・ロシアとの連繫もドイツの外交カードの一つなのであった。

最終的に無条件の受諾にまで追い込まれるこうした経緯は、ブロックドルフに対抗したエルツベルガーの方が現実認識と展望において勝っていたというわけでは必ずしもないという

＊36　Georges-Henri Soutou, The French Peacemakers and Their Home Front, in : The Treaty of Versailles, p. 179.

ことを示している。もともとエルツベルガーの当初の立場も国際連盟に基づく公正な講和という点でブロックドルフのそれとほとんど変わっていなかった。むしろ早い段階から完全軍縮と非軍事的手段による国際協調という構想を主張していたという点では、外交的な手段なり戦術としての意識が強い外相のそれよりも現実離れしていたといえないこともない。結果的に外から見る限りは、彼自身も重視した「名誉」の観点も賠償額も含めた諸々の条件についても、ほとんど見るべき修正を獲得できずにずるずると妥協を重ねて受諾してしまった、というように映る。

もとよりエルツベルガーのいうように、強盗に拳銃を突きつけられれば署名するしかない。だがそうしたやむをえない緊急避難の結果であれ、それを冷静に受けとめられるほど普通の国民は大人である——ウェーバーの言葉でいえば「政治的に成熟」している——とは限らない、かりに当初は理想主義的にそれに立ち向かっていったとしても、現実生活上の困難——戦時中のそれに加えて、結果的にはそれ以上の苦難をドイツ国民は経験することになる——はそうした理想を打ち砕くことになるだろう。そのルサンチマンは連合国に屈服した政治家に向けられることになる。

まさにその犠牲となったのがエルツベルガーであった。一九二一年八月二六日に彼は暗殺される。休戦協定に調印したエルツベルガーは、屈辱的な講和にドイツを導いた張本人として右翼からの憎悪を一身に集めることになったのである。ただし講和条約を批判する右翼の攻勢に対抗するかたちでエルツベルガーは（バウアー内閣の有力閣僚として外務省の資料を利用して）領土拡張を要求する右翼の政治家や企業家の戦時中の発言を暴露する行動に出ている。これが暗殺の直接の引き金になったかどうかは別としても、後述する「戦争責任」問題をめぐる議会委員会の設置ともども、敗戦直後の時期にそうした議論を政府の側から提起することが賢明であったかどうかは考慮の余地があるだろう。

だがともあれ、少なくとも講和をめぐる諸問題について、折々に実情に即した判断を示し、また——賛否は分かれるが——重要な決定に関与した人物の一人を共和国は失うことになった。その限りにおいては、国民感情の上では名誉の観点が重要であるというウェーバーの主張は的を射ていた——ウェーバー自身がエルツベルガーを酷評しているということはさしあたり別の問題である[*37]——。講和を余儀なくされたワイマールの共和国政府は国民の名誉、屈辱への反撥、そして賠償をはじめとするさまざまの困難の前に立たされることになる。

それではウェーバーは講和条約に対してどのような態度をとったのか。専門家として講和代表団に協力して、具体的にどのような関与をしたのだろうか。

＊37　もちろんエルツベルガーは講和条約を「悪魔の仕業」であると断罪していたし、条約の修正こそがドイツの外交政策の最重要課題であると考えていた。だからこそ、さしあたりのところは冷静に条約を「履行」することが必要であるというのが彼の立場であった（Epstein, S.424-425）。おそらくウェーバー自身はこれを批判するだろうが、必要とあれば「悪魔の力」とも手を結ぶという『職業としての政治』で彼が述べていた政治家の一つのあり方を典型的に示しているということもできるだろう。

7章　ウェーバーとヴェルサイユ条約

講和条約に対する態度

これまでに述べてきたように、ウェーバーは共和国政府の講和路線との密接な関連の下で開催された「正義の政治のための作業共同体」に前宰相バーデンと共に参加し、さらに講和協議の準備のための外務省での審議に参加、講和条約案手交後に外相の要請でパリに赴いて「教授意見書」を作成したのであった。その立場は条約手交後の外相ブロックドルフ＝ランツァウの強硬路線とおおむね一致していたと見ることができるだろう。

外相の講和路線、ならびに個々の論点や連合国側との対応についてウェーバーがどのような態度をとっていたかについては——今日公刊されている資料では——なお不明な点が残されているのだが、彼の姿勢を窺うことのできる資料として、講和代表団が検討していた譲歩案に対してウェーバーを含む一部の専門家代表が記した反対意見が残されている。

前章で紹介したように講和代表団の中では賠償とくに経済・財政問題と軍備削減の問題で一定の譲歩をする代わりに領土問題での譲歩を最小限にとどめるという妥協案、すなわち一〇〇〇億金マルクという賠償総額と支払方式（長期分割、当初二〇億金マルク支払）をドイツ政府の側から提示するという案が検討されていた。この妥協案をめぐる講和代表団とベルリン政府との間の調整に際してウェーバーは、講和代表の側の譲歩提案が既定の方針から逸脱しているという旨の批判的な意見を具申している。講和代表団に加わっていた数人の専門家と作成した講和代表宛抗議文書の内容は次の三点にわたっている。


第一、具体的な賠償額を挙げねばならないとすれば――これについても懸念があるとした上で――最大限六〇〇億マルク、一九二六年までに二〇〇億マルク、残りは長期、無利子の返済とすること。

第二、そのための条件として経済的な拘束の撤廃、私有財産の償還、重要な植民地の返還。

第三、絶対的な条件として現実的な軍（スイス型の民兵制、二五万人）の保有の承認。[*1]

この抗議文書がウェーバーの立場をそのまま反映しているとするならば、彼は譲歩には基本的に反対であったと推測できる。軍備削減あるいは非武装化に対する批判として出されている二五万人というのは国防軍のグレーナーなどからもドイツの側が譲歩しうるぎりぎりの対案として出されていた数字で、国内の治安を勘案すればそれなりに筋の通ったものであった。六〇〇億マルクという賠償額もケインズが『講和の経済的帰結』で示した見積もりと一致しており、十四箇条で示されたベルギーと北フランスに対する損害補償という議論の筋からいえば、それなりの根拠があった。

だが問題は六〇〇億マルクという十四箇条の厳密な解釈ではおそらく連合国側が納得しないだろうということにあった。ドイツ側が提示した一〇〇〇億マルクという譲歩提案それ自体についても、たとえばケインズは次のように評価している。

すなわち、ドイツ側の提案は、賠償総額一〇〇〇億マルク（五〇億ポンド）以下の数字では連合国側世論が納得しないだろうという想定の上に、ドイツ側の支払額が少なくなるように知恵を絞った結果であり、ドイツ側の債権勘定として、休戦の際に引き渡された軍事品、物資、割譲領土内の鉄道・財産、ドイツ公債の割譲領土割り当て分、戦時中ドイツの同盟諸国に貸与した債権などが組み入れられている。

ざっと推計しただけでも四〇〇億マルク（二〇億ポンド）を上回るこれらの債権額を差し引いて、しかも無利子の繰り延べ支払分の現在価値を求めれば、実質的な支払総額は三〇〇億マルク（一五億ポンド）に減少する。ケインズの推計によれば連合国側の要求額はおよそ一六〇〇億マルク（八〇億ポンド）であったから、そのような支払条件を交換条件にして領

＊1　MWGI/16, S.564-565, Mommsen, Max Weber and the Peace Treaty of Versailles, pp.541-542.

土その他の条件で譲歩を勝ちとろうなどというのは、連合国側の交渉当事者から見ればとても真面目な提案とは受けとめられないだろう、と。[*2]

もちろんドイツ側が自ら賠償総額の限度を申し出たということは評価できる。一〇〇〇億マルクという総額それ自体はかなりの数字で、ドイツ国内からは広範な非難が巻き起こった。同様に強硬な国内世論への対応にいささか苦慮している連合国側当事者との間で、一〇〇〇億マルクという名目の下でなにがしかの実質的な解決にむけた取引ができるだろうというドイツ側の想定は、状況の如何によってはそれなりの根拠をもっていた。だがそれならばむしろドイツ側が自らの支払うべき債務とその支払能力について率直かつ誠実に提示した方が、彼らにとっても交渉の成功の可能性はあっただろうとケインズはいうのである。

こうしたケインズの評価がどこまで妥当であったか、交渉の余地がどの程度あったのかという問題は残されているだろう。かりにそうした実質的な交渉が連合国側との間で行なわれたとしても、賠償額それ自体が劇的に変化したとは考えにくい。ちなみに一九二一年五月に「ロンドン支払計画」で確定された総額は一三二〇億マルク、年二〇億マルク、プラス輸出額の二六パーセント（一〇億マルク余）を支払うというものであったが、これ自体も三月初めに提示された二二六〇億マルクからは大幅に引き下げられた結果である。

ただし、ケインズ自身もアメリカとの協議ではイギリス政府の利益を代表して、ドイツの賠償支払の年限をイギリスの対米債務の支払年限と連結させようとしていた。先述のようにアメリカは当初あくまでドイツの賠償と連合国の対米債務の連結の可能性を拒否しており、これが結果的には講和条約締結の際に賠償計画が具体化できなかった要因なのであるが、とにもかくにも賠償計画を具体的に実行可能なものにするという点では、対米債務を抱えたイギリスの実質的な利害とも一致する部分はあったはずである。

将来のドイツの賠償支払を見越して合衆国・英・仏などが利子保障するポンド債権をドイツが発行するという先に述べたケインズの提案は、戦後の経済再建と資金循環の構想という点ではドイツ側経済専門家ヴァールブルクとメルヒオールの構想と通ずるところがあった。その限りにおいては双方の交渉当事者ないし経済専門家の間では実質的な協議と取引の余地がおそらくまだ幾分かは残されていたし、かりにもし賠償問題が講和会議の間に具体的な決着を見たとするならば、他の論点についての双方の対応もまた異なったものとなった可能性はある。

しかしながらかりにそうした実質的な交渉が行なわれたとしても、賠償以外の論点、植民地をはじめとする領土問題やその他の論点において、ドイツ側の主張が認められる可能性はおそらくほとんどなかっただろう。いずれにせよこのたびの講和は、勝者である連合国側から敗者であるドイツならびに同盟国に一方的に「命令された講和」であるというのがケイン

＊2　John Maynard Keynes, The Economic Consequences of the Peace, pp.205-207.『ケインズ全集　第二巻』一七三―一七五頁。

ズの認識であったし、[3]ドイツ側経済専門家ヴァールブルクとメルヒオールのそれでもあった。

すでに前章で指摘しておいたように、ヴァールブルクとメルヒオールの提案は、ウィルソンの十四箇条（についてのドイツ側の解釈）を基礎とするというドイツ政府の講和路線から一歩踏み出すものであった。英仏の実質的な戦費補償要求に対して譲歩するという点で、講和条約はすでにウィルソンの講和構想そのものから逸脱している。だからドイツ政府としてももはや十四箇条にこだわらずに、より現実的かつ実質的な取引をすべきではないかというのがヴァールブルクの主張であった。その点で彼らの認識は、『職業としての政治』で示された実質的な取引に基づく講和というウェーバーの姿勢とも共通するものがあったと思われるのである。

しかしながら、ウェーバーの態度はそうした妥協に対して総じて批判的であった。講和会議の時期に残されているいくつかの断片的な発言から浮かび上がってくるのは、講和拒否に傾いていたブロックドルフら講和代表団の強硬路線の中でも最右翼に位置しているウェーバーの姿である。

ウェーバーは「教授意見書」に加えて五月二九日に提出されたドイツ政府の反対提案「ドイツ講和代表の講和条件についての総括的立場」に付けられるべき包括的覚書の草案の作成を委託されている。彼の妻マリアンネの伝記では、ウェーバーはこの作業に気が進まず、「相手方が拒否せざるを得ないような仕方で書いた」と記されている。[4]

彼が作成した草案は採用されず、代わりに付されたのが前述のシュッキングの文書である。ウェーバーの草案そのものは残されていないが、シュッキングの「包括的覚書」それ自体が十四箇条に基づく「公正な講和」の立場から講和条約の不当性を訴えるという――いわば講和条約手交時のブロックドルフの「道徳的宣戦布告」をそのまま文書にしたような――内容のものであったから、おそらくウェーバーのものはさらに過激な内容であったということになる。講和条約案に対してはあれこれの妥協や譲歩を試みるよりも基本的には拒否の態度を貫くべきだとウェーバーは考えていたように推測されるのである。

その限りにおいては、外相ブロックドルフの交渉戦術の問題点は、そのままウェーバーの態度にも当てはまることになるだろう。そもそもドイツの講和政策がウィルソンのアメリカとの協調を基本とする以上、徹底した講和条約拒否の路線には難点があった。ウィルソンの側に実質的な譲歩の余地がまったくなかったわけではないが、「戦争責任」問題を正面に据えた対抗路線、とりわけ条約手交後の「道徳的宣戦布告」は少なくともウィルソンに対しては逆効果しかもたらさなかった。ブロックドルフ自身は連合国側の厳しい態度を引き出すことでかえって国内外の世論の支持を狙っていたのであろうが――ウェーバーの「教授意見

＊3　ウィルソンの十四箇条に基づく講和は、クレマンソーの「カルタゴの講和」にすり替えられてしまった、というのがケインズの主張である。
＊4　Marianne Weber, Max Weber ; Ein Lebensbild, S.668.『マックス・ウェーバー』四九〇頁。

書」は連合国側にも声望のある著者による意見書をという外相の意図に沿うものであった——、それは連合国側にいま一度明確にドイツの戦争責任を定式化することを促す結果になったのである。

こうしたブロックドルフの講和戦術をウェーバーがどこまで承知していて、どこまで意識的に協力していたのかについてはなお不明な点が残されている。マリアンネの伝記では、条約を拒否した場合の実際的な見通しを政府がもっていないという点についてウェーバーは不満を漏らしている。[*5] しかしながら外交ならびに財政の実際に直接に関与していたわけでもない人物に高度の外交的決定事項についての発言がどの程度認められただろうかという点を考えれば、講和政策の決定に対するウェーバーの影響は相当に割り引いて考えねばならないだろう——政治とりわけ外交は少数の冷静な頭脳によって決定されるべきである、というのはウェーバーの持論でもあった——。ブロックドルフにとってウェーバーはやはり「専門家」としての知識ならびに知名度の点で利用可能な手駒の一つであったし、ウェーバーの側もまたそれなりの距離と留保をおいて——もちろんウィルソン的な講和そのものに対する懐疑も含めて——条件付きの協力をしたというのが実際のところであろう。

そうしたウェーバーの主観的意図は別としても、結果として見るならば、エルツベルガーの主導するベルリン政府と外相ブロックドルフを中心とする講和代表団との対立という文脈の上では、ウェーバーは明らかに外相の路線の側に位置していた。しかも賠償や軍備問題でである。

の譲歩の可能性にはウェーバー自身は反対であったという先の論点を考え合わせるならば、個別の論点によってはブロックドルフ以上に強硬な立場であったという想定が成り立つので

だが、そうであるとするならば次のことが問われてしかるべきであろう。そうしたウェーバーの態度は、少なくともパリに赴く前の彼の基本的立場、つまり『職業としての政治』で示していたような講和交渉に対する態度とはたして一致していたのか、と。そこで彼は、戦争責任というような双方のルサンチマンをかき立てかねない論点をいたずらに議論するのではなく、勝者と敗者というそれぞれの立場に応じた実質的（ザッハリッヒ）な処理を主張していたのであった。講和交渉という政治的な場で、相手方が拒否している場にあえて挑発的な「責任問題」への議論をぶつけることは、そうした立場――これは基本的には「責任倫理」の立場と一致するはずのものであろう――とは齟齬することにならないか。さらにいえば、客観的に見て、劣勢を覆すべく国際世論や「中立機関」へ相手の不正と自らの正義を訴えるという態度はまさにブレスト＝リトフスク講和の際のトロツキーと変わらないのではないかという疑問である。ソヴェト側はウィルソン講和に対抗して提示した無併合・無賠償の講和の呼びかけに応じたはずのドイツに屈辱的な講和の受諾を迫られたのであった。世界へのアピールを意識して、講和の受諾を拒んだトロツキーにウェーバーは相当に批判的であっ

＊5　Ebenda. 同前。

た。『職業としての政治』における「責任倫理」の立場から見ても当然そうであろう。だが自らが同じ立場に立たされたときに、ウェーバーははたしてどのような態度をとっただろうか。

講和条約を拒否した場合に、その後の展望についてウェーバーがどこまで外相ブロックドルフの路線とその見通しを共有していたかはなお検討の余地が残されているが、最後はすべてを敵側に委ねるという外相の構想を念頭においたと思われる発言が書簡に残されている。彼は一九一九年七月一日に妻マリアンネに宛てて次のように書いている。

「[講和条約の]『拒否』はもちろん単なる拒否では済まずに、政府の解散と『国際連盟』への主権の委譲——あるいは同様の、いずれにせよ軍事的な方策を不可能ならしめるような行為——でなければならないだろう。……これは少なくとも可能ではあった。もちろんこと、[バイエルンの人々]の声をよく考えるならば、後から考えてみて(!)それで何か良いこと、つまり国民的な(内面的な)抵抗の精神が芽生えるというチャンスが果たしてあったかどうか、と問うてみるのだが[*6]」

おそらく最後の手段としてはすべてを「国際連盟」に預けることによって、国際的な世論と、そして国民的な奮起に賭けるしかない、というのが代表団の周辺で議論された唯一の可能性であった。だがこれはすでに述べたように、高度の外交的・政治的手腕と政府指導部内部における意思統一を必要とすると同時に、これを支える強固な国民的支持を必要とするという意味において相当に危険のともなう賭であった。ミュンヘンへ移った後に、現地の状況を見る限り、これはやはり見込みがなかったというのがウェーバーの事後的な判断であった。

戦犯引き渡し問題

講和に際して何よりも国民的な名誉を重んずるウェーバーの立場は、戦争責任問題と関連するいまひとつの論点であった戦犯引き渡し問題に対する対応にもよく表われている。

なかば講和の結果を予想していたこともあってか、ウェーバー自身はパリに赴く前から政治から手を引くことを決意していたようである。戦争責任の検証手続きに関する声明を付した三月二〇日『フランクフルト新聞』宛書簡にはその旨の文章がある。事実パリ行きを挟んでウェーバーはミュンヘン大学へ赴任する。もとより政治に対する関心や情熱を失ったわけではないが、政治から距離を置いて隠棲する前に彼が関わった最後の仕事は戦犯引き渡しの問題であった。

すでに述べたようにヴェルサイユ条約第二二七―二三〇条は戦争犯罪人処罰に関する規定を設け、皇帝の戦争責任についての国際法廷の設置、ならびにその他の戦争犯罪人を連合国の軍事裁判にかけることを規定していた。ウェーバーはこれを聞いて激昂したといわれる。

＊6　Marianne Weber, Max Weber ; Ein Lebensbild, S.669-670.『マックス・ウェーバー』四九二頁。Mommsen, S. 343, Anm.144.『マックス・ヴェーバーとドイツ政治』六〇〇頁。

彼はパリの講和会議からの帰途ベルリンに立ち寄り、五月三〇日にベルリンのルーデンドルフ宅を訪問している。

皇帝、ルーデンドルフ、ならびに当時の帝国宰相ベートマン・ホルヴェークは開戦ならびに無制限潜水艦作戦の決定の際の責任者として、自発的に敵に出頭すべきである、というのがウェーバーの主張であった。とりわけルーデンドルフは軍事指導者として自らの責任を認めると共に、ただし自分が命じたのはあくまでも軍事的に必要な方策と相手方の不法行為に対する「報復行為」である、と敵の前で正々堂々と主張すべきだ、というのである。[*7]

国家人民党の代議士の仲介によるといわれるルーデンドルフとの会談がウェーバーの独断によるものであるか、それとも講和代表団や外相との間で何らかの了解があったのかについては不明であるが、会談前にルーデンドルフに送った書簡の件をウェーバーは外相に知らせており、少なくともブロックドルフがウェーバーの行動を知っていた可能性はある。

もとよりこうした行動は政府内部では賛同を得られなかっただろう――少なくともドイツ政府は公式には五月二九日の「反対提案」で特別法廷への皇帝の引き渡しも、戦争犯罪人の外国法廷への引き渡しも拒否している。もとより自発的に出頭する場合には政府としては関知しない、との立場もありえただろうが、おそらくエルツベルガーならば無用の策として退けただろう[*8]――。ウェーバーの政治的盟友であったフリードリヒ・ナウマンも、ベートマン・ホルヴェークに取り次ぎを依頼されたときには否定的な反応をしたという。ただし、ベートマン自身からは出頭の意志ありとの返答があったが、ベルリンの政府はそれには及ばないとこれを拒否したという（なおベートマン・ホルヴェーク自身は後に議会の調査委員会に出頭することになる）。[*9]

したがってウェーバーのいささか唐突な要請に対してルーデンドルフ自身が違和感を感じたのも当然のことであった。少なくともそれは政治的には無意味な行為であると彼の目には映っただろう。皇帝に「名誉ある死」を与えることを考えたというグレーナーならば反応はまた違ったかもしれないが——だが既述のようにグレーナーはブロックドルフの講和拒否戦

＊7　ヴェルサイユ行きに先立ってルーデンドルフに宛てて書かれたという一九一九年五月一四日付書簡（Schwengler, S.207）。なお敗戦直後生じてきたルーデンドルフ弾劾の声に対してウェーバーは当初ルーデンドルフ擁護の論陣を張ろうとしたが、戦時中の軍部の政策決定への関与の実態が明らかになるにつれ激怒して計画を取りやめたといわれる。両者の民主主義をめぐる禅問答のような会見の記録はよく知られているが、ルーデンドルフ個人に対するウェーバーの評価はあまり芳しいものではなかったようである。いずれにせよウェーバーにとって重要なのはドイツ国民の名誉であったし、ルーデンドルフはそれを救うことができる唯一の人物なのであった。その意味ではウェーバーのルーデンドルフに対する評価とその振幅には、名誉と英雄的行為に対する彼自身のいささか過剰な期待が投影されている。ルーデンドルフの人格的価値と偉大さをウェーバーは「信じたかったのだ」と書くマリアンネもその点を感知していたように思われる。Marianne Weber, Max Weber ; Ein Lebensbild, S.663-665.『マックス・ウェーバー』四八六―四八九頁。

＊8　なおドイツ政府は戦争犯罪人については、中立国によって構成された国際法廷で、双方の違反者が裁かれるべきこと、法廷の構成にはドイツ側も連合国と同等の関与が認められるべきこと、法廷の裁決は国際法上の問題のみに限定され、処罰は各国国内法廷に委ねられるべきことを要求している。Bemerkungen der Deutschen Friedensdelegation zu den Friedensbedingungen, S.231-233.

＊9　Schwengler, S.207-210.

術には同意せず、最終的に彼がエルツベルガーの判断に与《くみ》したことが調印を決定的にしたのであった——。もちろん皇帝に対する要請も政府には受け容れられなかった。

責任倫理と名誉の観点

皇帝訴追と戦犯引き渡し問題に対するウェーバーのこうした態度を、ウェーバーの政治論研究で著名なヴォルフガング・モムゼンは、「厳格主義的な責任倫理」の立場を示すものだと述べている。*10 結果に対する責任を厳格に求める倫理的態度という意味で用いたのであろうが、いささか形容矛盾の気味がある。むしろ結果に対する責任というよりは、結果の如何を問わず「名誉」を求めるという、彼の倫理観のもうひとつの側面をよく示すものと考えた方がよいだろう。

もちろん皇帝ヴィルヘルム二世に対する責任追及の背後には、これまで皇帝の行なってきた政治的行為や決断に対するウェーバーの批判がある。だがウェーバーが政治的な文脈で問題にしてきた「責任」とは、おのれの信念に基づいてなした行動の結果をありのままに受けとめること、所定の成果が得られなければ潔く職を退くことであって、それ以上でも以下でもない。当初の志を満たすことのできない職務に恋々としがみつかないという意味では「信念」に対する責任であり、出された結果に従うという意味では「結果」に対する責任でもある。問題はあくまでも政治指導者にしかるべく対応をさせること、必要とあらば解任して代わりの者を据えるというかたちで、そうした対応を制度として保証することであって、自らの行為に対して「謝罪」や「罪の告白」をすることではない。これがウェーバーの基本的な立場であったし、そもそも皇帝についても、国家体制の上ではいわゆる君主の無答責の原則が基本であるとウェーバーは考えていた。

制度としての立憲君主制においては政治的責任は君主を輔弼《ほひつ》する首相・宰相以下の政治指導者にある。ただし社会学的には君主制というのは究極的にはカリスマ的支配の側面をもつ、神から特別の資質・資格を与えられた存在としての権威による支配である。カリスマはカリスマたることを「証明」しなければならない。敗戦は君主制にとってそのカリスマ的正統性の喪失を意味する。その限りにおいては君主としての皇帝はやはり結果としての責任を有するということになるだろう。ただしそうした意味での責任は形式上は退位、あるいは体制そのものの崩壊という結果（それこそ神の与え給うた罰）によって果たされている。

したがって、それに加えてさらに連合国へ出頭せよという要請は、少なくとも政治的な「責任」という観点から見て意味ある行為であったどうかはウェーバー自身の議論に即しても問題であったはずである。

もちろん、国民に対する責任という国内政治の文脈であれば話は別であろう。だがすでに述べたようにこの点についても、議会の調査委員会での追及は党派闘争の対象となるのでふ

＊10　Mommsen, S.350.『マックス・ヴェーバーとドイツ政治』五七三頁。

さわしくないとウェーバーは考えていた。実際、講和後に国民議会は「戦争責任」についての調査委員会を設置するが――社会民主党の司法大臣ランズベルクの提案は国事裁判所の設立を提起していたが、新憲法における国事裁判所の課題は憲法問題に限定されるべきであるという配慮や、「戦争責任」という政治的・歴史的問題は司法手続きになじまないという異論を受けてこの委員会は設立された――、一九一九年一一月一八日の委員会に出頭したヒンデンブルクの口から、ドイツ軍は「背後から短刀で刺された」という発言が飛び出すことになる。ドイツは決して軍事的に敗北したわけではない――事実戦争は形式的には降伏ではなく休戦協定によって終結し、ドイツ軍の撤収は整然と行なわれているように国民の目には見えた――、むしろ国内の左翼の叛乱によってドイツは勝てる戦争に敗北し、連合国の不当な要求に屈服することになったのだ、といういわゆる「匕首《あいくち》伝説」が、過酷な講和条件とそのために生じた（と思われた）インフレーションなどの実生活上の困難とも相まって、多くの国民に受け容れられていくことになる。

ウェーバーはこの調査委員会の構成がユダヤ系の政治家に偏っており、「反ユダヤ的」反感を招きかねないという懸念をもっていたといわれるが、残された資料が断片的なため、その真意についてはなお不明な点が残されている。[*11] ともあれ「戦争責任」についての検証はあくまでも中立的機関としての国際法廷で扱われるべきであり、しかもそこで問われるべきは法的な意味における責任ではなく、事実の検証と「道義的責任」である、というのがウェーバーの基本的な立場なのであった――そうした立場は実は講和協議当初のアメリカ合衆国政府の立場と近いものであった――。

そうした観点からすれば、講和条約の内容があのようなかたちで定まってしまった段階で連合国側に首を差し出せというウェーバーの提案は、事実上「勝者の裁き」に屈服するというに等しいのではないか、という疑問も出されるだろう。あくまでも自発的に出頭することによって「勝者の裁き」の不当性を世界に訴えるというのがウェーバーの本意であったのだろうが、そのようなものとして世界が――戦争の犠牲の記憶が癒えないあの時点で――受けとめただろうか。

なるほど君主として「逃亡」したことについての政治的責任については議論がありうるし、それが結果として連合国側の追及を招いたという側面もあるだろう。連合国側にとって皇帝の訴追には一種の「見せしめ」としての側面があったことは否めない――現にそうした訴追はかえって皇帝を殉教者に仕立て上げることになるという懸念も連合国の内部では出されていた[*12]――。いずれにせよ、かりにそうした責任を皇帝ウィルヘルム二世が自覚していたとしても、国民に対してその責任を全うする方法については、君主自身が考慮すべき問題である。

＊11　MWGI/16, S.568-569.

＊12　処罰はかえってウィルヘルム二世を殉教者として王朝の再興を招きかねない、というのがランシングやウィルソンが皇帝訴追に消極的であった理由の一つであったという（Walworth, p.215）。

その際にいかなる対応をとるべきだったのか、それで国民的な名誉や、君主と王室の栄誉が守れたのか——自発的退位を拒否して革命を招いてしまった後にそのような方策がなお残されていたのか——についてはおそらく議論の分かれるところだろう。憲法草案審議の段階で明確に共和制を選択していたウェーバーが、なお何らかのかたちでの君主制の再興の可能性を考慮していたのかについても定かではない。

もとよりだからといって、そうしたウェーバーの皇帝に対する責任追及をそれまでのヴィルヘルム二世の一連の行為に端を発する個人的な感情の反映にすぎないと見るのはいきすぎであろう。敗戦という事態を正面から受けとめられない弱者のルサンチマンからする「戦争責任」の追及にウェーバーは批判的であった。そのウェーバー自身もやはりある種のルサンチマンから逃れられなかったのではないか、という問いは問うてみる価値はあるとしても、左翼や平和主義者からなされる皇帝や帝制指導部の「戦争責任」追及とウェーバーのそれとはやはり区別して考えねばならない。むしろそうした左翼の「戦争責任」論とは対極的な立場に立つ人物が、あくまでもドイツの「名誉」のために帝国の指導者に対して、いわば「勝者の裁き」を——もちろんその不当性を訴えるために——受けよと要求するところに、ウェーバーの「名誉」要求が与えるいささか尋常ならざる印象の理由はある。

ともあれ皇帝ヴィルヘルム二世の実際の対応は違ったし、そのような責任を痛切に感じてそれなりの配慮をしたという事実は残されていないようである。まさにそのような皇帝個人の資質と個性に対してはウェーバーは相当に批判的であったし、そうした態度が皇帝に対する彼の発言には——理不尽な講和条件への反撥とが相まって——反映しているという側面がある。連合国側は皇帝の訴追を求めたが中立国オランダが引き渡しを拒否することによって実現しなかった。

すでに述べたようにアメリカ合衆国政府とウィルソン自身は皇帝の訴追問題に当初からあまり積極的ではなかった。少なくともこれを一貫して追及したという形跡はない。そもそも彼の「公正な講和」の構想からは、敗者の国家元首とその責任を法的に訴追するという発想は異質であった。ウィルソン自身は皇帝の退位を要求していたのではないかという疑問が出されるかもしれないが、休戦・講和交渉の序盤の段階で問題となった皇帝の退位と、国際法廷において皇帝を戦争の首謀者（戦争犯罪人の一種、後の極東軍事裁判でいえばA級戦犯ということになるだろう）として訴追するということとは別の問題である。ウィルソンは皇帝退位を講和交渉の必須の前提としていたわけではなく、またドイツの内政についての要求については干渉ととられないように慎重な配慮をしていた。したがって、今般の戦争の責任の過半は皇帝にあり、皇帝は責任をとって退位すべきであるというのがウィルソン個人の判断であったとしても、そうした責任の所在を追及すべきはドイツ国民である、ということになるであろう。そうした政治的な意味における責任を、本来無答責とされる君主に対して法的に追及する、しかも国際法廷において刑罰の対象とするのは二重の意味で論理の飛躍があるといわねばならない。

皇帝の訴追を強く要求したのはフランスおよびイギリスであった。その問題の急先鋒はロイド・ジョージであり、その背景にはイギリス国内の世論の圧力があったことはすでに述べた。しかも皇帝逃亡後の引き渡し要求はオランダが戦争中に中立の態度をとって連合国側に協力しなかったことへの報復という側面をもっている。戦争犯罪人としてドイツ皇帝を訴追するという要求は、イギリスをはじめとする各国の思惑の妥協の産物として成立したのである。[*13] 皇帝訴追ならびに戦争犯罪人に関する講和条約第二二七―二三〇条の規定は、まったく別の経緯で成立した賠償関連条文の前文である第二三一条の「戦争責任条項」とあわせて、ドイツの「戦争責任」を追及するものとして一般には受けとめられることになったのである。

なお、四大国の調整の結果として成立した講和条約の皇帝の刑事訴追ならびに戦争犯罪人処罰をめぐる規定は一九一九年五月六日の講和会議の総会ではじめて他の連合国にも知らされることになるが、そこでも少数ではあるが異論が出されている。

ホンジュラス代表のボニージャは、皇帝ウィルヘルム二世に対する訴追は国際法にも先例によっても支持されないし、したがってオランダは引き渡し要求を認めないだろう、さらに戦争犯罪人引き渡し要求についても、もし人が人権と正義のために先例を作りたいとするならば、戦勝国に対しても、戦争法違反の自国民を敵と同様の仕方で追訴する義務を課すような双務的条項でなければならないと異議を唱えた――こうした主張が連合国の多数の支持を得ることはないだろうが、将来、第三者の立場に立つ歴史家が彼の見解に与するだろう、と彼自身は考えていたという――。

さらに刑罰規定を厳しく批判したのは南アフリカ代表のボータ将軍（一八六二―一九一九）とスマッツ（一八七〇―一九五〇）の二人であった。連合国の軍事法廷がドイツの兵士を裁くということになれば、ドイツとの真の講和は不可能になる。平和時に戦時法規を適用するということはとりもなおさず戦争状態の維持を意味するからである。唯一可能なやり方は特別に重大な戦争犯罪人をとくに指定して引き渡しを求めることだ、と彼らは主張した。南アフリカは第二次ボーア戦争でイギリスに敗れた後にイギリスの自治領として大戦に参加したのであった。彼らが敗戦による「勝者の裁き」を受けたという自国の経験を踏まえて、講和条約に対する最初の批判者となったのは決して偶然ではない。[*14]

＊13　皇帝引き渡し問題は連合国自身にとってもなかなか扱いの難しい問題であった。ドイツ側が条約受諾をめぐって最終協議に入っていた六月末に、連合国側はオランダに対して皇帝を講和条約第二二七条に基づいて設立される国際法廷に引き渡すように要求しているが、他方ではフランス代表ジュール・カンボン（一八四五―一九三五）をはじめとする数名がオランダ政府に対してこの要求を拒否するように助言をしている。引き渡しが実際に行なわれた際に予想される連合国側での意見の相違とそれに基づく混乱を避けるためだといわれるが、その真意はともあれ、英仏にとって皇帝訴追要求は何よりもまず第一に国内世論を慰撫するために必要な方策であったということがここに示されている。なおオーストリアに対してはドイツと同様の戦争指導者に対する訴追は問題とされなかった。連合国側はオーストリア王室家族がスイスに避難するように取りはからっている。Walworth, pp.216–217.

＊14　Schwengler, S.114–116.

その意味においては、大戦の責任をドイツと同盟国に求めてその法的・道義的責任に対する裁きの上に真の国際的な協調とそのための組織としての国際連盟を設立する、というのがウィルソンとその「新外交」の一貫した方針であって、それがイギリスやフランスなど「旧外交」の代表者の抵抗にあって挫折したというのは事態を正確に捉えていない。そもそもウィルソンがドイツに求めた講和は少なくとも形式的には「無条件降伏」ではなかった――合衆国内でドイツの無条件降伏を要求したのは野党の共和党の方である――。ドイツ政府は「戦争責任」や皇帝の刑事訴追にはあくまでも反対しながら、ウィルソンの「本来の」公正な講和と国際連盟の構想をむしろ積極的に支持ないし利用しようとしていたのであった。

そうしたドイツの意図も含めた各国政府の思惑の絡み合いの「意図せざる結果」として、「戦争責任」の問題は講和の中心的争点に浮かび上がることになったのである。ウィルソン講和に積極的に加担するというドイツ政府の政策が（ウェーバーも協力した）「戦争責任」に対する正面からの反論と相まって、結果として「戦争責任」問題を争点化させ、かえって「戦争責任」論を定着させることになったのではないかという点については――ドイツ政府にとって合衆国に大幅に依存する以外に有効な講和路線がありえたかということをも含めて――なお評価の分かれるところであろう[*15]。

講和条約受諾ならびに戦犯引き渡し問題に対するウェーバーの態度は、ドイツ国民の名誉という観点から、戦争責任を一方的にドイツに求める連合国の不正を訴えるという姿勢に終始していた。その意味においては――これを「心情倫理」ということができるかは別としても――、一つの理想主義的立場であったということができるだろう。

もちろんこれはウェーバーのいう「責任倫理」の意味内容をどう理解するかという問題と関わっている。「責任倫理」といえども「信念」抜きにありえないことはウェーバーにとって当然のことであった。さらに「責任」という場合に、誰に対してどのような責任をウェーバーは念頭においていたのかということとも関連する。政治家が意識すべき責任は、将来のドイツ国民に対する責任でなければならない、というのは初期の講演『国民国家と経済政策』（一八九五年）以来の彼の主張であった。われわれにとって問題なのは、将来の国民がど

＊15　連合国側「最後通牒」は「戦争責任」の問題についてはこう述べている。ドイツ側の反論は戦争の直接の原因となったのがドイツならびにその同盟国によって熟慮の上になされた決定にあるというわれわれの見解をいささかも揺るがすものではない。しかもわれわれは一九一四年七月の決定的時期の行動だけを問題にしているのではない。戦争はプロイセンの体制の下で数十年にわたって追求されてきた政策の「論理的帰結」であった。その意味においては連合国が考えるドイツの責任はドイツ側が想定するよりもはるかに深く、深刻である、と。なお皇帝をはじめとする「戦争犯罪人」が連合国側のみによって構成された法廷で裁かれるのは一方的であるというドイツ側の反論に対して「最後通牒」はこう主張する。今次の条約は戦争の再発を妨げることのできなかった旧来の国際慣行からの訣別を印すものであり、人間性と国際的権利の侵害に対して責任をもつべき審理をその犯罪者たるドイツに委ねることはできないし、またこの戦争に参加しなかった中立国に委ねることもできない、と。Das Ultimatum der Entente, S.41-46.

う受けとめるか、彼らがわれわれを自分たちの祖先として誇りを持って受けとめることができるかどうかである。ウェーバーが重視したのは、まさにそうした「歴史に対する責任」なのであった。[*16]

そのように考えるならば、ウェーバーが講和条約の不正を世界と歴史に訴える、それをバネにしてドイツの再生と国民的奮起をはかるということをまず第一に重視したこともそれなりに理解することができるだろう——裏返していえば、戦勝は必ずしも戦勝国の文化的勝利や真の文化的発展を保証するものではないというのがウェーバーの見方であったし、これは一八七〇年の戦勝とその結果からニーチェをはじめとする何人かの知識人が汲み取った教訓でもあった——。

もちろんそれは非常に困難な道、古代イスラエルの民族が敗戦と捕囚によって民族解体の危機にさらされたのと同様の質の困難だとウェーバーは考えていた。彼の学問的作業の中心をなす宗教社会学の焦点が民族存亡の危機の時代の預言者の分析(『古代ユダヤ教』)におかれているのはおそらく偶然ではない。政治的には解体して国民としての存在そのものを喪失したユダヤの民とその精神が世界史に大きな影響を与えたという逆説的な関連をウェーバーは自らの祖国の運命と重ね合わせていたのである。

もとより政治的な敗北の代償としての文化的な影響力の獲得というような直接的な教訓を引き出すことが意図されていたわけではない。そもそも後世に大きな因果的影響を与えたものだけを重視するのは歴史――ウェーバーにとっては社会科学も歴史学の一つである――の本道ではない。結果的に影響の大きかった要素だけを取り出して描かれる歴史はわれわれにとって無味乾燥なものとなるだろう、というのが社会科学方法論における彼の主張であった。[*17] 政治であれ文化であれ経済であれ、およそ人間の営みのそれぞれの領域の中で、本当に優れた者がいつでも勝利するとは限らない。優れた能力に恵まれていながらさまざまの事情で力を発揮できない者もいるし、他方では偶然と幸運に恵まれて実力以上の結果を手にすることのできる者もいるというのが人生の実相であることは、誰しも認めるところだろう。だから

＊16 Der Nationalstaat und die Volkswirtschaftspolitik, MWGI/4, S.563,「国民国家と経済政策」『政治論集』六二頁。そうした「歴史に対する責任」は講和問題においては勝者に対して当てはまるとウェーバーは「ザール地域の経済的帰属」をめぐる論説の末尾で述べている。「政治家は将来に対する責任を過去の罪責（Schuld）の問題よりもはるかに真剣に受けとめなければならない。だがこの将来に対する責任はまさに勝者のみが担うところの講和に対する責任であり、今はこれが論じられねばならない」。「歴史に対する責任とヨーロッパ文化の未来に対する責任の名において、われわれは講和を利益獲得の手段に貶めようとするあらゆる卑劣な行為に抗議する。したがってザール地域を併合したり勝者への貢ぎ物とすることにも抗議する」（MWGI/16, S.242）。

＊17 「後の時代に何らかの因果的な影響を及ぼしたものだけを保存するような古代史などというものは、――とりわけ政治的な諸関係を歴史的なものの大黒柱と見なすような場合には――まったく内容空疎なものとなるだろう。それはちょうどランケが述べたように、ゲーテをそのエピゴーネンのために『格下げ』するような『歴史』、つまりゲーテの個性やその生の表現のうちで文学に『影響』を及ぼし続けている部分だけを確認するようなゲーテの『歴史』のようなものであろう」（Weber, Kritische Studien auf dem Gebiet der Kulturwissenschaftlichen Logik, S.256.『歴史は科学か』一六二頁）。

政治にとってはやはり結果が重要で、まずは結果からその行ないは評価されなければならないけれども——もちろん政治の世界でも政治的能力に優れたものが必ず勝つとは限らない——、人間の生にとってはそれがすべてではない。結果とは異なる観点からの評価がありうる、というのがその含意であった。歴史的評価、歴史の審判というのも本来そうした視点のことを指していたはずである。

もとより神ならぬ人間の視点である限り、その際の立場や観点は一つではありえない。歴史というのはそうした可能な複数の価値観点のせめぎ合い、いわゆる「神々の闘争」の場である。したがってその評価は時代の価値理念の変遷と共に——もちろん事実に基づいて——たえず検証されなければならない、というのが彼の立場であった。

だがそうした視点に立って人が実際に生きることができるかどうか、おのれの個人的な生活を律することができるかとなれば、話は別であろう。これはウェーバー自身も認めているように一種の「英雄主義」的ないし「貴族主義」的な倫理である。もとより「貴族主義」といっても特定の階層や身分の者に限られるわけではないが、だがやはり定義上それは相対的に少数の者にしてはじめて全うしうる態度である。英雄ならぬ普通の人々の「卑俗な動機」、政治とはそうしたものを相手にする営みのはずであった。そうした卑俗さに堪えてなおかつおのれの理想を堅持することのできる者のみが政治への「天職」をもつ、これが『職業としての政治』の結論であった。

ともあれウェーバー自身は政治から撤退してミュンヘン大学へ赴任することになる——いわゆる「精神の病」で一九〇〇年に事実上の休職状態に入って以来の本格的な教壇への復帰であった——。ミュンヘンでのウェーバーはアイスナー暗殺事件の被告アルコ＝ヴァリをめぐって学生と対立するなどの挿話が残されているが、基本的には宗教社会学をはじめとする自らの学問的な業績をまとめる作業に力を注いでいる。

パリから戻ったほぼ一年後にウェーバーは歿している。ヴェルサイユの講和とその衝撃がその死に何らかの影響を及ぼしたかどうかは定かではない。それは彼の貴重な学問的作業を未完成のままに終わらせたという点においては不幸なことであった。政治的にも国民にとって不幸であった、と妻マリアンネはその伝記で記している。だが祖国の名誉を何よりも重んじたウェーバー自身にとって本当のところはどうであっただろうか。

講和問題の解決——一九二三年の危機とシュトレーゼマン

講和条約のドイツによる調印は講和問題の最終的解決ではなかったし、ウィルソンとその理念の勝利でもなかった。

共和党のロッジ（一八五〇—一九二四）を委員長とする合衆国上院外交委員会は条約案を審議した結果、いくつかの留保条件を付けることになる。とりわけ争点となったのは国際連盟規約第一〇条に関する留保である。第一〇条には加盟国の領土保全と政治的独立の尊重の義務を掲げ、加盟国が侵略を受けた場合あるいはその脅威ある場合に「理事会はかかる義務を履行するための手段を助言する」旨の規定があった。ロッジはこの義務負担を留保することを主張したが、大統領ウィルソンは侵略戦争阻止の義務負担を明示した第一〇条こそ国際連盟の核心であるとして譲らない。一九一九年一一月一九日の裁決ではロッジの留保付条約批准案は賛成三九対反対五五、留保なし批准案は賛成三八対反対五三で共に否決された。

すでに疎遠となっていた（だがウィルソン帰国後も条約ならびに国際連盟実現のために尽力している）ハウスが次善の策として留保付批准を承認するよう進言するが（一一月二四日）、大統領はあくまでも自説に固執しつづけた。一九二〇年三月一九日上院で留保付批准案の再度の票決が行なわれる。ウィルソンの指示に反して何人かの民主党議員が賛成にまわったが、賛成四九、反対三五、保留一二で、可決に必要な三分の二に満たなかった。結果的に条約案は批准に反対する共和党強硬派議員と、あくまでも留保抜きの批准に固執する民主党議員の双方の反対で葬られたかたちとなる。

ウィルソンは選挙民の審判に最後の望みをかけるが、一九二〇年秋の大統領選挙でオハイオ州知事ジェームズ・コックス（一八七〇―一九五七）と副大統領候補フランクリン・デラノ・ルーズヴェルト（一八八二―一九四五）を擁立した民主党は共和党のハーディング（一八六五―一九二三）とクーリッジ（一八七二―一九三三）のコンビに大差で敗北する。合衆国国民はウィルソン講和と国際連盟に「ノー」の回答を与えたのである――ハーディング大統領の下で合衆国はドイツと個別に講和条約を締結する（一九二一年八月二五日）。

ウィルソンの敗北と合衆国の条約批准拒否の影響はフランスにも波及する。クレマンソーがウィルソンの講和と国際連盟を受け容れたのは英米両国によって対ドイツ安全保障が確約されたからであった。そのアメリカが条約の批准に失敗してウィルソンの約束が果たされないいまとなっては、フランスはドイツの脅威に丸裸のままさらされることになりかねない。議論の末に議会の条約承認をとりつけたものの（一九一九年九月二五日代議院）、一九二〇年一月一七日フランス議会における大統領選任のための投票でクレマンソーは敗北する。かくして対立しあいながらも講和を推進してきたアメリカ・フランスの両指導者はまさに彼らが成立させた講和条約のために政治的に敗北して表舞台から退くことになったのである。すでにイタリアのオルランド（一八六〇―一九五二）はフィウメ問題でイタリアの要求を実現できなかったために一九一九年六月二三日に辞任していた。

しかもヴェルサイユの講和条約はすでに述べたようにその最大の問題であった賠償問題を未解決のままに残していた。連合国内での意見調整の末ようやく成立する賠償案（ロンドン支払計画、一九二一年五月五日）とこれに対するドイツ側の抵抗を受けて、いまや合衆国に裏切られたフランスはルール占領という実力行使に出ることになる。講和受諾時にエルツベルガーそしてブロックドルフによってそれぞれ想定された拒否のシナリオが、役者をあらためて演じられる。これがいわゆる「一九二三年の危機」である。

フランス（ベルギーとの連合軍）のルール占領とともに、再びライン分離主義の動きが露わになる。これに呼応するかのように各地で極左、極右の勢力が活発化する。ザクセンおよびチューリンゲンでは共産党を含めた左翼政権が成立（一〇月）、これに対して共和国政権は国防軍を差し向けて強制執行を行なう。バイエルンではヒトラーのミュンヘン一揆が勃発している（一一月八日）。

この時期の――そして共和制末期にも――共和国政権が相対的に右翼よりは左翼の急進主義に対して苛烈な態度をとったということが、当時の左翼・社会民主党からも（後のわが国の共和国史研究でも）しばしば批判的に指摘されるが、そもそもロシア・ボリシェヴィキとコミンテルンとのつながりがある（もとよりその方針は右に左に二転三転する）、少なくともその疑いが濃厚な極左の勢力と、極右とはいえ国民的・民族的利害を主張する勢力との対応に相違が出ること自体はある程度やむをえない側面があるだろう――この時点でナチスの犯罪的行為の最終的結果を予測できた者はほとんどいなかったことは考慮に入れなければならない――。ともあれ、ザクセンとチューリンゲンを共和国政府と国防軍が押さえることは潜在的にはヒトラーの「ベルリン進軍」に対する布石としての意味をもったことは確かである。

だが他方で、そうした危機への対応は一歩誤れば軍事独裁の可能性をはらんでいた。国防軍の実権を握りつつあったゼークトがそうした方向をどこまで意図していたかについては議論があるが、大統領エーベルトも一時は事態収束の権限をゼークトに預けることを考えていたことは事実である。

フランスの進軍に始まる内外の危機、左右の急進主義ならびに軍事独裁の危険、しかも受動的抵抗にともなって生じた急速なインフレーションの進行。憲法というものが紙上の文言でなく現実的な国家体制とその実行原則を意味するならば、かかる意味でのワイマール憲法の体制が確立したのは、これら一連の危機が収束して、ヴェルサイユの講和が残した賠償問題という宿題をひとまず解決する一九二四年以降であり、そこで強力な指導力を発揮したのが首相となるグスタフ・シュトレーゼマンであった。

シュトレーゼマン。共和国首相そして外相としてヨーロッパの協調と束の間の安定を実現した。

グスタフ・シュトレーゼマンは戦時中、併合主義的な「勝利の講和」の唱道者であったという経緯から——もとより開戦当初はエルツベルガーも含めた多くの政治家が多かれ少なかれそうした立場をとっていたのだが——、国内政治における改革志向にもかかわらず自由主義左派から批判されており、自由主義諸党派の大結集というかたちで構想されていた民主党への参加を阻まれていた。ちなみにマックス・ウェーバーの弟で同じく社会学者のアルフレート（一八六八

1926年９月10日（金）シュトレーゼマンはドイツの加盟後はじめて国際連盟総会で演説した。

—一九五八）はシュトレーゼマン批判の急先鋒で、シュトレーゼマンの国民自由党と民主党との合同協議をぶちこわしたのもアルフレートであったといわれている。[*18] マックスとアルフレートのウェーバー兄弟の間には微妙な意見の相違もあり合同問題にマックス・ウェーバー自身がどこまで関与したのかは不明だが、戦後の憲法問題についての論説「ドイツ将来の国家形態」で、戦時中に大規模な領土拡張を主唱したような政治家には新たな時代の課題に取り組む資格はないと暗に批判していることから見ても、[*19] シュトレーゼマンに対しては相当に批判的であったと思われる。

だが皮肉なことにウェーバーがその基本骨格を定めたワイマール共和制を、ヴェルサイユ講和条約をひとまず受け容れるというかたちで救出し、その上でヨーロッパの協調体制の下での「修正」を目指したのはそのシュトレーゼマンであった。わずか三ヵ月余りで首相を辞した後にもシュトレーゼマンは歴代内閣の外務大臣としてとどまり、共和国の外交指導に当たっていくことになる。そのシュト

＊18　ビスマルクとプロイセンの力による統一を支持するかどうかをめぐる対立で進歩党と国民自由党とに分裂して以来、ドイツの自由主義政党は集合離散をくり返してきた。敗戦による再出発に際して、それまで分裂してきた国民自由党と自由主義左派の進歩人民党との合同が提起されるのは自然の成り行きであった。革命直後から両党の指導者の間で話し合いがもたれ、合同は順調に進むかに思われたが、横槍を入れたのが『ベルリン日刊紙』編集者テオドル・ヴォルフ（一八六八―一九六三）を中心とするベルリンのグループである。一九一八年一一月一六日に『ベルリン日刊紙』は紙上でドイツ民主党設立の呼びかけを行ない、設立委員会の議長にハイデルベルクの社会学者アルフレート・ウェーバーを担ぎ出す。調整のために進歩人民党、国民自由党およびベルリン・グループの代表を交えて開かれた一一月一八日の会合の席上、アルフレートはシュトレーゼマンを攻撃する。国民自由党の遺産を引き継ぐならばそれは民主党にとって死を意味する、と。面前での罵倒を黙って聞いていたシュトレーゼマンと彼の仲間は退席せざるをえなかった。かくしてシュトレーゼマンは合同を予定していた国民自由党の党組織の再建（ドイツ人民党の設立）に着手することになる。自由主義左派の重鎮でマックス・ウェーバーの友人であったフリードリヒ・ナウマンもアルフレートと『ベルリン日刊紙』グループの行動は一種の「クーデター」であったと批判している（ちなみに所属政党こそ分かれていたが、シュトレーゼマンはナウマンとその国民的な自由主義思想に大いに共鳴しており、ナウマンもまたシュトレーゼマンとの合同を望んでいた）。本文で述べたように兄マックスが弟アルフレートの行動をどこまで承知していたかは不明である。兄弟の間には政治的・学問的にも微妙な相違があり（たとえば「正義の政治のための作業共同体」の声明にはなぜかアルフレートは署名していない。MWGI/16, S.521）、個人的な確執もあったと思われるが、少なくともこの問題では両者の立場は一致していた可能性が高い。ちなみにアルフレートは翌一二月一三日には党の指導職を投げ出している。

＊19　MWGI/16, S.108–109.『政治論集』五〇二頁。Felix Hirsch, Stresemann, Ein Lebensbild, S.95–98, Eberhard Kolb, Gustav Stresemann, S.57–60.

レーゼマン外交の下でドイツは一九二六年に国際連盟に加盟を果たし、つづくパリ「不戦条約」（一九二八年八月のケロッグ＝ブリアン協定）で戦争「不法化」への努力が進められた。これによって国際連盟はウィルソン本来の構想に一歩近づいたといえるかもしれない。だが一九二九年の世界恐慌とシュトレーゼマンの死（一〇月三日）と共に、ヨーロッパの相対的安定と国際協調は崩壊へ向かいはじめる。ドイツの脱退と再度の世界大戦の後の連合国の組織としての「国際連合」と、ウィルソンの後継副大統領候補であったフランクリン・ルーズヴェルトの「無条件降伏」に基づく戦後処理が、はたしてウィルソン的な講和と国際連盟の理念の継承といえるかどうかはなお検討を要することに思われる。

あとがき

本書は筆者の専門とするウェーバー研究の副産物である。ウェーバーの「戦争責任」批判の意味を、当時の歴史的・政治的文脈のなかで検討するというのがもともとの意図であった。そのためにはパリ講和会議をめぐる一連の歴史的経緯についても一定の見通しをもつことが必要となる。とりわけ第一次大戦とヴェルサイユ条約による戦争観の転換とその意味については、今日すでになかば通念として受けとめられている見方を前提としては理解できない。「戦争責任」をめぐるそうした通念を見直す手がかりとしてウェーバーの議論を利用しながら、他方ではドイツの講和をめぐる政治過程のなかでウェーバーの主張が果たした役割そのものについても検討するという、いささか欲張った構成を本書はとることになった。それが成功しているかどうかは、読者の判断を待たねばならない。

したがって本書は、パリ講和会議とその歴史的経緯について何か新しい知見や解釈を示すことを意図するものではない。ドイツの講和戦略とその実際については巻末に掲げたクラウス・シュヴァーベをはじめとする研究に依拠しながら、可能な限り公刊資料にあたって検証するよう努めた。交渉の相手方である英米仏の指導者についてもできる限り目を配ったが、各国の歴史研究はやはり当事国の立場に規定されるところがある――ちょうどウィルソンの「調査」機関が結果としてそれぞれの民族の利益を代弁することになったように――。それらを踏まえて講和会議の経過を全体として描き出すことは、筆者の能力もあり、本書では十分にできなかった。とはいえウィルソンの講和構想の最大の焦点がドイツとの講和であり、その理想と現実が典型的なかたちで示されたのも対ドイツの講和交渉であったことを勘案するならば、ウィルソン外交の基本的性格は提示できたと考えている。

とりわけわが国においては、国際連盟を提唱した理想主義者ウィルソンとその挫折という見方が――ウィルソン外交とその継承としてのアメリカ外交に好意的な立場からであれ批判的な立場からであれ――なお一般的に流布している。そうした見方は、講和条約の現実に失望した「ウィルソン主義者」や、ウィルソン講和と国際連盟に活路を見いだそうとしたドイツ外交当局者の認識とあまり変わるところがない。後に『世論』（一九二二年）で著名となるウォルター・リップマンもそうした「失望したウィルソン主義者」の一人であった。

二〇代でウィルソンの「調査」機関に参加し、ドイツ系ユダヤ人の二世でドイツ語と中欧事情に詳しかったこともあり「十四箇条」の形成に重要な役割を果たしたリップマンは、ドイツとの講和が当初の原則から逸脱しているとしてウィルソンと袂《たもと》を分かつことになる。彼が引き続きウィルソンに協力していたら講和条約の内容が違ったものになったかどうかは疑問だが、そのリップマンも日米開戦後には太平洋岸の日系アメリカ市民を「第五列」として立ち退かせることを提案している（Walter Lippmann, "The Fifth Column", Los Angeles Times, February 13, 1942）。これが日系アメリカ人の強制収容政策へと政府と世論を大きく後押しするものであったことは日本人として記憶しておいてよいことである。

講和問題をめぐるアメリカ的な自由主義の「理想」と「現実」、あるいは両者の間の振幅の実際について紹介した文献があまり多くないという状況の下では、基本的な事実ならびに争点について紹介しておくのもいささかの意味をもつであろう。

本書を執筆するに当たっては中公新書編集部の松室徹氏に大変お世話になった。新書という幅広い読者層を対象としながら、なおかつ論述の水準は落とさないという松室氏の設定されたハードルを超えるのはなかなか骨の折れることであるとともに、楽しい作業でもあった。

最後に、私事にわたるが、本書を父 將《すすむ》（一九二四・九・五—二〇〇八・九・七）の墓前に捧げたい。二つの大戦の「戦後」の世界を生きてきた父は本書にどのような感想を抱いたことだろうか。

二〇〇八年一二月

牧野雅彦

引用・参照文献目録

邦文（五十音順）

ウェーバー、マックス『社会主義』濱島朗訳、講談社学術文庫、一九八〇年
――『政治論集』1、2、中村貞二・山田高生・林道義・嘉目克彦・脇圭平訳、みすず書房、一九八二年
――『職業としての政治』脇圭平訳、岩波文庫、一九八〇年
――『権力と支配』濱島朗訳、みすず書房、一九五四年
――『ロシア革命論Ⅰ』雀部幸隆・小島定訳、名古屋大学出版会、一九九七年
――『歴史は科学か』森岡弘通訳、みすず書房、一九八七年
ウェーバー、マリアンネ『マックス・ウェーバー』大久保和郎訳、みすず書房、一九八七年
ケインズ、ジョン・メイナード『ケインズ全集　第二巻　平和の経済的帰結』早坂忠訳、東洋経済新報社、一九七七年
雀部幸隆『ウェーバーと政治の世界』恒星社厚生閣、一九九九年
ジョル、ジェームズ『第一次世界大戦の起源』（改訂新版）池田清訳、みすず書房、一九九七年
高原秀介『ウィルソン外交と日本　理想と現実の間　1913-1921』創文社、二〇〇六年
チャーナウ、ロン『ウォーバーグ　ユダヤ財閥の興亡』上、青木榮一訳、日本経済新聞社、一九九八年
テイラー、A・J・P『第二次世界大戦の起源』吉田輝夫訳、中央公論社、一九七七年

デュヴェルジェ、モーリス『フランス憲法史』時本義昭訳、みすず書房、一九九五年
フィッシャー、フリッツ『世界強国への道』I、II、村瀬興雄監訳、岩波書店、一九七二、八三年
フライ、ブルース・B『ヴァイマール共和国における自由民主主義者の群像：ドイツ民主党／ドイツ国家党の歴史』関口宏道訳、太陽出版、一九八七年
牧野雅彦『ウェーバーの政治理論』日本評論社、一九九三年
牧野雅彦『国家学の再建』名古屋大学出版会、二〇〇八年
牧野雅彦『責任倫理の系譜学』日本評論社、二〇〇〇年
水谷三公『王室・貴族・大衆』中公新書、一九九一年
村上淳一『システムと自己観察』東京大学出版会、二〇〇〇年
モムゼン、ヴォルフガング・J『マックス・ヴェーバーとドイツ政治』安世舟・五十嵐一郎他訳、未來社、一九九四年

欧文（アルファベット順）

Max von Baden, Völkerbund und Rechtsfriede, Sonderabdruck aus dem März-Heft der Preußischen Jahrbücher, Berlin, 1919.
Berdiner, Elmer, A Time for Angels, A. Knopf, 1975.
Bernstein, Eduard, Völkerbund oder Staatenbund, 2. Aufl., Berlin, 1919.
Graf Brockdorff-Rantzau, Dokumente, Berlin, 1920.
Chernow, Ron, The Warburgs, Random House, 1993.
Dickmann, Fritz, Die Kriegsschuldfrage auf der Friedenkonferenz von Paris 1919, R. Oldenbourg : München, 1964.

Duroselle, Jean-Baptiste, Clemenceau, Fayard, 1988.
Epstein, Klaus, Matthias Erzberger und das Dilemma der deutschen Demokratie, Berlin, 1962.
Erzberger, Matthias, Der Völkerbund, Der Weg zum Weltfrieden, Reimar Hobbing : Berlin, 1918.
Erzberger, Matthias, Der Völkerbund als Friedensfrage, Rede gehalten am 27. Dezember 1918 in der Berliner Handelshochschule, Berlin, 1919.
Erzberger, Matthias, Erlebnisse im Weltkrieg, Stuttgart/Berlin, 1920.
Frye, Bruce B., Liberal Democrats in the Weimarer Republik, Southern Illinois University Press, 1985.
Grigg, John, Lloyd George ; War Leader 1916–1918, Penguin Books, 2003.
Leo Haupts, Urlich Graf von Brockdorff-Rantzau, Göttingen/Zurich, 1984.
Hirsch, Felix, Stresemann, Ein Lebensbild, Musterschmidt, 1978.
Huber, Ernst Rudolf, Deutsche Verfassungsgeschichte seit 1789, Bd. 5, Kohlhammer, 1978.
Keynes, John Maynard, The Economic Consequences of the Peace, Dover, 2004.
Koch, Peter, Konrad Adenauer : Die Biographie, Albatros, 2004 (1985).
Kolb, Eberhard, Gustav Stresemann, C. H. Beck, 2003.
Lansing, Robert, The Peace Negotiations, A Personal Narrative, Boston/New York : Houghton Mifflin, 1921.
Lloyd-George, David, British War Aims : Statement by the right Honorable David Lloyd George, on January 5 1918, Authorized Version as published by the British Government, New York : George H. Doran Company, 1918.
Mommsen, Wolfgang Justin, Max Weber und die deutsche Politik, 1890–1920, 3. Aufl., Tübingen,

2004.

Mommsen, Wolfgang Justin, Max Weber and the Peace Treaty of Versailles, in : Manfred F. Boemke, Gerald D. Feldman, Elisabeth Glaser (ed.), The Treaty of Versailles ; A Reassessment After 75 Years, Cambridge UP, 1998, S.535-546.

Schücking, Walter, Ein neues Zeitalter? Kritik am Pariser Völkerbundentwurf, Berlin, 1919.

Schuker, Stephen A., The Rhineland Question, in : The Treaty of Versailles ; A Reassessment After 75 Years.

Schwabe, Klaus, Woodrow Wilson, Revolutionary Germany, and Peacemaking, 1918-1919 (translated by Rita and Robert Kimber), The University of North Carolina Press, 1985.

Schwabe, Klaus, Woodrow Wilson and Germany's Membership in the League of Nations, 1918-1919, Central European History, vol.8, 1975.

Schwengler, Walter, Völkerschaft, Versailler Vertrag und Auslieferungsfrage, Deutsche Verlags-Anstalt, 1982.

Shimazu, Naoko, Japan, Race and Equity, Routledge : London, 1998.

Soutou, George-Henri, The French Peacemakers and Their Home Front, in : The Treaty of Versailles ; A Reassessment After 75 Years.

Trachtenberg, Marc, Reparation at the Paris Peace Conference, Journal of Modern History, vol.51, 1979.

Walworth, Arthur, Wilson and his Peacemakers, American Diplomacy at the Paris Peace Conference, 1919, W.W.Norton & Company, 1986.

Weber, Marianne, Max Weber ; Ein Lebensbild, 3.Aufl., Tübingen : Mohr, 1984.

Weber, Max, Kritische Studien auf dem Gebiet der Kulturwissenschaftlichen Logik, Gesammelte Aufsätze zur Wissenschafslehre.
Weber, Max, Max Weber Gesamtausgabe, Tübingen（以下 MWG と略記）
Weber, Max, Der Nationalstaat und die Volkswirtschaftspolitik, MWG I/4.
Weber, Max, Der Sozialismus, MWGI/15, S.630.
Weber, Max, Deutschlands künftige Staatsform, MWGI/16.
Weber, Max, Deutschland unter den europäischen Weltmächten, MWG, I/15.
Weber, Max, Die russische Revolution und der Friede, MWG, I/15.
Weber, Max, Die Untersuchung der Schuldfrage, MWGI/16.
Weber, Max, Der verschärfte U-Boot-Krieg, MWGI/15.
Weber, Max, Machtprestige und Nationalgefühl, MWGI/22-1.
Weber, Max, Waffenstillstand und Frieden, MWGI/15.
Weber, Max, Wirtschaftliche Lage und Friedensverhandlungen, Sitzung vom 29. März 1919, vormittags, MWG I/16.
Weber, Max, Zum Thema der "Kriegsschuld", MWGI/16.
Wengst, Udo, Graf Brockdorff-Rantzau und die aussenpolitischen Anfänge der Weimarer Republik, Verlag Peter Lang, 1973.
Williams, Charles, Adenauer : Der Staatsmann, der das demokratische Deutschland formte, Lübbe, 2000.
Wilson, Joan Hoff, Herbert Hoover, Forgotten Progressive, Little, Brown & Company, 1975.

資料

Der Friedensvertrag von Versailles, Raimar Hobbing : Berlin, 1925.

Bemerkungen der Deutschen Friedensdelegation zu den Friedensbedingungen, in : Deutsche Liga für Völkerbund, Der Kampf um den Rechtsfrieden, Die Urkunden der Friedensverhandlungen, Berlin : Hans Robert Engelmann, 1919.

Aktenstücke des Auswärtigen Amtes. Berlin, 1919, in : Gottfried Knoll, Der Deutsche Regierungsentwurf zu einer Völkerbundssatzung vom April 1919, Leipzig : Teodor Weicher, 1931.

Deutsche Liga für Völkerbund, Das Ultimatum der Entente, Vollständiger englischer Text der Mantelnote (Letter) und der Antwort auf die deutschen Gegenvorschläge, Berlin : Hans Robert Engelmann, 1919.

Klaus Schwabe (Hrsg.), Quellen zum Friedenschluß von Versailles, Darmstadt, 1997.

ヴェルサイユ条約関連年表

1926年

4.24 9.8 12.10	独ソ友好中立条約（ベルリン条約)。 ドイツ、国際連盟加盟。 シュトレーゼマン、フランス首相ブリアンとともにノーベル平和賞を受賞。

1928年

8.27	ケロッグ＝ブリアン協定（不戦条約）調印。

1929年

2.11 2.11-6.7 10.3	イタリアと教皇庁のラテラノ条約。 ドーズ案改定に関するパリ会議。6.7ヤング案。 シュトレーゼマン歿。

1930年

3.12 6.30	ヤング案関連法案、国会で採択。 連合国軍、ラインラントから期限前に撤収完了。

1931年

7.6	フーヴァー・モラトリアム（国際間支払義務の猶予）公布。

1932年

5.30 6.16-7.9 12.11	パーペン内閣。 ローザンヌ会議。賠償の終結。 シュライヒャー内閣。

1933年

1.30 7.20	ヒトラー、首相に就任。 ドイツ、教皇庁と政教条約。

5.5	連合国最高会議、「ロンドン支払計画」をドイツ側に提示。
5.10	ヴィルト内閣、支払計画を受諾。「履行政策」の開始。
8.25	アメリカ、ドイツと講和。
8.26	エルツベルガー暗殺される。
10.20	住民投票に基づいてオーバーシュレジエンのドイツ・ポーランド間での分割決定。
11.12-	ワシントン会議（1922.2.6閉会）。

1922年

4.16	ドイツ・ソ連、ラパロ条約。
10.22	ロイド・ジョージ退陣、保守党ボナ・ロー首相。
10.27-28	ムッソリーニ「ローマ進軍」。10.31首相に。
11.14	ヴィルト内閣退陣。クーノー少数派内閣。
11.22	ブロックドルフ、駐ソ大使に就任。

1923年

1.11	フランス、ベルギー軍、ルール地方を占領。
1.19	クーノー内閣「消極的抵抗」布告。
8.13	シュトレーゼマン大連合（社会民主党・中央党・民主党・人民党）内閣。11.3まで。
9.26	ルール「消極的抵抗」中止、全国に非常事態宣言。
10.29	ザクセン政府に対する「強制執行」。国防軍、ザクセンに進軍。
11.8-9	ヒトラー、ミュンヘン一揆。
11.15	レンテンマルク導入。
11.30	賠償委員会、ドイツ支払能力調査のための委員会（議長ドーズ）の招集を決定。

1924年

4.9	ドーズ案公表。
4.16	ドイツ政府、ドーズ案を受諾。

1925年

7.14	フランス軍、ルール地区から撤退開始（8.25完了）。
8.25	デュースブルク、ルールオルト、デュッセルドルフからの撤兵。
10.5-16	ロカルノ会議。ロカルノ条約署名。
11.27	国会、ロカルノ条約批准。
11.30	ケルン地区からの撤兵開始（1926. 1.31完了）。
12.1	ロンドンでロカルノ条約調印。

5.29	ドイツ側、講和条約案への包括的「反対提案」を提出。
6.5	ブロックドルフ、ケルン市長アデナウアーと会談。
6.16	連合国側、講和条約受諾の「最後通牒」。
6.18-19	ドイツ政府、講和受諾か否かで協議、意見二分。
6.20	シャイデマン内閣退陣。
6.22	(連合国側の最後通牒期限の1日前) バウアー内閣(民主党外れる)、戦争責任問題についての留保付き条約受諾を声明。国民議会は237対128でこれを可決。連合国側は留保を受け容れず。無条件調印を要求。
6.23	国民議会は政府の条約調印の権限を承認。政府調印声明。
6.28	ヴェルサイユ講和条約調印。
7.31	国民議会、ワイマール憲法可決。
8.14	ワイマール憲法公布。
9.10	サン・ジェルマン条約。オーストリア、連合国と講和。
9.25	フランス議会(代議院)、ヴェルサイユ条約を承認(賛成372、反対58)、10.11元老院で承認。
11.18	ヒンデンブルク、国民議会調査委員会で証言(いわゆる「匕首伝説」)。
11.27	ヌイーイ条約。ブルガリア、連合国と講和。

1920年

1.10	ヴェルサイユ条約発効。
3.13-16	カップ=リュトヴィッツの一揆。
3.19	アメリカ合衆国上院、国際連盟とヴェルサイユ条約批准を否決。
6.4	トリアノン条約。ハンガリー、連合国と講和。
8.10	セーブル条約。トルコ、連合国と講和。
11.2	共和党のハーディング米大統領に。

1921年

1.24-29	パリ会議。賠償総額を2960億金マルクとする。
2.21-3.14	賠償問題に関するロンドン会議。
3.8	連合国軍、デュースブルク、ルールオルト、デュッセルドルフ占領。
3.20	オーバーシュレジエンで住民投票。中部ドイツで共産党「3月行動」。
4.27	賠償委員会、ドイツの賠償額を1320億金マルクとする。
5.2	オーバーシュレジエンで戦闘。

1.19	憲法制定国民議会選挙。
1.21	「調査」委員会、アメリカ講和代表に「黒書」(Black Book) 提出。
1.25	パリ講和会議、国際連盟の原則を承認。
2.6	ワイマールで憲法制定国民議会開催。
2.11	国民議会、エーベルトを臨時大統領に選出。
2.13	シャイデマン内閣。
2.13-14	トリーア第3次休戦延長交渉。
2.14	国際連盟規約草案。
2.14 -3.14	ウィルソン、合衆国に一時帰国。2.26ホワイト・ハウスで議会要人と晩餐。
2.19	クレマンソー暗殺未遂事件。
2.21	バイエルン首相アイスナー暗殺される。
3.2-6	モスクワで第3インターナショナル（コミンテルン）創立大会。
3.4-5	スパでの食糧問題交渉。
3.13	ブリュッセル会議、食糧供給問題。
3.15	アメリカ軍情報将校コンガー、ドイツに。
3.21-8.1	ベラ・クンのハンガリー・レーテ共和国。
4.7-5.3	バイエルン・レーテ共和国。
4.11	日本「諸国民の平等」提案。講和会議国際連盟委員会で賛成多数を得るが議長ウィルソンは「全会一致原則」を主張してこれを却下。
4.24	ドイツ政府、国際連盟規約案を公表。イタリア首相オルランド、フィウメ問題で抗議のため一時帰国。5.5復帰。
4.29	ドイツ側講和代表団パリ到着。
4.30	ラインラント問題、英仏米三者間で最終合意。
5.7	ドイツ側に講和条約を手交。
5.9-	ブロックドルフ、一連の覚書攻勢。
5.12	国民議会で首相シャイデマン、講和条約は「受け容れられない」と発言。
5.13	ドイツ側戦争責任条項反対の覚書を提出。
5.18	大統領エーベルト、連合国側の講和条件は「受け容れられない」と声明。スパで講和代表団と政府との協議。
5.18,19	コンガー大佐、エルツベルガーと会談。
5.23	第2回協議。
5.28	ドイツ側、戦争責任問題についての「教授意見書」を提出。

10.27	ドイツ側返信。第4覚書。
10.28	宰相に対する議会の不信任規定導入。
10.29 -11.4	パリで連合国休戦協議。
10.30	14ヵ条に連合国、留保のもとで合意（ハウスの妥協）。
10.30	トルコ、連合国と休戦。
11.3	オーストリア＝ハンガリー、連合国と休戦締結。
11.3-9	キール水兵叛乱、各地に拡大。
11.5	アメリカ中間選挙投票日。
11.6	ウィルソン第4覚書（ランシング・ノート）。
11.8-11	ドイツ、連合国と休戦交渉。
11.8	ウィルソンと米外務省はドイツとの講和計画の方針転換を指示（ヨーロッパの非革命勢力を支持。ドイツ同盟国への食糧供給）。
11.9	宰相バーデン、皇帝の退位を告知、社会民主党のエーベルトへ政権委譲（人民委員政府の形成）。議会前で社会民主党シャイデマン「共和国宣言」。11.10エーベルトの人民委員政府成立。
11.10	皇帝オランダに亡命。退位宣言。
11.11	ドイツ・連合国休戦協定。
12.4	ウィルソン、「ジョージ・ワシントン号」でパリにむけてニューヨークから出航。
12.13	フランス・ブレスト港に到着。1.12パリ着。
12.14	イギリス総選挙。
12.16-20	ベルリンの労働者・兵士レーテ全国大会、国民議会選挙の実施（1919年1.19）を決定。
12.26-28	ウィルソン、イギリス訪問。

1919年

1.1	ウィルソン、イタリア訪問のためパリ発。1.3ローマ、1.4ヴァティカン、1.6ジェノヴァ、ミラノ等各地を訪問。
1.5-15	ベルリンで「1月闘争」（スパルタクス蜂起）。1.15ローザ・ルクセンブルク暗殺される。
1.12	ロイド・ジョージ、パリ着。
1.14-17	休戦延長をめぐるトリーア会談。食糧問題についての補完的合意。
1.18	パリで講和会議の開始。

2.11	ウィルソン、議会で講和の「4原則」演説。
2.23-24	ソヴェト・ロシアの党中央委とソヴェト大会中央執行委員会、講和受諾決定。
3.3	ソヴェト、ブレスト条約に調印。
3.18	同条約、ソヴェト大会で批准。
3.21	ドイツ軍、第1次春期大攻勢開始。
4.9	ドイツ軍、第2次春期攻勢。
4.14	フォッシュ、西部戦線における連合軍総司令官に任命される。
5.25	Uボート、合衆国領海に。
5.27	ドイツ軍、第3次春期攻勢。
6.9	ドイツ軍、第4次春期攻勢。
7.9	6.24の帝国議会演説をめぐり、外相キュールマン辞任に追い込まれる。後任にヒンツェ。
7.15	ドイツ軍春期攻勢最終段階。第2次マルヌ会戦。
7.16-17	ロシア皇帝ニコライ2世とその家族、ボリシェヴィキにより処刑。
7.18	連合国軍反攻に。
9月	エルツベルガー『国際連盟』。
9.19	イギリス軍パレスチナで攻勢に。メギドの戦い。
9.26	セルビア、チェコ、イタリア、フランス、イギリス連合軍、ブルガリアに攻勢。
9.29	ブルガリア、休戦交渉を要請。
9.29	大本営にて、皇帝臨席のもとで休戦と講和交渉の決定。
10.3	マックス・フォン・バーデン内閣、合衆国ウィルソン宛第1覚書を送付。
10.8	アメリカ側第1覚書。
10.8	ヨーロッパ連合国、フォッシュ司令官を中心に休戦のガイドライン審議を開始。
10.12	ドイツ側応答、第2覚書。半日後アメリカ側第2返信審議。
10.14	アメリカ側第2覚書。
10.20	ドイツ側第3覚書。
10.21	ドイツ、無制限潜水艦作戦を停止。
10.22	帝国議会で宰相はウィルソン講和と国際連盟を基本的に受け容れることを表明。
10.23	ウィルソン、第3覚書。
10.26	ルーデンドルフ解任。後任にグレーナー。ハウス「大佐」パリに到着。

3.20	ウィルソンの戦時内閣全員一致でドイツへの宣戦布告を決定。
4.2	ウィルソン、議会で宣戦教書演説。
4.6	合衆国、ドイツに宣戦。
4.16	レーニン、ロシアに到着。
5.28	アメリカ陸軍司令官パーシング、フランスへ向けてニューヨークを出発。
6.26	合衆国軍第一陣（第1師団）フランス着。
7.2	ギリシア、連合国側に参戦。
7.6	中央党エルツベルガー帝国議会で演説、協調的講和の呼びかけ。
7.13	帝国宰相ベートマン・ホルヴェーク辞任。
7.14	後任宰相にミハエーリス、外相キュールマン。
7.19	帝国議会、講和決議。
8.15	ローマ教皇、開戦3周年を機に「平和教書」（8.1付）。
9.2	ドイツ祖国党設立
10.26	ミハエーリス辞任。
11.1	宰相ヘルトリンクに。
11.7	（10.25）ボリシェヴィキ、政権奪取。
11.8	ボリシェヴィキ・ソヴェト政権、全面講和のための呼びかけ。ドイツ側これに応じる。
11.11	大本営で来春の攻勢決定。
11.11	クレマンソー、首相に。
12.2	ドイツ・ロシア休戦交渉。
12.7	合衆国、オーストリア＝ハンガリーに宣戦。
12.9	イェルサレム、イギリスに陥落。
12.15	ドイツ・ロシア、暫定休戦条約（1918年1.14まで）
12.22	ボリシェヴィキ・ロシア、ドイツとブレスト＝リトフスクで講和交渉。交渉はロシア側要請で公開。
12.28-	10日間中断。

1918年

1.5	ロイド・ジョージ、「戦争目的」演説。
1.8	ウィルソン、議会で「14ヵ条」について演説。
1.9	ブレスト＝リトフスク交渉再開。代表がヨッフェからトロツキーに。
2.8	ブレスト＝リトフスク交渉再度の開催。
2.10	トロツキーが「戦争もせず、講和もせず」として、決裂。

1916年

2.21 -12.18	ヴェルダンの戦い、独仏双方に甚大な損害。
2.29	ドイツ側Uボート作戦一時中断。
3.15	ベートマン・ホルヴェーク、海相ティルピッツを解任。
3.16	アメリカ合衆国、革命指導者パンチョ・ビリャ掃討のためメキシコに侵攻。
5.4	ドイツ、潜水艦作戦の放棄を宣言。
5.5	アメリカ合衆国、ドミニカ侵攻（1924年まで占領統治）。
5.27	ウィルソン、アメリカ平和連盟で平和演説。
7.1	ソンムの戦い開始、英軍史で最大の死傷者6万人。
7.28	ヒンデルブルク、ルーデンドルフを東部総司令官に。
8-12月	ルーマニア、連合国側について参戦。
8.27	イタリア、ドイツに宣戦。
8.29	ヒンデンブルク第3次最高統帥部。
9.15	ソンムの戦いで英軍が戦車を投入。
11.7-9	ウィルソン僅差で再選。
11.18	ソンムの戦い終了。
11.28	ドイツ、航空機によるイギリス空襲。
12.6	ロイド・ジョージ、 アスキスに代わり英首相に。
12.12	ドイツ、協調的講和を示唆する覚書。
12.18	ウィルソン、平和覚書、交戦各国に戦争目的に関する声明を要求。

1917年

1.10	連合国、ウィルソンの平和覚書への応答。
1.22	ウィルソン上院演説。国際連盟、公海自由、民主化、ポーランド独立などを軸とする「勝利なき講和」構想。
1.31	ドイツ、無制限潜水艦作戦をアメリカ側に通告。
2.3	アメリカ、ドイツと国交断絶。
2.24	ツィンメルマン電報がイギリスより合衆国に伝えられる。
3.1	ツィンメルマン電報、合衆国で報道。
3.8	（ロシア旧暦2.23）ペトログラードでデモ。ロシア2月革命の開始。
3.11	イギリス軍、バグダッド占領。
3.15	（3.2）ロシア臨時政府。ニコライ2世退位。

ヴェルサイユ条約関連年表

1914年

月　日	事　　項
4.21	アメリカ合衆国、タンピコ事件（4.9）を契機としてメキシコのヴェラクルスを占領。
6.28	オーストリア皇太子サラエボで暗殺される。
7.23	オーストリア、セルビアに最後通告。
7.28	同、宣戦布告。
7.31	ロシア、総動員開始。
8.1	ドイツ、ロシアに宣戦。
8.3	ドイツ、フランスに宣戦。
8.4	ドイツ、ベルギー中立侵犯。
8.4	イギリス、ドイツに宣戦。アメリカ合衆国大統領ウィルソンは中立を宣言。
8.14	前線での戦闘開始。
8.23	日本、ドイツに宣戦。
8.23-9.2	オーストリア＝ハンガリー、ロシア領ポーランドに侵入。
8.26-30	タンネンベルクの戦い、東部戦線でドイツ最大の勝利。
9.5-10	第1次マルヌの会戦。
9.14	ファルケンハイン第2次最高統帥部。
9.17-28	オーストリア、ドイツ、西部ポーランドに攻勢。
10.29	トルコ、中欧側について参戦。
12.25	西部戦線で非公式の休戦。

1915年

1.1-3.30	連合国攻勢。
1.18	日本、対華21ヵ条の要求。
2.4	ドイツ潜水艦による連合国、中立国船舶攻撃。イギリスは封鎖を宣言。
4.26	フランス、ロシア、イギリス、イタリア秘密条約締結。
5.7	Uボート、英客船ルシタニア号撃沈。米国人多数死亡。
5.23	イタリア、中欧列強との協定を無視してオーストリア＝ハンガリーに宣戦。
5.26	英首相アスキス、自由党内閣を連立内閣に再組閣。ロイド・ジョージ、最初の軍需相に。
7.28	アメリカ合衆国、ハイチに侵攻（1934年まで占領）。

23, 29n, 39, 76, 78, 88
レンナー［Karl Renner, 1870-1950］オーストリア社会民主党，首相　165n
ロイド・ジョージ［David Lloyd-George, 1863-1945］英首相．講和会議代表　25n, 29n, 87n, 140, 151n, 157, 158, 159n, 166, 167, 169, 172, 173, 175, 177, 179, 191n, 197, 198, 199n, 200, 216, 244
（ボナ・）ロー［Andrew Bonar Law, 1858-1923］保守党指導者，後に首相就任（1922）　177
ロッジ［Henry Cabot Lodge, 1850-1924］共和党，合衆国上院外交委員長　251, 252
ローブ［Walter Loeb］フランクフルト兵士評議会　81

メルヒオール［Carl Melchior, 1871-1933］ヴァールブルク銀行共同経営者．講和会議代表　177, 184, 194, 195n, 202, 204, 205, 229, 230
メンシング［Friedrich C. Mensing］独軍大尉　56
メンデルスゾーン＝バルトルディ［Albrecht Mendelssohn Bartholdy, 1874-1936］国際法学者　96, 114, 187
モムゼン［Wolfgang Justin Mommsen, 1930-2004］歴史家　187n, 238
モンジュラ［Max, Graf von Montgelas, 1860-1938］バイエルン陸軍司令官，独軍のベルギー侵攻を批判して軍務を解かれる．ウェーバーと共に戦争責任問題専門家として講和会議に参加．戦争原因についての独側文書の共同編集者　96, 114, 135n, 186

ヤ　行

ヤッフェ［Edgar Jaffé, 1866-1921］経済学者，ウェーバーとともに『社会科学・社会政策雑誌』編集　75
ヨッフェ［Adolph Abramovich Joffe, 1883-1927］ボリシェヴィキ革命家，ブレスト＝リトフスク講和代表．駐独全権大使（1918. 4-）　22, 78

ラ　行

ライナート［Robert Leinert, 1873-1940］社会民主党，講和会議代表　177, 184
ランシング［Robert Lansing, 1864-1928］合衆国国務長官，講和会議代表　28, 61, 62, 81, 93, 94, 145n, 151n, 153n, 165n, 167, 170, 172, 173n, 197, 199n, 241n
ランズベルク［Otto Landsberg, 1869-1957］社会民主党，共和国法相，講和会議代表　177, 184, 240
リップマン［Walter Lippmann, 1889-1974］ジャーナリスト，『ニュー・リパブリック』編集者　85n, 152, 160, 161n
リーツラー［Kult Liezler, 1882-1955］独外交官，　210
ルーズヴェルト［Franklin Delano Roosevelt, 1882-1945］民主党副大統領候補，第32代合衆国大統領　252, 258
ルーデンドルフ［Erich Ludendorff, 1865-1937］独参謀本部第１参謀長　14, 21, 35, 36, 42, 49, 53, 60, 115, 236, 237
レーニン［Lenin, Vladimir Ilyich Ulyanov, 1870-1924］ロシア革命指導者

1921］帝国宰相　14, 15, 32-36, 37n, 43, 210, 236, 237
ベネシュ［Eduard Beneš, 1884-1948］チェコスロヴァキア外相　151n
ベネディクト15世［Pope Benedict XV., 1854-1922］ローマ教皇（在位1914-22）　33
ベル［Johannes Bell, 1868-1949］中央党，共和国運輸相　221
ヘルクナー［Heinrich Herkner, 1863-1932］経済学者　96
ヘルトリンク伯［Georg Graf von Hertling, 1843-1919］帝国宰相　35-37, 43, 44
ベルンシュタイン［Eduard Bernstein, 1850-1932］社会民主党→独立社会民主党→社会民主党　94, 95n, 102, 132, 183
ベルンシュトルフ［Johann Heinrich von Bernstorff, 1862-1939］駐米大使（1908-17）　189
ヘロン［George H. Herron, 1862-1925］米神学者　74, 75, 197
ポアンカレ［Raymond Poincaré, 1860-1934］仏大統領　103, 157n, 213
ボータ［Louis Botha, 1862-1919］南アフリカ連邦初代首相，講和会議代表　245
ボニージャ［Policarpo Bonilla Vasquez, 1858-1928］ホンジュラス大統領（1894-1900），講和会議代表　244
ホワイト［Henry White, 1850-1927］米外交官　170

マ　行

牧野伸顕［まきの のぶあき，1861-1949］講和会議次席全権代表　107n, 148
マクナリィ［James C. Mcnally，生年不詳-1920］チューリヒ・米副領事　56, 57
マンジャン［Charles Mangin, 1866-1925］ラインラント占領軍司令官　214
ミハエーリス［Georg Michaelis, 1857-1936］帝国宰相　35, 36, 43
ミュラー［Hermann Müller, 1876-1931］共和国外相，後に首相（1920. 3. 27-6. 8, 1928-1930）　221
ムッソリーニ［Benito Mussolini, 1883-1945］ローマ進軍（1922. 10. 27-28）の後，首相に就任（10. 31）　33
メージズ［Sydney Mezès, 1863-1931］ニューヨーク市立大学総長，「調査」機関委員長　161n

国民投票で総統に就任（1934. 8. 19）　6, 12, 14, 254
ヒューズ［William Morris 'Billy' Hughes, 1862-1952］オーストラリア首相，講和会議代表　107n
ビューロー［Bernhard von Bülow, 1849-1929］帝国宰相　35, 37n
ヒンツェ［Paul von Hintze, 1864-1941］帝国外相　43, 45
ヒンデンブルク［Paul von Hindenburg, 1847-1934］参謀総長，共和国大統領　14, 21, 22, 53, 60, 71n, 136, 193n, 240
フーヴァー［Herbert Hoover, 1874-1964］食糧長官，第31代合衆国大統領　77, 79n, 197, 202, 211n
フェルスター［Friedrich Wilhelm Foerster, 1869-1966］教育学者，平和主義者　75
フォッシュ［Ferdinand Foch, 1851-1929］仏将軍，連合国軍総司令官　47, 52, 79n, 81, 157n, 159, 160, 212, 213
ブハーリン［Nikolai Ivanovich Bukharin, 1888-1938］ロシア革命指導者　23, 24
ブリアン［Aristide Briand, 1862-1932］仏首相（1909-11, 13, 15-17, 21-22, 25-26, 29），外相（1925-32），シュトレーゼマンと共にノーベル平和賞を受賞（1926）　258
ブリス［Tasker Howard Bliss, 1853-1930］合衆国軍幕僚長，最高軍事評議会アメリカ代表，講和会議代表　158, 170, 197
ブリット［William C. Bullitt, 1891-1967］合衆国国務省顧問，後に駐ソヴェト大使　28, 29n, 77, 107n
フリードリヒ皇太弟［Eitel Friedrich von Preußen, 1883-1942］　59
フリードリヒ3世［Friedrich III., 1831-1888］第2代独皇帝　11
ブレンターノ［Lujo Brentano, 1844-1931］経済学者　96
プロイス［Hugo Preuß, 1860-1925］法学者，ワイマール憲法起草者　90, 113
ブロックドルフ＝ランツァウ伯［Urlich Graf von Brockdorff-Rantzau, 1869-1928］デンマーク大使，共和国外相　57-59, 80, 88-90, 92-94, 96, 103, 104, 105, 108-110, 114, 115, 120, 134-137, 140, 141, 158, 177, 179-182, 184, 186, 188, 189, 192, 193, 195n, 196, 203, 206, 211, 212, 214-219, 221, 222, 225, 230-234, 236, 237, 253
ペイジ［Thomas Nelson Page, 1853-1922］アメリカ在ローマ大使　165n
ベートマン・ホルヴェーク［Theobald von Bethmann-Hollweg, 1856-

プロパガンダに尽力　172
ノスケ［Gustav Noske, 1868-1946］社会民主党，共和国国防相　219

ハ　行

ハイマンス［Paul Hymans, 1865-1941］講和会議ベルギー代表　148
パイヤー［Friedrich von Payer, 1847-1931］自由主義政治家，民主人民党→進歩人民党→民主党　44, 54
バウアー［Gustav Bauer, 1870-1944］社会民主党，共和国首相　219, 223
ハウス［Edward Mandell House, 1858-1938］ウィルソンの「友人」として外交に携わる．講和会議代表　29, 82, 83n, 84, 148, 151n, 155n, 161n, 168, 170, 181n
バウムガルテン，オットー［Otto Baumgarten, 1858-1934］神学者，福音社会会議議長，ウェーバーの従兄弟　182
バウムガルテン，パウル［Paul Maria Baumgarten, 1860-1948］教会史家，カトリック聖職者　182
パーシング［John J. Pershing, 1860-1948］合衆国駐留軍総司令官　80, 81, 158
ハーディング［Warren Gamaliel Harding, 1865-1923］共和党，第29代合衆国大統領　252
バーデン大公子マックス［Maximilian von Baden, 1867-1929］最後の帝国宰相　36, 44-46, 49, 50, 53, 54, 56-58, 60, 62, 67, 68, 77, 95, 96, 98, 101-104, 109, 115, 119, 120, 133n, 134-137, 159, 183, 225
ハラー［Jozef Haller de Hallenburg, 1873-1960］ポーランド将軍　86
ハルトマン［Felix Kardinal von Hartmann, 1851-1919］ケルン枢機卿　212, 214
パルヴス［Alexander Israel Helphand ie. Alexander Parvus, 1867-1924］ロシア出身の革命家　88
ハーン［Kurt Hahn, 1886-1974］帝国政府顧問　49, 57, 80, 95, 179n
ピウスツキ［Jǒzef Piłsudski, 1867-1935］ポーランド大統領　86
ビスマルク［Otto Eduard Leopold von Bismarck-Schonhausen, 1815-1898］プロイセン王国の宰相（1862-90），独帝国初代宰相（1871-90）　257n
ヒトラー［Adolf Hitler, 1889-1945］ルーデンドルフを担いで「ミュンヘン一揆」を起こすが失敗（1923. 11. 9），共和国首相就任（1933. 1. 30），

ゼークト［Hans von Seeckt, 1866-1936］独参謀将校，国防軍統帥部長官（1920-26） 193, 194, 254
ゾルフ［Wilhelm Solf, 1862-1936］帝国外相 47, 49, 54, 78, 80, 92

タ 行

ダーフィト［Eduard David, 1863-1930］独社会民主党 94
ダヌンツィオ［Gabriele D'nnunzio, 1863-1938］伊詩人．黒シャツ隊を率いてフィウメ市を占拠（1919. 9. 12） 165n
ダレス［John Foster Dulles, 1888-1959］講和会議に法律顧問として参加，後にアイゼンハワー政権下の国務長官 168
珍田捨巳［ちんだ すてみ, 1857-1929］講和会議日本代表，メソジスト派牧師 148
ツィンメルマン［Arthur Zimmermann, 1864-1940］独外相 18
ティルピッツ［Alfred von Tirpitz, 1849-1930］海軍提督，帝国海軍大臣 32, 34, 35n, 120
デルブリュック［Hans Delbrück, 1848-1929］独歴史学者 81, 96, 114, 186
ドモフスキ［Roman Dmowski, 1864-1939］ポーランドの政治家 86, 151n
ドルテン［Hans Adam Dorten, 1880-1963］ライン分離主義運動指導者 212, 214
トレルチ［Ernst Troeltsch, 1865-1923］神学者，宗教史家 96
トロツキー［Trotsky, Lev Davidovich Bronshtein, 1879-1940］ロシア革命指導者．ソヴェト外務人民委員 20, 22-24, 233

ナ 行

ナウマン［Friedrich Naumann, 1860-1919］プロテスタント牧師から自由主義政治家に転身．国民社会連盟→自由思想連合→進歩人民党→民主党 63, 236, 257n
ニーチェ［Friedrich Nietzsche, 1844-1900］哲学者 125, 126, 248
ノースクリフ卿［Alfred Charles William Harmsworth, 1st Viscount Northcliffe, 1865-1922］日刊紙『デイリー・メイル』を創刊して成功．『タイムズ』等を傘下に収め新聞王となり爵位を得る．大戦中の

(1920-23)，国防相（1928-32）　21n, 53, 60, 69, 78, 79n, 81, 158, 193, 212, 218, 219, 226, 237
クレマンソー［Georges Benjamin Clemenceau, 1841-1929］仏首相，講和会議代表　85n, 87n, 103, 140, 156, 157n, 160, 166, 175, 177, 178, 182, 186, 198, 211n, 213, 220, 231n, 253
ケインズ［John Maynard Keynes, 1883-1946］経済学者．英大蔵省顧問として講和会議に参加　140, 158, 169, 202, 203, 205, 227-229, 231n
ケレンスキー［Alexander Fyodorovich Kerensky, 1881-1970］社会革命党（エスエル）指導者, 1917年2月革命時にペトログラード・ソヴェト副議長, 臨時政府に参加, 後に首相　89n
顧維鈞［Vi Kyuin Wellington Koo, 1887-1985］講和会議，ワシントン会議，関税会議の各中国全権代表　148
コックス［James Middleton Cox, 1870-1957］ウィルソン後継大統領候補　252
コブ［Frank Cobb, 1869-1923］ジャーナリスト，『ニューヨーク・ワールド』編集者　85n
コンガー［Arthur Latham Conger, 1872-1951］合衆国情報将校　80, 81, 133n, 191, 205, 218

サ　行

西園寺公望［さいおんじ きんもち, 1849-1940］講和会議日本代表　178
ジーモンス［Walter Simons, 1861-1937］独講和代表団統括責任者　179n, 182, 197
シャイデマン［Philipp Scheidemann, 1865-1939］独社会民主党，共和国首相　54, 67, 68, 88, 89, 103, 181, 219, 221
シュッキング［Walter Schücking, 1875-1935］国際法学者，独講和代表　96, 108, 177, 183-186, 187n, 196, 215, 231
シュトレーゼマン［Gustav Stresemann, 1878-1929］国民自由党→人民党指導者，共和国首相，外相　35, 63, 214, 255-258
シュルツェ＝ゲーヴェルニッツ［Gerhard von Schulze-Gävernitz, 1864-1943］経済学者，民主人民党→進歩人民党→民主党　37n, 63
スコット［James Brown Scott, 1866-1943］国際法学者　172
スマッツ［Jan Christiaan Smuts, 1870-1950］南アフリカ連邦首相，講和会議代表　107n, 148, 199n, 245

53, 60, 64-66, 68, 171, 172, 236, 238, 241, 242, 244
ウェーバー，アルフレート［Alfred Weber, 1868-1958］マックス・ウェーバーの弟，社会学者　255, 256, 257n
ウェーバー，マリアンネ［Marianne Weber, 1870-1954］マックス・ウェーバーの妻　187n, 230, 232, 234, 237n
ヴォルフ［Theodor Wolff, 1868-1963］『ベルリン日刊紙』編集者　257n
エーベルト［Friedrich Ebert, 1871-1925］社会民主党指導者，共和国初代大統領　58, 67, 68, 71n, 74, 78, 88, 113, 149, 181, 193n, 218, 254
エルツベルガー［Matthias Erzberger, 1875-1921］中央党指導者．帝国・共和国代表として休戦交渉に当たる．共和国蔵相として共和国租税・財政制度を確立．右翼団体所属の旧海軍将校二人によって射殺される（1921. 8. 26）　33-36, 39n, 40-42, 45, 47, 54, 55, 58, 59, 65, 71, 79n, 81, 87, 94, 109-111, 141, 181, 182, 188, 189, 191, 205-207, 210, 211, 216-223, 232, 236, 238, 253, 255
オズボーン［Lithgow Osborne, 1892-1980］コペンハーゲン米公使館員　57
オルランド［Vittorio Orlando, 1860-1952］伊首相　148, 165n, 166

カ　行

カウツキー［Karl Kautsky, 1854-1938］社会民主党→独立社会民主党→社会民主党　45, 134
カーク［Alxander Kirk, 1888-1979］ハーグ・アメリカ公使館員　49
カンボン［Jules Cambon, 1845-1935］仏外交官，大戦前駐独大使．講和会議代表　245n
ギースベルツ［Johannes Giesberts, 1865-1938］中央党，共和国郵政大臣，講和会議代表　177, 184
キュールマン［Richard von Kühlmann, 1873-1948］帝国外相　22, 23n, 43
クライヴ［Sir George Sidney Clive, 1874-1959］英中将，仏総司令部英国代表（1915-18），ケルン軍政長官（1918-19）　214
クーリッジ［John Calvin Coolidge, Jr., 1872-1933］共和党，第29代アメリカ副大統領，第30代大統領　252
グレイ卿［Edward Grey, 1862-1933］英外相（1905-16）　97, 98, 118, 183n
グレーナー［Wilhelm Groener, 1867-1939］第1参謀長，共和国運輸相

人名索引

マックス・ウェーバーは省いた．
n は脚注を示す．

ア　行

アイスナー［Kurt Eisner, 1867-1919］バイエルン共和国首相　39, 73-76, 94, 102, 251
アインシュタイン［Nobert Einstein］フランクフルト兵士評議会　81
アクセンフェルト［Karl A. Axenfeld］ドイツ福音伝道協会責任者　182
アゲニン［Emil Haguenin, 1872-1924］元ベルリン大学教授，大戦中ベルンの仏諜報機関を指導　220
アデナウアー［Konrad Adenauer, 1876-1967］ケルン市長，第2次大戦後独連邦共和国（西独）首相となる　212-214
アルコ＝ヴァリ［Anton Graf von Arco auf Valley, 1897-1945］クルト・アイスナーを暗殺（1919. 2. 21）　251
ヴァールブルク，アビ［Aby Moritz Warburg, 1866-1929］美術史家　195n
ヴァールブルク，フェーリクス［Felix M. Warburg, 1871-1937］　195n
ヴァールブルク，ポール［Paul M. Warburg, 1868-1932］合衆国連邦準備銀行創設者　195n
ヴァールブルク，マックス［Max Warburg, 1867-1946］ヴァールブルク銀行経営者　194, 195n, 202, 204, 205, 229, 230
ウィルソン［Thomas Woodrow Wilson, 1856-1924］第28代合衆国大統領　4, 5, 17-20, 24, 25n, 27-29, 31, 39, 43-54, 56, 57, 61-65, 68, 73, 75-79, 81-84, 85n, 90-92, 100, 102-106, 107n, 109-110, 119, 130, 133, 137-141, 144, 145, 147-150, 151n, 152-155, 159, 160, 164, 165n, 166-168, 170, 172-176, 179, 183, 191, 196-206, 211, 230-232, 241n, 243, 246, 251-253, 258
ウィルヘルム皇太子［Kronprinz Wilhelm von Preußen, 1882-1951］　58, 59
ウィルヘルム皇太孫［Wilhelm von Preußen, 1906-1940］皇帝ウィルヘルム2世の孫　58, 59
ウィルヘルム2世［Wilhelm II., 1859-1941］第3代独皇帝　11, 14, 37n,

牧野雅彦（まきの・まさひこ）

1955年（昭和30年），横須賀市生まれ．京都大学法学部卒業．名古屋大学大学院法学研究科博士課程単位取得．名古屋大学助教授を経て，現在，広島大学大学院社会科学研究科教授．
著書『はじめての政治学』（平凡社新書）
『マックス・ウェーバー入門』（平凡社新書）
『学者の職分』（慧文社）
『歴史主義の再建』（日本評論社）
『新版 共存のための技術 政治学入門』（大学教育出版）
『政治思想への招待』（日本評論社）ほか

ヴェルサイユ条約《じょうやく》
中公新書 *1980*

2009年1月25日発行

著 者 牧野雅彦
発行者 浅海 保

本文印刷 暁 印 刷
カバー印刷 大熊整美堂
製 本 小泉製本

発行所 中央公論新社
〒104-8320
東京都中央区京橋 2-8-7
電話 販売 03-3563-1431
編集 03-3563-3668
URL http://www.chuko.co.jp/

Published by CHUOKORON-SHINSHA, INC.
Printed in Japan ISBN978-4-12-101980-6 C1222

現代史

f2